臺灣歷史與文化 研究輯刊

三 編

第 13 冊

被遺忘的大清「忠魂」
——清代苗栗堡客家義民信仰研究（上）

張正田 著

花木蘭文化出版社

國家圖書館出版品預行編目資料

被遺忘的大清「忠魂」──清代苗栗堡客家義民信仰研究（上）
／張正田 著 — 初版 — 新北市：花木蘭文化出版社，2013〔
民102〕
序 4+ 目 6+148 面；19×26 公分
（臺灣歷史與文化研究輯刊 三編：第13冊）
ISBN：978-986-322-475-4（精裝）
1. 民間信仰 2. 客家 3. 清代
733.08   102017310

ISBN-978-986-322-475-4

臺灣歷史與文化研究輯刊
三 編 第十三冊   ISBN：978-986-322-475-4

被遺忘的大清「忠魂」
──清代苗栗堡客家義民信仰研究（上）

作　　者　張正田
總 編 輯　杜潔祥
出　　版　花木蘭文化出版社
發 行 所　花木蘭文化出版社
發 行 人　高小娟
聯絡地址　235 新北市中和區中安街七二號十三樓
　　　　　電話：02-2923-1455／傳眞：02-2923-1452
網　　址　http://www.huamulan.tw 信箱 sut81518@gmail.com
印　　刷　普羅文化出版廣告事業
初　　版　2013 年 9 月
定　　價　三編 18 冊（精裝）新臺幣 40,000 元

被遺忘的大清「忠魂」
——清代苗栗堡客家義民信仰研究(上)

張正田　著

作者簡介

　　作者張正田，筆名信弦，為臺灣苗栗縣客家人，寓居臺北等異鄉約廿年。廿年以降每回苗栗原鄉，發現客家話與客家文化流失越發嚴重，所以激發作者關懷客家族群，以及其他少數民族文史之心懷。目前主要關注於客家歷史文化，與其他少數民族、弱勢族群文史。除本書外，又曾著有《「中原」邊緣──唐代昭義軍研究》專書，與期刊論文如〈西燕國主慕容沖的復仇〉、〈淺談宋代江西健訟風氣與客家、江西先民的移民潮〉、〈清光緒新竹苗栗兩縣劃界時中港、苗栗兩保保界釐清之空間關係〉、〈從 1926 年臺灣漢人籍貫調查資料看「臺灣客家傳統地域」〉、〈評介森部豐，《ソグド人の東方活動と東ユーラシア世界の歷史的展開》〉等 20 餘篇文章。

　　客家人遍布兩岸與東亞及世界各地，願大家一起加油！

提　　要

　　以往，北臺灣客家史常被視作「鐵板一塊」地論述，而其論述焦點之一往往也著重在桃園與新竹兩縣的枋寮義民信仰，此或會使人以為北臺灣客家人都崇敬義民信仰。然本文從清代北臺灣族群關係史角度，提出以下觀點：

　　一、苗栗義民廟歷史幾與新竹枋寮義民廟同樣悠久，然今日其祭祀圈卻僅三里大，並未如枋寮義民廟般發展為當地一大區域信仰，其主因與清代苗栗堡境的閩客械鬥風氣不發達有關。清代苗栗堡境西側的「北大肚山系」，與東側的「關刀山山脈」，對於當地族群關係演變的意義，在於「北大肚山系」山勢雖不如「關刀山山脈」般險峻，但該山系卻相對使苗栗堡客、閩兩族群的接觸機會，未如枋寮義民祭祀圈十四大庄，或中港堡、吞霄堡、「南桃園東側」等地區來得多，故不易使苗栗堡的客、閩兩族群，發生大規模接觸與衝突的機會。這也造成清代苗栗客家人的族群意識，在林爽文事變後百餘年間，隨世代交替而逐漸降低。是故苗栗義民信仰並未同於枋寮義民信仰般，有因為閩粵械鬥氛圍較濃厚的歷史背景來發展「區隔粵閩」、「強調粵人忠義精神」之族群認同符號，而成為一大區域信仰。

　　二、在清代苗栗義民信仰中，有一重要制度為「苗栗義民祀 327 位會友」制，其為清代苗栗地方人士，可藉由出資金來加入「苗栗義民祀」會友，且其會友身分不但可世襲，百餘年來又不斷有新會友加入，最終成為清晚期的「苗栗義民祀 327 位會友」制。又「327 會友」制，並沒有歷史需求發展為「區分會友間階級高低」，與重視「神牌位序差異」之模式，「苗栗義民祀327 位會友」都在該廟左偏殿，以一面木牌陪祀，即可代表清代苗栗義民廟「327 會友」在該廟信仰者心中之歷史貢獻，這也是苗栗義民信仰與新竹枋寮的不同處之一。此外，苗栗義民信仰也主祀真正殉難於林爽文事件的「義士眾姓諸公」、淡水廳幕僚壽同春、與淡水廳同知程峻之模式，同樣也是不同於枋寮義民信仰之處。

　　三、清代苗栗堡西境地勢較為高聳的「關刀山山脈」，在清中期時，隘線分佈於此山脈西麓，故當時該山脈尚是非常重要的「區隔漢原」之地理形勢。但約在清中後期之際，因苗栗客家人往東越過該山脈開墾樟腦利益，也使「後龍溪上游區」，即今獅潭鄉與大湖鄉等地，最終成

為客庄。而其中較重要的漢人拓殖勢力，有獅潭、南湖等庄的黃南球勢力，與大湖吳定新家族勢力，以及拓出桂竹林一帶的劉緝光等勢力，而「後龍溪上游區」有無義民信仰，也與這三勢力分佈有關。清晚期的黃南球，其前半生經歷較少與苗栗堡有淵源，反與枋寮義民信仰分佈區域較有關係，故黃南球拓殖出獅潭與南湖二庄後，也在二庄各置一間義民廟，其皆分香自枋寮義民廟，以祀奉死於漢原械鬥的骨骸。而清晚期吳定新家族勢力，雖也為大湖庄帶來義民信仰，但其他大湖庄民不見得都信之。故清代大湖庄民初建大湖義民廟時，很可能已被該庄人視為陰廟，而將該廟設在遠離大湖庄市街中心外的「下坪仔」。又該廟石製主神牌，同時書寫「萬姓同歸‧褒忠義民」，是雜揉了枋寮義民信仰，與漢人社會常視為「陰廟」的萬善爺性質。大抵而言，「後龍溪上游區」的獅潭、大湖、南湖等三間義民廟，是反應清晚期當地漢原關係緊張下的歷史產物，因此也在清代北臺灣族群關係史的意義上，與本為區隔閩粵為主的枋寮義民信仰有所差異。

　　四、枋寮義民信仰乃清代嘉、道以來，竹塹當地「城／閩」與「郊／粵」的閩粵械鬥風氣下之產物，「郊區」的枋寮義民祭祀圈內之粵人，係藉此突顯「粵人忠義於朝」精神，期盼朝廷能對當時弱勢的臺灣粵人聲張正義。而約自嘉、道以降，枋寮義民信仰祭祀圈的粵人，又逐漸透過枋寮義民信仰十四大庄制度，讓該區粵人能被組織於各大庄的公號頭家，與枋寮義民廟方各大姓家族之領導下，以凝聚共同的粵人族群共識與力量，來與淡水廳政經中心在的竹塹城閩人相抗衡。而清代北臺灣閩粵械鬥同樣激烈情況者，至少尚含「南桃園東側」與清代中港堡境內之客庄。可是「南桃園東側」與清代中港堡客家人，一開始並未出現特別崇敬義民信仰的氛圍，至少在中港堡的頭份義民廟方面，該廟乃遲至清代光緒11～13年左右，才由當地客家人自枋寮義民廟分香引進。清代頭分庄客家人引進義民信仰的歷史背景因素之一，自與從嘉、道以降的閩客械鬥風氣氛圍有關，然其引進之時間點之所以遲至光緒朝，則是與金廣福勢力拓墾大隘地區成熟畢，使中港堡與竹塹「郊區」兩地粵庄交通風險相對降低有關。

　　五、對平鎮褒忠祠之義民信仰方面，本文認為：（一）陳雪娟以往對該廟之研究中概謂：「中壢仁海宮加上平鎮褒忠祠之十三客庄輪祀圈，或許就是嘉道咸年間閩客械鬥氛圍下，十三庄客家人的凝聚勢力與精神象徵」一說，表示支持。本文並認為：（二）從該祠所存最古文字史料──咸豐10年的〈重修廣興庄褒忠亭碑〉中，只能顯示當時宋屋人士對重修該祠的歷史記憶，重點是在碑文中「鳳南既立亭祀，而淡北缺焉」一句之內在意涵。（三）又由此碑文中之記載，其實只能看出對咸豐10年的宋屋人士而言，平鎮褒忠祠究竟自何處分香之事，其重要性尚不大。

彭　序

　　正田在政大歷史系攻讀博士學位時，選修我在民族系開的課——「客家文化研究專題」。那學期正好講授客家文學中的客家文化，閱讀的文學作品以鍾理和、鍾肇政、龍瑛宗、李喬等客籍作家的小說爲主，這幾位作家都受過完整的日本教育，作品中除了有客家文化元素外，日本元素也相當多，正田的日文程度很好，所以在討論的時候，常常會提供相關日本文化的訊息，使大家對作品的瞭解不會局限在客家範圍。

　　該學期末，舉辦客家文學之旅，拜訪幾位北臺灣客籍作家，順便造訪作品中提到的重要地點，到了新竹新埔枋寮義民廟，見到廟的格局及其香火鼎盛的情景，正田感歎說，新埔枋寮義民廟和苗栗社寮崗義民廟同樣是奉祀清代林爽文事件犧牲的客家義民，但兩間廟的狀況卻相差這麼多。我隨口應他：「人有命運，神也一樣。」正田說他不以爲然，認爲一定有其他原因。

　　過不久，他和我說身爲苗栗人，他想深究甚具歷史意義的苗栗義民爲何會香火不旺的原因，並且打算以此爲博士論文的探討對象，請我當指導老師。我自己家鄉也有義民廟，父親和兄長都投入相當多心血參與經營，有感於一般人對義民廟的一知半解，需要有人釐清，正田既然有心，又是歷史專長，是不二人選，因此答應。另外我們也商請黃卓權老師幫忙，黃老師對新竹苗栗的拓墾研究傑出，收藏文獻豐富，認爲正田的研究很有意義，因此無私無藏的傾囊相授。

　　正田用他歷史地理學的專長，從客語次方言角度比較新埔枋寮義民廟，桃園平鎮義民廟，和苗栗社寮崗義民廟，以豐富的文獻及扎實的田調資料，清晰地描繪出三間義民廟的祭祀圈及其居民客語次方言關係。另外還對桃竹苗地區眾多的義民廟何者是由新埔義民廟分香而來，何者是當地墾首祭祀拓墾犧牲的墾丁而建，加以釐清，將臺灣獨特的義民信仰有系統性地整理，並特別針對苗栗社寮崗義民廟香火不旺的原因提出具說服性的論述。黃卓權老

師和我數次建議正田將論文好好潤飾出版成專書，基於種種原因，始終未能如願。花木蘭出版社慧眼識英雄，邀請正田將博士論文重新整理成專書出版，很高興終於看到張正田博士的《被遺忘的大清「忠魂」——清代苗栗堡客家義民信仰研究》一書完稿問世，透過本書，相信讀者對臺灣客家的獨特義民信仰會有新的認識。

由於苗栗社寮崗義民廟香火不旺，管理未盡完善，加上位於苗栗火車站附近，引起建商覬覦，前陣子還想將廟後的義塚剷除開發，引起地方文史工作者的關切。近年來苗栗縣重商輕文化的情況越來越嚴重，希望本書的出版能喚醒地方政治人物的良知，對極具歷史意義的苗栗社寮崗義民廟給予它應有的尊重。

彭欽清 謹識於木柵政大

民國 102 年 8 月 8 日

推 薦 序

　　為朋友、晚輩的著作寫序，雖然只是介紹作者，替他的寫作過程及著作內容寫一些增評、添光的依附性文章；但因這類文章大多置於書首的前幾頁，無論如何都不應輕率執筆。筆者鑑於向來有話直說、秉筆直言的性格，所以除非對作者具有相當程度的認識與了解，一向不敢也不肯貿然答應。但是張正田先生根據博士論文改寫而成的新著：《被遺忘的大清「忠魂」：清代苗栗堡客家義民信仰研究》一書即將出版之際，我卻十分樂於替這本書寫序推薦。

　　早在 10 幾年前，鄉土文史活動蓬勃發展之際，我便經常在論文研討會與客家活動中，遇見張正田年輕高大的身影，充滿熱忱的穿梭其間。2007 年間，擔任中央大學客家社會文化研究所所長的好友吳學明教授接受行政院客家委員會委託，主持「客家古文書收集、導讀與出版計畫」，我有幸受邀協助；這個計畫的重點之一，在於帶領研究生解讀運用客家地區的古文書。記得當時長達 9 個月，隔週上課 3 小時的課程，吸引了中央大學校內、外不少博、碩士生的參與；正在就讀政治大學歷史研究所博士班的張正田就是其中一位，每次往返汐止、中壢上課，從不缺席；讓我對這位苗栗鄉晚輩，留下深刻的印象。

　　後來正田準備撰寫博士論文時，我又蒙他業師，也是同鄉老友彭欽清教授委託，協助指導正田的論文寫作；他順利取得博士學位後，我正好主持新竹縣文化局「新竹縣史文獻解讀與縣志關係研究計畫」，也立即邀請正田協助，擔任計畫助理半年之久；學明兄與我共同編著「新竹縣史文獻叢書」《古文書的解讀與研究》（上、下篇），也得到他不少的幫助（此書甫獲國史館臺灣文獻館「102 年度獎勵出版文獻書刊暨推廣文獻研究獎」政府出版品類首獎）。基於上述因緣，我認為替正田的著作寫序推薦，雖然有點逾越之嫌，但至少可以有助於讀者閱讀本書、認識正田；也確信他的業師彭欽清老友應該可以諒解。

　　正田是當今客家中生代中，學養、實務兼備的「年輕」世代。他的碩士

論文《『中原』邊緣：唐代昭義軍研究》出版成書後，雖然在臺灣學界沒有引起太多的重視，但在中國北京學界，卻引發一場「抄襲」論戰；正田最終取得「原創者」的聲名。正田的博士論文，依據他在碩士班研究期間所打下的研究基礎，轉而研究土生土長的臺灣義民廟史，在眾說紛紜的論述中，別開蹊徑，把「義民研究」的空間，從人云亦云的的論述中，以「清代苗栗堡客家義民信仰研究」著手，兼論新竹新埔地區與桃園中壢、平鎮地區的義民信仰與祭祀圈的形成；這種堪稱勇敢與艱難的比較法研究，無論如何都是臺灣客家研究中，值得繼續努力與開拓的目標。

然而，詳讀本書仍然具有一些明顯可見的缺失，特藉此機會提供正田作爲未來撰述寫作的參考。

一、在長久以來的中國傳統史學訓練中，正田經常不自覺的深受文言語法的影響，以致在下筆按鍵時，文言語句便毫不自覺的流露而出；這種「掉書袋」的語法，在這個按鍵代筆的年代，不但顯得突兀，也容易造成年輕一代閱讀的困擾。希望正田日後下筆按鍵時，應該盡量克制改善。

二、任何圖表，都是替著作本身的論述付予強化解說的功能。所以在出版時，應該儘可能重新繪製，或請專家代勞，否則勉強使用的結果，不但不能凸顯圖表言簡意賅的效果，反而模糊了圖表所欲表達的功能。

三、歷史研究必須根據史料加以發揮，任何推論引申，都不宜違背這個原則。正田探討苗栗獅潭義民廟與南湖護安祠的創建與發展時，提出當地的開墾先驅黃南球誕生於楊梅，至 12 歲才隨父遷居苗栗，從而推論這是兩處廟宇遠至新埔分香的遠因。這個推論，不但令我深感好奇，也相當折服。然而，正田的書中「可能」、「或許」之詞不少，這是做爲一位歷史研究者，必須謹慎避免的地方。

無論如何，筆者詳讀本書之餘，深認本書確屬近年來臺灣區域研究與客家研究中，值得一讀的作品。希望正田能夠秉持就學時期的研究動能，一本初衷，在教學、工作之餘，持續以往的研究基礎，突破既有的縣、堡、鄉、庄界限，從大清帝國邊區研究的基礎上，進一步探索臺灣在歷史脈絡中的處境與因應；繼續秉持歷史研究的專業視角，把握史學研究的動能，相信不出十年，必可提出可觀的成績。讓我們拭目以待！

黃卓權

目

次

彭　序　彭欽清

推薦序　黃卓權

上　冊

緒　論 …………………………………………………………… 1

第一章　「苗栗地區」的族群分佈關係（上）……… 51

　　第一節　清代中港堡區地理環境與族群分佈……… 51

　　第二節　後龍溪流域中、下游地理環境與族群分佈
　　　　　　…………………………………………………… 65

第二章　「苗栗地區」的族群分佈關係（下）……… 99

　　第一節　西湖溪流域區地理環境與族群分佈……… 99

　　第二節　清代「苗栗堡核心區」之客家人意識降低
　　　　　　…………………………………………………… 127

　　第三節　後龍溪流域上游地理環境與族群分佈…… 133

下　冊

第三章　枋寮義民祭祀圈與當地族群分佈之關係· 149

　　第一節　枋寮義民祭祀圈的地理環境與城鎮體系· 149

　　第二節　淡新、竹苗分縣與枋寮義民祭祀圈之關係
　　　　　　（1731～1887）………………………………… 159

　　第三節　潮惠兩裔客家人分佈與枋寮義民廟祭祀
　　　　　　圈關係 ………………………………………… 197

第四節　核心與邊陲──竹塹城閩南人與郊區客
　　　　家人⋯⋯⋯⋯⋯⋯⋯⋯⋯⋯⋯⋯⋯⋯⋯⋯　202

第四章　被遺忘的大清苗栗「忠魂」──並論桃竹
　　　　苗各區義民信仰差異與其族群關係⋯⋯⋯　207
第一節　苗栗堡核心區族群關係與義民信仰⋯⋯⋯　207
第二節　苗栗堡後龍溪上游區漢原關係與義民
　　　　信仰⋯⋯⋯⋯⋯⋯⋯⋯⋯⋯⋯⋯⋯⋯⋯⋯　225
第三節　平鎮褒忠祠問題⋯⋯⋯⋯⋯⋯⋯⋯⋯⋯⋯　240
第四節　枋寮、頭份兩義民廟祭祀圈與客閩族群
　　　　關係⋯⋯⋯⋯⋯⋯⋯⋯⋯⋯⋯⋯⋯⋯⋯⋯　249

結　論⋯⋯⋯⋯⋯⋯⋯⋯⋯⋯⋯⋯⋯⋯⋯⋯⋯⋯⋯　267

徵引書目⋯⋯⋯⋯⋯⋯⋯⋯⋯⋯⋯⋯⋯⋯⋯⋯⋯⋯　287

附錄一　苗栗義民祀相關資料⋯⋯⋯⋯⋯⋯⋯⋯⋯　311

附錄二　日本時代昭和 6 年（1931）大湖庄舊照片
　　　　⋯⋯⋯⋯⋯⋯⋯⋯⋯⋯⋯⋯⋯⋯⋯⋯⋯⋯　325

附錄三　南湖義民廟舊石碑與兩舊區史料照片⋯⋯　331

附錄四　黃榮洛，〈有關清代民間閩粵械鬥的一件
　　　　古文書〉（內附〈羅華五文書〉原件影本）　339

圖　次

附圖 1　今「新竹枋寮義民祭祀圈」十五大庄圖（即
　　　　「竹」地區之圖）⋯⋯⋯⋯⋯⋯⋯⋯⋯⋯⋯　5

附圖 2　本文定義之「苗」地與其地理次分區之地
　　　　圖⋯⋯⋯⋯⋯⋯⋯⋯⋯⋯⋯⋯⋯⋯⋯⋯⋯　8

附圖 3　清代光緒年間苗栗縣轄區圖⋯⋯⋯⋯⋯⋯　9

附圖 4　三灣鄉永和山三元宮暨義民廟「皇恩粵汀
　　　　褒忠義士之神位」圖⋯⋯⋯⋯⋯⋯⋯⋯⋯　47

附圖 1-1　中港溪下游中港街、田寮庄、頭份街地理
　　　　　位置圖⋯⋯⋯⋯⋯⋯⋯⋯⋯⋯⋯⋯⋯⋯　58

附圖 1-2　頭分、竹南兩庄各大字閩粵籍比例分佈空
　　　　　間圖⋯⋯⋯⋯⋯⋯⋯⋯⋯⋯⋯⋯⋯⋯⋯　63

附圖 1-3　後龍溪中游「中心埔」、「七十分」舊兩河
　　　　　道位置圖⋯⋯⋯⋯⋯⋯⋯⋯⋯⋯⋯⋯⋯　66

附圖 1-4　後龍溪中下游交接區舊兩河道與「新港」
　　　　　位置圖⋯⋯⋯⋯⋯⋯⋯⋯⋯⋯⋯⋯⋯⋯　72

附圖 1-5　新港社形勢樞紐位置示意概圖…………　76

附圖 1-6　後龍溪中下游地區各大字閩粵籍比例分佈
　　　　　空間圖…………　83

附圖 1-7　新港附近平地原住民分佈空間…………　85

附圖 2-1　西湖溪下游地勢圖…………　102

附圖 2-2　西湖溪中、上游地勢圖…………　104

附圖 2-3　老雞隆溪流域地勢與新、老雞隆圖…………　106

附圖 2-4　頭湖、二湖各聚落與吳屋位置概圖…………　114

附圖 2-5　二湖吳屋十四世祖「士字輩」諸先公祖先
　　　　　牌一隅圖…………　115

附圖 2-6　西湖溪下游與通霄北區之粵閩分布圖…………　123

附圖 2-7　西湖溪中上游與通霄、苑裡地區粵閩分布
　　　　　圖…………　124

附圖 2-8　由〈羅華五文書〉見竹苗一帶閩粵械鬥地
　　　　　點分佈圖…………　127

附圖 2-9　後龍溪上流獅潭鄉地區地勢與日本時代各
　　　　　大字圖…………　136

附圖 2-10　後龍溪上流大湖鄉地區地勢與日本時代各
　　　　　大字圖…………　140

附圖 2-11　清代大湖庄形勢與各隘寮佈防位置示意圖…143

附圖 3-1　清代康、雍、乾時竹塹地區市街體系圖
　　　　　…………　152

附圖 3-2　清代嘉、道時竹塹地區市街體系圖…………　155

附圖 3-3　清後期竹塹地區市街體系圖…………　158

附圖 3-4　清代光緒 15 年（1889） 年淡、新分界圖
　　　　　…………　167

附圖 3-5　清代竹苗兩縣邊界海邊有記載「沙崙」之
　　　　　地分佈圖…………　177

附圖 3-6　清代新苗分縣，東側之縣界圖…………　189

附圖 3-7　今頭份三灣南庄三客家鄉鎮之義民信仰概
　　　　　況分佈圖…………　195

附圖 3-8　日本時代桃竹苗客家 29 街庄中「嘉應比」
　　　　　圖…………　200

附圖 4-1　清代苗栗義民祀輪祀七街庄單位分布圖
　　　　　…………　223

附圖 4-2 大湖義民廟「石牌」圖……………………232

附圖 4-3 「南桃園東側」與「中壢十三庄輪祀圈圖」
…………………………………………………240

附錄圖 1-1 清代苗栗「義民祀典三百二十七位會友
姓氏之神位」圖…………………313

附錄圖 1-2 陳運棟先生所藏《苗栗義民廟歷史及會
友名簿並土地表示書》中,〈嘉盛庄義民
祀會友氏名〉冊部分…………314

附錄圖 1-3 陳運棟先生所藏《苗栗義民廟歷史及會
友名簿並土地表示書》中,〈中心埔庄
義民祀會友氏名〉冊部分…………315

附錄圖 1-4 陳運棟先生所藏《苗栗義民廟歷史及會
友名簿並土地表示書》中,〈芒埔庄義
民祀會友氏名〉冊部分…………316

附錄圖 1-5 陳運棟先生所藏《苗栗義民廟歷史及會
友名簿並土地表示書》中,〈五谷岡庄義
民祀會友氏名〉冊部分…………317

附錄圖 1-6 陳運棟先生所藏《苗栗義民廟歷史及會
友名簿並土地表示書》中,〈中車路庄義
民祀會友氏名〉冊部分…………318

附錄圖 1-7 陳運棟先生所藏《苗栗義民廟歷史及會
友名簿並土地表示書》中,〈大田庄(即
田寮庄)義民祀會友氏名〉冊部分……319

附錄圖 1-8 陳運棟先生所藏《苗栗義民廟歷史及會
友名簿並土地表示書》中,〈苗栗街義
民祀會友氏名〉冊部分…………320

附錄圖 1-9 陳運棟先生所藏《苗栗義民廟歷史及會
友名簿並土地表示書》中,日本時代昭
和 17 年調查「苗栗義民祀」不動產土
地面積冊第 1 頁部分…………321

附錄圖 1-10 陳運棟先生所藏《苗栗義民廟歷史及會
友名簿並土地表示書》中,日本時代昭
和 17 年調查「苗栗義民祀」不動產土
地面積冊第 2 頁部分…………322

附錄圖 1-11 江漢仁先生提供之「95.8.1 苗栗義民祀
役員名冊……………………323

附錄圖 2-1 昭和六年大湖街景圖(1)………327

附錄圖 2-2　昭和六年大湖街景圖（2）…………328
附錄圖 3-1　「志冠群英」匾照…………………333
附錄圖 3-2　「志冠群英」匾的年代部分照……334
附錄圖 3-3　「忠義成欽」匾照…………………335
附錄圖 3-4　「忠義成欽」匾的年代部分照……336
附錄圖 3-5　大正 13 年（1924）所立南湖義民廟「褒
　　　　　　忠義民」石碑照…………………337

表　次

表 1-1　1926 年「清代中港堡區」各街庄客家人口比
　　　　例表……………………………………60
表 1-2　1925 年「清代中港堡區」各大字廣東籍人口
　　　　比例表…………………………………61
表 1-3　1926 年「後龍溪中下游流域區」各街庄客家
　　　　人口比例表……………………………78
表 1-4　1925 年「後龍溪中下游流域區」各大字粵、
　　　　閩、「熟蕃」人口比例表……………78
表 1-5　「新港社」附近六大字平地原住民人口佔該
　　　　族群總人口比例表……………………84
表 2-1　1926 年「西湖溪流域三庄」與「海線通霄、
　　　　苑裡兩庄」客家人口比例表…………119
表 2-2　1925 年西湖溪流域三庄與下游閩庄區各大字
　　　　之各族群人口比例……………………120
表 2-3　1926 年獅潭庄客家人口比例表………139
表 2-4　1925 年獅潭鄉地區三大字之各族群人口比例
　　　　表………………………………………139
表 2-5　1926 年大湖庄客家人口比例表………146
表 2-6　1925 年大湖鄉地區三大字之各族群人口比例
　　　　表………………………………………146
表 3-1　1921、1925 年「南桃園東側」各大字廣東籍
　　　　人口與比例表…………………………169
表 3-2　光緒 16 年（含）以前今後龍鎮與造橋鄉西境
　　　　曾載「沙崙」之地之民間古文書表…174
表 3-3　今三灣、南庄兩鄉內義民信仰概況表（2008.4
　　　　月調查）………………………………192
表 3-4　1926 年桃竹苗各街庄中各府州別祖籍客家人
　　　　與比例表………………………………198
表 4-1　清代淡水廳境內閩粵械鬥事件表……248

緒　論

一、緣起——今苗栗社寮崗義民廟祭祀圈僅三里

在近幾十年來的客家文化論述中，臺灣客家義民信仰，常被稱為北臺灣乃至全臺灣〔註1〕客家人〔註2〕之共同信仰符號。不過，已有學者提出，關於

〔註1〕 賴玉玲，〈戰後臺灣義民信仰研究略述〉，《忠心憤發扶社稷，義氣浩流鼎綱常——義民祭文化學術研討會（會議論文）》（新竹：新竹縣政府文化局‧明新科技大學客家文化研究中心，2005.09，頁 7～30），頁 10：「（義民信仰）漸成為凝聚<u>北臺灣</u>（本注文底線皆筆者所加）客家人群的信仰」。又邱彥貴，〈從祭典儀式看<u>北臺灣</u>義民信仰——以枋寮褒忠亭丁丑年湖口聯庄值年中元為例〉，收入林光華（主編）《義民心，鄉土情——褒忠義民廟文史專輯》（新竹：新竹縣政府文化局，2001），頁 150～185；或徐正光（主編）《第四屆國際客家學術研討會論文集‧宗教、語言與音樂》（臺北：中央研究院民族學研究所，2000），頁 1～47 有更詳細版，尤其邱氏在後者版本頁 6 處謂：「苗栗義民廟立祀過程及其在苗栗縣南境客屬六鄉市之影響力……毋庸贅言。」然實際上根據林本炫，〈義民爺信仰再思考——以苗栗縣七座義民廟為主〉，收入《文化與產經的對話——戀戀後龍溪論文集》（臺北：華立圖書，2008.04），頁 41～52 研究成果，則可對邱氏此語「大有可疑」。吳中杰，〈義民信仰與<u>北臺灣</u>客語分佈格局的形成〉，收入賴澤涵（主編），《義民信仰與客家社會》（臺北：南天出版社，2005），頁 229～243 等文。又謝重光（大陸歷史學者），《閩臺客家社會與文化》（福州：福建人民出版社，2005），頁 354 亦言：「新埔、頭份、平鎮、苗栗四地的義民廟是<u>北臺灣</u>義民信仰的重鎮」。又蔡采秀，〈以順稱義——論客家族群在清代臺灣成為義民的過程〉，《臺灣史研究》，11：1（臺北），2004.06，頁 1～41，更直接把<u>全臺灣</u>所有客家人都視同義民信仰者，由「被動」到「主動」成為義民，如此之文不勝枚舉。又，本文之內文、引文或注腳中，以下會將筆者認為比較重要之文句，以粗體底線字表之，此皆乃筆者

客家宗教信仰的問題實頗複雜〔註3〕，本文嘗試反問，臺灣客家義民信仰又眞的是北臺灣所有客家人共同的歷史認同符號？似乎在近幾年才方興未艾的臺灣客家研究中，也尚未有定論。

　　以北臺灣桃竹苗客家地區中的苗栗市附近鄉鎮而言，這裡亦屬於北臺灣客家庄之一，然當地之苗栗社寮崗義民廟（以下簡稱苗栗義民廟），卻多為苗栗人認知爲「陰廟」〔註4〕。在今日，其祭祀圈也僅局限在苗栗市北苗地區的北苗、上苗、清華等三個里，佔全市廿八里約 10.71%，可謂是「街廟」〔註5〕，可見苗栗市其他大多數里多未祭祀苗栗義民廟。又何況苗栗市附近，至少在關刀山脈以東、北大肚山系以西的苗栗縣各客家鄉鎮〔註6〕，除一間苗栗社

所加者，以便讀者閱讀。又，筆者在文中的小注，用括號小字楷書體（小字）表之，若有括號而無小字楷體，表示是史料原文之文中注。本文以下內文與引文以及注腳中，皆同。

〔註2〕 對於清代臺灣的粵籍人是否完全等於今日臺灣客家人問題，或戰前臺灣的「客人」是否完全等於今日臺灣客家人問題，可見林正慧，《六堆客家與清代屏東平原》（臺北：遠流出版社・曹永和文教基金會，2008），頁 20～26、250～268；林正慧，〈從客家族群之形塑看清代臺灣史志中之「客」──「客」之書寫與「客家」關係之探〉，《國史館學術期刊》，10（臺北），2006.12，頁 1～61；與羅烈師，〈臺灣客家之形成──以竹塹地區爲核心的觀察〉（新竹：國立清華大學人類學研究所博士論文，2005），頁 9～65、頁 223～279；張正田，〈從 1926年臺灣漢人籍貫調查資料看「臺灣客家傳統地域」〉，「2008 國際客家學研討會」，國立臺灣大學社會科學院客家研究中心，2008.11.30（臺北）；《2008 國際客家學研討會論文集》，2008.11，頁 5.1～5.26，等文都有相關討論。本文依筆者前引文中分析觀點，對清代臺灣的粵籍人與福建汀州客家人，爲清代臺灣客家人。

〔註3〕 研究客家的法籍學者勞格文（John Lagerwey），也認爲沒有所謂特定的客家宗教，也沒有眞正能共通的客家話，更談不上共同的客家宗教信仰。見勞格文（著）・鄭瑞貞（譯），〈客家的宗教〉，《民俗曲藝》，120（臺北），1999.07，頁 217～225。

〔註4〕 非僅筆者如此言之，同爲苗栗人的黃卓權氏也曾告訴筆者，其小時候住苗栗市，家中阿婆（祖母）諄諄教誨之：「（苗栗社寮崗的）義民廟係拜陰鬼个陰廟，細人个（小孩子）莫入去」。

〔註5〕 林本炫，〈義民爺信仰再思考──以苗栗縣七座義民廟爲主〉，頁 47。林氏文中並沒說明是哪三個里，本文指出是北苗、上苗、清華等三個里，乃筆者田野調查所得。按查「中央研究院 GIS 臺灣歷史文化地圖」網站，網址：http://thcts.ascc.net/kernel_ch.htm。此三里約當清代社寮崗一庄（北苗、上苗兩里）、與芒埔庄之西北境（清華里）。

〔註6〕 指「西湖溪──後龍溪中游流域」地區，即日本時代「苗栗郡」扣除通霄、苑裡兩鄉鎮外之地區。本文稱之爲清代「苗栗堡核心區」。又，苗栗的社寮崗，有時亦寫作社蓉岡，本文統一書爲社寮崗。又新埔的枋寮，有時書爲枋藔，

寮崗義民廟外，也都未見其他義民廟散佈，或有義民爺陪祀之廟宇。由此可見苗栗市附近各鄉鎮，義民信仰確實不發達。故民國 96 年（2007）年重修之《重修苗栗縣志‧宗教志》所列全縣十大重要廟宇中，不見苗栗義民廟被列入。全縣所有義民廟，只有中港溪流域的頭份義民廟，被列入全縣十大重要廟宇〔註7〕。

　　此外，同是北臺灣客家大聚邑——桃園縣之中壢、平鎮一帶的義民信仰似跟苗栗市類似不甚發達。此可見羅烈師博士論文〈臺灣客家之形成——以竹塹地區為核心的觀察〉記載：

　　　　頭前——鳳山兩溪流域的粵人認同係藉由義民信仰而完成的，然而

　　　　這樣的氣氛卻未出現在桃園三郡〔註8〕。

上引文是指羅氏已觀察出今新竹縣（頭前——鳳山兩溪流域）客家人認同（粵人認同）透過義民信仰而凝成而成的歷史過程，並未出現在現今桃園縣（桃園三郡）的各客家聚落。此觀察顯示，桃園縣客家聚落的義民信仰並不發達。然上引文可更精確定義，所謂「桃園三郡」即今桃園縣全境，然實僅「南桃園」是傳統客家鄉鎮，客家人分佈範圍大致也僅在日本時代〔註9〕中壢一郡、加上大溪郡下的龍潭一庄。且中壢郡各客家鄉鎮中，楊梅（不含高山里）、新屋、觀音三鄉鎮，以及龍潭、中壢的西側小部分若干里，亦為新竹枋寮義民廟十五大祭祀圈之地（本文稱之為「南桃園西側」），義民信仰相對發達〔註10〕。故羅氏所觀察者，其實係指南桃園的中壢、平鎮、龍潭三鄉鎮市大部分客家庄地區（本文稱之為「南桃園東側」）內的義民信仰相對並不發達。又羅氏亦曾對「南桃園東

本文統一書爲**枋寮**。

〔註7〕　黃鼎松，《重修苗栗縣志‧卷八‧宗教志》（苗栗：苗栗縣政府，2007），〈當代苗栗縣的重要信仰聖地與寺廟〉，頁 3～50。黃氏所列全縣十大廟宇，依序分別爲：一、獅頭山寺廟群；二、（大湖鄉）法雲禪寺；三、九華山大興善寺；四、苗栗文昌祠；五、苗栗市玉清宮；六、（竹南鎮）中港古城媽祖廟；七、通霄拱天宮；八、頭份義民廟；九、卓蘭峨崙廟；十、（獅潭鄉）仙山靈洞宮。

〔註8〕　羅烈師，〈臺灣客家之形成——以竹塹地區爲核心的觀察〉，頁 300。

〔註9〕　關於臺灣的五十年日本統治時期，學界有人稱爲「日據」、有人稱爲「日治」，目前爭議仍在，似未完全定論。本文則以臺灣客家庄傳統慣用辭彙「日本時代」統稱。

〔註10〕　黃卓權，〈義民廟沿革及聯庄祭典區概述〉，收入黃卓權（總編輯），《義魄千秋——褒忠亭義民節大隘聯庄祭典專輯》（新竹：2005 褒忠亭義民節委員會，2005），頁 12～34，頁 19，「圖 1-3：義民廟十五大庄分佈圖」。

側」義民信仰問題，著有〈義民信仰的傳播與形成──以臺灣平鎮褒忠祠為例〉〔註11〕一文，概說明中壢、平鎮一帶最大廟宇，其實是主祀觀世音菩薩的仁海宮，而平鎮褒忠祠的祭祀圈與該廟重疊，只及「南桃園東側」三客家鄉鎮市中的中壢、平鎮兩市。亦即，同是「南桃園東側」的龍潭鄉境，並未見義民信仰。羅氏認為平鎮褒忠祠性質很獨特，幾乎不等同於枋寮義民廟，且該廟香火至清代咸豐7年（1857）前還曾一度中落，日後才漸復興。此外羅氏也提出質疑，即本文所稱「南桃園西側」三鄉鎮客家人，為何竟捨近求遠地不參予平鎮褒忠祠的祭祀圈，反而成為新竹枋寮義民廟的十五大庄之一？但羅氏也未提出解答。然而似可由羅氏該文中觀察出，十九世紀中葉那時，平鎮褒忠祠可能中衰到連當時中壢、平鎮那一帶人都沒人去拜，所以義民信仰風氣相對發達的「南桃園西側」只能到枋寮義民廟「朝聖」。但「南桃園東側」義民風氣為何原本不興盛、而日後又逐漸復興之問題，暫非本文所能詳論，僅會略談之。

故在「北臺灣」客家庄中，至少已有「南桃園東側」與「苗栗郡一帶」兩區之義民信仰並不發達。那，義民信仰又是否是「北臺灣」客家人的集體共同經驗與歷史記憶？本文即是想研究新竹、苗栗兩地（以下簡稱「竹苗地區」）為何對義民信仰的強弱形成明顯差異，與其背後的歷史原因做一探討。當然，主要便是要從歷史上的原因，探討苗栗義民廟香火謂何一直未被重視過。

〔註11〕 羅烈師，〈義民信仰的傳播與形成──以臺灣平鎮褒忠祠為例〉，收入賴澤涵（主編），《義民信仰與客家社會》，頁 177～197。

附圖 1　今「新竹枋寮義民祭祀圈」十五大庄圖（即「竹」地區之圖）

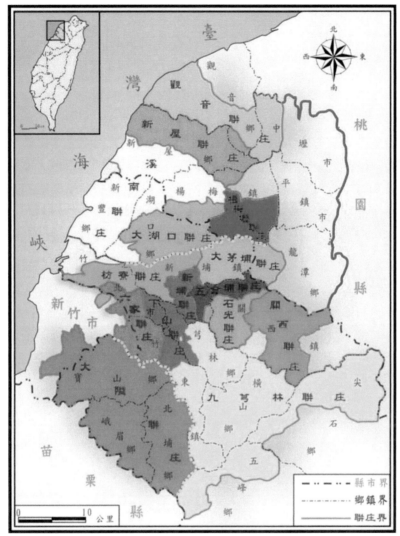

說明：本圖依據黃卓權，〈義民廟沿革及聯庄祭典區概述〉，收入黃卓權（總
　　　編輯），《義魄千秋——褒忠亭義民節大隘聯庄祭典專輯》（新竹：2005
　　　褒忠亭義民節委員會，2005），頁12-34，頁19，「圖1-3：義民廟十
　　　五大庄分佈圖」（原圖爲陳國川繪製，底圖電子檔爲黃卓權提供，特
　　　此感謝）爲底圖所轉製。本附圖1中可見綠色的「南桃園東側」，並
　　　非屬「新竹枋寮義民祭祀圈」區，筆者標示出以便讀者閱讀辨別。
　　　本文將「新竹枋寮義民祭祀圈」十五大庄分爲三個地區，並以黃色
　　　虛線區別之。分別爲：1、南桃園西側與溪南大湖口地區（以下簡稱
　　　「桃園台地西南區」）；2、鳳山溪與頭前溪流域中上游河谷平原地區
　　　（以下簡稱「竹塹東側粵庄區」）；3、大隘地區。

二、「竹苗地區」之定義

本文所謂「竹苗地區」的「竹」，係指前述新竹縣新埔鎮「枋寮義民廟十五大庄祭祀圈」地區〔註12〕，其北包含「南桃園西側」，與今新竹縣各客家鄉鎮與新竹市東側若干里，亦即其包含新竹頭前溪與鳳山兩溪流域、與南桃園西側、以及新竹大隘三鄉〔註13〕（以下又簡稱枋寮義民祭祀圈）；而「苗」則指相對於「竹」地區之南境的今苗栗縣內以中港、後龍、西湖等三溪流域客家人居住地爲主要探討對象，但其並不包含清代屬棟東上堡的今卓蘭鎮、與清代竹南三堡〔註14〕的今通霄、苑裡兩鎮。雖今卓蘭鎮也屬苗栗縣客家鄉鎮，但因此鎮並非屬「苗」地區三溪流域，且歷史淵源上也與苗栗地區淵源不深，反與同爲清代棟東上堡、今臺中縣的（日本時代）東勢郡客家庄來往較密切，故本文暫不將卓蘭列入「苗」地做詳論。而通霄、苑裡兩鎮，雖客家人雜居其間，但現今該兩鎮主要以通行閩南語爲主〔註15〕，當地的客家後裔之客家認同亦相對薄弱〔註16〕，故本文亦不將此二鎮列入討論。但論及西湖溪流域的客閩空間分佈時，對清代吞霄堡（即今通霄、苑裡兩鎮）當地的客閩分佈情形也概作一敘述，因爲如此才能釐清隔一座北大肚山系之旁的西湖溪流域中上

〔註12〕今觀音、新屋兩聯庄乃戰後才分立，清代時爲「溪北聯庄」。故至清代晚期爲止，枋寮義民祭祀圈爲十四大庄。

〔註13〕指新竹縣寶山、峨眉、北埔三鄉。

〔註14〕根據陳哲三，〈清代臺灣地方行政中的「保」與「堡」考辯〉，《逢甲人文社會學報》，17（臺中），2008.12，頁45～92文中認爲，清代臺灣縣級單位以下的「保」與「堡」，兩字常混用，大部分都是用「保」字，少部分才用「堡」字，陳氏認爲「保」是正確字，「堡」乃誤字。但是在清末劉銘傳清丈臺灣土地時所發丈單，是第一批官方文書大規模用「堡」字，形成推波助瀾的功用，爾後到日本時代亦即日治時期，日本官方文書大量使用「堡」字而不再用「保」字。因本文論述清代苗栗堡義民信仰時，有大量篇幅涉及清晚期苗栗的拓殖史，所以統用「堡」字。以下皆同。

〔註15〕現今對臺灣講閩南語的族群之稱謂用語，常有該稱「福佬」或「閩南」或逕稱爲「本省人」之爭議，且對該語言是否該稱「臺語」或「福佬話」或「閩南語」也同樣有爭議。但因臺灣各腔調「閩南語」，在語言學分類上都屬漢語的閩語方言之閩南方言片，故本文爲統一起見，以語言學分類爲主，將該族群統稱爲（臺灣）閩南人，其所操之語爲「（臺灣）閩南語」。

〔註16〕行政院客家委員會（編印），《行政院客家委員會委託研究報告——全國客家人口基礎資料調查研究》（臺北：行政院客家委員會，2004.12），頁附錄A-26，「附表7‧單一認定四大族群族群比例——依鄉鎮市區分」表中，通霄鎮居民中自我認同爲「臺灣客家人」者，估計只佔21.0%；苑裡鎮更只剩19.8%。

游（今銅鑼、三義兩鄉）之客家空間分佈優勢。大抵而言，本文所指「苗」之地，係指清代「竹南一堡（又稱中港堡）」、「竹南二堡（又稱後壠堡或苗栗堡）」等地。此外，南部「六堆」客家庄、與中部客家庄（今東勢石岡卓蘭新社國姓等鄉鎮區）等兩大傳統客家地域之義民信仰強弱問題，限於篇幅，暫非本文所能處理之課題。故本文探討焦點集中在：一、義民信仰本就十分興盛的「竹」地——清代新竹枋寮義民祭祀圈地區；與二、不含卓蘭、通霄、苑裡三鎮在內的今苗栗縣各地之「苗」地。本文將針對上述「竹苗地區」義民信仰的內部差異問題與其歷史原因，做一深入探究。

又今苗栗縣境內中港溪流域地區（即清代竹南一堡或中港堡），在清代時歷次行政區劃變遷過程中，雖一直屬清代新竹縣所轄，學界也不乏將本地區當做廣義的清代竹塹地區之一部份做研究〔註17〕。但因事實上本地區並非枋寮義民祭祀圈之一部，故在本文第一章，仍將今苗栗縣境內中港溪流域地區納入整個苗栗地區做一論述。然因清代中港堡境的客庄義民信仰，相對於清代竹南二堡境，又較爲發達。故在本文探討該地區義民信仰狀況時，仍將之與義民信仰發達之枋寮義民祭祀圈地區一起討論。

〔註17〕如林玉茹，《清代竹塹地區的在地商人及其活動網路》（臺北：聯經出版，2000）等相關研究。

附圖 2　本文定義之「苗」地與其地理次分區之地圖

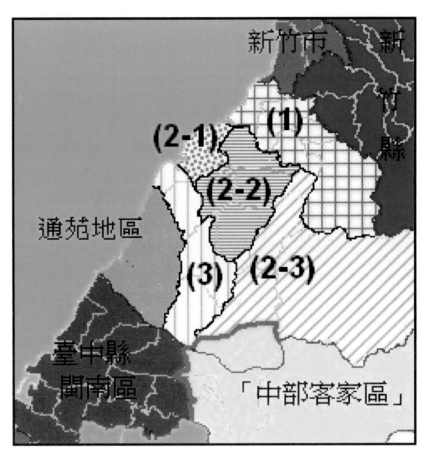

說明：1. 本文所定義「苗」地分爲（1）、（2）、（3）地理次分區，其中（2）又
　　　　再分 3 小區。

　　　2. 圖中所標（1）之地，爲本文定義之「苗栗縣中港溪流域地區」。亦即
　　　　清代竹南一堡（即中港堡）轄境。

　　　3. 圖中所標（2-1）之地，爲本文定義之「後龍溪下游區」閩南人爲主
　　　　之區。

　　　4. 圖中所標（2-2）之地，爲本文定義之「後龍溪中游區」客家人爲主
　　　　之區。

　　　5. 圖中所標（2-3）之地，爲本文定義之「後龍溪上游區」客家人爲主
　　　　之區。

　　　6. 圖中所標（3）之地，爲「西湖溪流域」三鄉鎮以客家人爲主之區。

　　　7. 本圖依「中央研究院 GIS 臺灣歷史文化地圖」網站，
　　　　網址：http://thcts.ascc.net/kernel_ch.htm 擷取，再由筆者所轉製。

附圖 3　清代光緒年間苗栗縣轄區圖

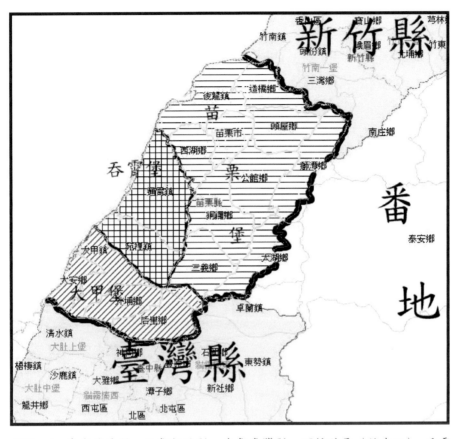

說明：1. 清代苗栗縣，北鄰新竹縣，南鄰臺灣縣，下轄苗栗（竹南二）、吞霄
　　　　（竹南三）、大甲（竹南四）等 3 堡。
　　　2. 本圖所繪出之鄉鎮乃今日鄉鎮，清代不存在焉，繪出以方便讀者閱讀
　　　　古今。
　　　3. 本圖依「中央研究院 GIS 臺灣歷史文化地圖」網站，
　　　　網址：http://thcts.ascc.net/kernel_ch.htm 擷取，再由筆者所轉製。

三、苗栗社寮崗與新竹枋寮二座義民廟約同時創建

　　新竹枋寮義民廟與苗栗市義民廟兩者，幾乎都是同時在林爽文事件後設
立，為「竹苗地區」創建歷史最悠久之兩個義民廟。然何以新竹枋寮義民廟
日後兩百廿年間發展會日漸興盛，還成為十五大聯庄、幾乎一個縣級單位面
積大的祭祀圈，且分香之廟很多；而苗栗義民廟，只是三個里之「街廟」？

　　新竹枋寮義民廟也是林爽文事件之後建立的主廟，臺灣許多義民廟自此

廟分香，地位崇高，故隨之也有傳說如下：當竹塹城郊區客家義民軍，擊退林爽文軍隊打道回鄉時，沿途看到臂上綁黑布的犧牲者骨骸，即抬上牛車一起運回，並預定安葬在今湖口鄉鳳山寺附近的大窩口，當車行過鳳山溪來到枋寮義民廟現址時，牛竟離奇地停頓不前，於是一行人決定焚香祭拜並跌筶，並請同為義軍首的石壁潭大地理師陳資雲勘查地理風水。陳資雲指出此地乃「雄牛睏地穴」，遂決定於此處建枋寮義民廟。

　　「牛車停駛，落地為（義民）亭」一事，概是熟知枋寮義民廟史所耳熟能詳的傳說。不過羅烈師已考證，這是後人的傳說而非史實〔註18〕。

　　至於苗栗市義民廟歷史，可見《苗栗義民廟簡史》〔註19〕記載：

> 乾隆五十三年（1788）冬十一月，有匪寇林爽文（作亂）……斯時（苗栗）有鍾瑞生、劉維紀、謝尚杞諸先生，住蛤仔市七十份莊（即今公館）原即粵省鎮平縣〔註20〕人……招集後龍一十八庄義民二千五百人……旋佈防於公館鄉南北河與苗栗西山等處做堆……乾隆五十三年，征戰中犧牲成仁義軍先烈達數百人，於凱歸時催請牛車沿途遍拾忠骸（有黑布圈為記），原擬於新埔枋寮義民會義士合葬在枋寮但牛車經本地（現在本廟址）時牛隻不受驅使，經焚香禱告後以「聖筶」取決六車忠骸之中六缸合塚暫葬於此地為苗栗仕紳謝鳳潘所有共有感於義民為桑梓殉難之德，捐地建塚（即現在廟後之義塚）。
>
> **乾隆五十五年**倡建人謝鳳潘（按：藩字之誤，以下同）以為義民諸公為國殉難犧牲奮鬥之精神殊堪敬佩乃將私有中興莊（今之北苗里義民街）土地二分餘自願捐贈作為建廟基地成立義民祀，其後並募款於**嘉慶元年**（一七九六年）興建義民祀供鄉民崇仰膜拜。同治二年（一八六三年）改建並增設左右橫屋易名為義民廟……（後略）

中華民國八十七年正月吉旦　蔣雲宗書

這份民國 87 年（1998）的文件，雖不一定反應全部史實，它甚至同時參雜了新竹枋寮義民廟的「牛車停駛，落地為（義民）亭」之歷史記憶，使人難辨兩廟信眾對「牛車停駛，落地為亭」的記憶究竟孰為真假。但此文件卻反映出苗

〔註18〕羅烈師，〈臺灣客家之形成──以竹塹地區為核心的觀察〉，頁252。
〔註19〕苗栗義民廟管理委員會（謹錄），《苗栗義民廟簡史》（苗栗：苗栗義民廟左側牆面文，民國87年（1998）正月）。
〔註20〕今廣東省梅州市蕉嶺縣。

栗市社寮崗附近人對本廟的歷史記憶就是：苗栗市義民廟不同於其他多數苗栗縣境內的義民廟是自新竹枋寮分香而來（皆位於中港溪流域與後龍溪上游），苗栗市義民廟獨特性之一，就是它也是林爽文事件前後就已經設立的。這也可看另一日本大正時代之歷史文件《寺廟調查書・新竹廳》記載：

> 本（苗栗義民）廟是為了安慰閩粵兩族戰爭戰死之英靈而設，建於乾隆十六年（1751），其後於朱一貴、林爽文之亂時犧牲者也併祀之，後來有了由皇帝頒賜下來的匾額，於乾隆三十一年（1766）改築，本廟又稱「褒忠亭」，大正四年（1915）五月又加以修繕〔註21〕。

這份史料反映出大正年間日本人采訪到當時苗栗街人對苗栗市義民廟的歷史記憶，其呈現當時苗栗街人記憶上的年代時間有誤差。譬如將康熙年間的朱一貴事變，跟乾隆年間的林爽文事變，都混為一談。又本廟之始建年代，更往前推到乾隆 16 年，也是年代方面的歷史記憶錯誤。又引文中所謂「有了由皇帝頒賜下來的匾額」，是指乾隆皇帝賜頒「褒忠」匾額獎勵臺灣粵籍義民幫助平亂事情，這實是乾隆 53 年 3 月事〔註22〕，引文中卻誤記為乾隆 31 年，這也是反映出大正年間苗栗街人對義民廟歷史的年代記憶錯誤。但卻可知當時苗栗街人仍確知本廟是苗栗本地人所倡建，而非分香自新竹枋寮義民廟。又見清代光緒年間《臺灣省苗栗縣志》（以下稱《清苗栗縣志》）：

> 義民祠：在縣治北門外半里社寮崗莊。乾隆五十年，謝鳳藩等倡捐建造。同治二年（1863），徐佳福等倡捐添建左橫屋，共九間。祀田在蛤子市義民埔，年收二百石，祀粵之陣亡義民〔註23〕。

上引文的苗栗市義民廟設立年代似有誤，按林爽文事件是發生於乾隆 51 年至 53 年，而前已述乾隆皇帝賜頒「褒忠」匾額事，是乾隆 53 年 3 月時，始建苗栗市義民廟似不太可能早於此時。然又根據陳運棟〈苗栗義民爺之由來與簡史〉一文，對苗栗義民廟始建年代又有其看法：

> 乾隆皇帝親自「特賜匾額，用旌義勇」，又因為「該處莊居甚多，難

〔註21〕〔日〕《寺廟調查書・新竹廳（手寫稿）》（無出版項，臺北：中央研究院臺灣史研究所影印特藏資料，由內文判讀大概是 1915 年後不久所做），頁 085143（頁碼依中研院所蓋，以下皆同）。原文為日文，筆者自譯。

〔註22〕〔清〕乾隆皇帝（五十三年敕撰），《欽定平定臺灣紀略》（臺北：臺灣銀行經濟研究室・臺灣文獻叢刊第 102 種，1961），卷五十六，〈三月初一日至十七日〉，頁 887～888。

〔註23〕〔清〕沈茂蔭，《臺灣省苗栗縣志》（臺北：臺灣銀行經濟研究室・臺灣文獻叢刊第 159 種，1962），卷十，〈典禮志〉，頁 161。

以遍行頒賜，著福康安接到匾額後即遵照鈞摹，普加賞給懸設」。竹塹地區獲頒「褒忠」里名匾額有二：一在塹北六張犁莊（今新竹縣竹北市東平里六家），後建褒忠亭於枋寮莊。一在塹南貓裏莊（即今苗栗市北苗里〔註24〕），**乃於乾隆五十五年建褒忠亭**……以懸掛御賜之「褒忠」里名匾額。並由各地義友尋覓陣亡義民忠骸六十四具，名曰「義塚」，每年清明節舉行祀典。

陳氏續曰：

乾隆六十年（1795），苗栗士紳謝鳳藩自願捐贈褒忠亭附近土地……並募款興建義民祠一座……是為本廟之濫觴。至同治二年士紳徐佳福等倡導改建，並……改名為義民廟〔註25〕。

依上引陳氏看法，該是指貓裏與六家是清代乾隆後期竹塹地區兩大粵庄（客庄），故能分別獲頒御賜摹稜「褒忠」匾額。在苗栗方面，因獲頒御匾後，鄉里先建一「亭園」以供懸掛之，這便是社寮崗義民「亭」，時當乾隆 55 年。五、六年後之乾隆 60 年或次年嘉慶元年（1796）左右，再由苗栗仕紳謝鳳藩捐地蓋「義民祠」，為本義民廟之濫觴，後到同治 2 年，苗栗當地仕紳徐佳福又倡改建為「義民廟」。故苗栗義民廟演變過程是：先有「亭」、再有「祠」、再有「廟」，而建「祠」之始即為「廟」之濫觴，時當乾隆 60 年。

至於《清苗栗縣志》所載「義民祠……乾隆 50 年，謝鳳藩等倡捐建造」一句為何年代有誤？這有兩種可能：一是當時編纂時，采訪者已訪誤或手誤；二是可能幾經傳抄已有漏誤字，本廟並不是乾隆 50 年整時所建。苗栗市義民廟始建年代的個位數或許是其他數字，但該是乾隆 53 年之後、60 年之前〔註26〕。

〔註24〕 陳氏此處書寫有誤，清代貓裏庄該指今日苗栗市南苗一帶諸里，並非北苗。

〔註25〕 陳運棟，〈苗栗義民爺之由來與簡史〉，彭富欽（主編）·苗栗義民廟管理委員會（編印），《歲次丁丑苗栗義民廟沿革史》（苗栗：苗栗義民廟管理委員會，1998），頁6～13，頁8。

〔註26〕 清代光緒《苗栗縣志》一書能付梓，命運可謂多舛。本志乃光緒 20 年（1894）由當時苗栗知縣沈茂蔭聘請苗栗鄉里父老為采訪所編纂，但次年臺灣割日並爆發乙未戰爭，本志尚未來得及付梓，編纂局卻被迫解散，使原稿大多散佚。數十年後的 1950 年左右，史學家方豪得知，在上海徐家匯天主堂藏書樓仍藏有本志未刊稿之抄本，在當時國共內戰情勢緊張之下，方豪仍不顧局勢危急，命學生王瑞明往上海再抄出，並轉交由當時苗栗縣文獻委員會付梓刊行（以上可見洪燕梅，〈《清苗栗縣志》點校說明〉，〔清〕沈茂蔭，《苗栗縣志·臺東州采訪冊（合本）》（臺北：文化建設委員會，2006，頁13～15））。由此可見，本志幾經抄錄才能付梓，

　　由新竹枋寮與苗栗社寮崗兩義民廟始建年代，都是林爽文事變後來看，二廟歷史在「竹苗地區」客家庄同樣悠久，但爲何新竹枋寮的日後會茁壯發展，而苗栗社寮崗卻日漸衰退，不但大至全苗栗縣，小至苗栗市內，都並非重要廟宇？是否代表兩地的「北臺灣」客家人，對「與異族群做戰過」的「義民記憶」需求不同？此問題值得令人深究。

　　所以義民信仰眞的是「北臺灣」所有客家人共同的歷史認同符號？看來似乎未必。那接著更進一步回到原點問：何謂臺灣客家文化？何又謂臺灣客家文化史？甚至再問，整個歷史上的客家認同認同形成過程又爲何？因爲臺灣的義民信仰本身，往往關乎臺灣客家形成的歷史論述，也關乎臺灣客家認同該如何論述與定位，若不從根本上先釐清上述這些問題，很難眞正觀察臺灣客家認同與義民信仰之性質爲何。故本文暫跳出「義民」之外，先由宏觀的角度，觀察何謂「客家」認同形成，又何謂客家文化的歷史論述，才能在細觀北臺灣特別是「竹苗地區」客家的義民信仰強弱，爲何會有區域差異的可能性。

四、何謂客家——臺灣「客家論述」源起背景回顧

　　要回答以上這些問題，不能單就近幾年臺灣義民廟研究做一個研究回顧與反思即可解決。因爲，如果義民信仰並非全部北臺灣客家人共有歷史經驗或共同認同的話，那單就義民問題來論臺灣客家文化，似有以偏蓋全之嫌。所以本文先就整個客家認同形成的歷史淵源做一研究回顧與反思，乃至臺灣各客家聚落的次文化，在當地扮演了什麼的歷史角色，都做一宏觀性的檢視，才能探究其歷史眞相。

　　臺灣的客家團體或客家文史工作者，對客家文化形象的主觀建構或塑造，往往取決於其本身的歷史解釋權。可是，檢視臺灣的客家論述，除了學術界目前還有較嚴謹的學術研究外，其他多半還是來自各地客家團體本身的論述。在學術界方面，對臺灣客家的研究，嚴格來說也不過起始於近十幾年，也因歷程尚短，至今學者們似仍再嘗試摸索階段。至於客家民間文史工作者，經過數十年觀察記錄，頗具成果，挖掘出許多甚具參考價值的資料，所呈現的當地客家次文化，似乎也都有些微差異。但總體而言，其大概都是在鄉土文史工作上，各自觀察自己出身地的客家聚落文化。但筆者嘗試問，目

略有漏誤在所難免。故本文認爲苗栗市義民廟始建年不可能是乾隆50年。

前客家的鄉土或學術論述,是否眞完全符合臺灣各地方客家人的實際文化內容與體認?臺灣客家文化中的各地次文化系統中的建構,應如何詮釋?

要回答這些問題,似乎必須回到一個問題原點,那就是歷史上所形成的客家文化或客家認同到底是什麼?究竟數百年來客家人形成的歷史過程中,是什麼使客家人「自我認同」爲客家人,且認同的空間分佈範圍也逐漸擴大的動機因素〔註27〕?這似也未有定論,但若能先瞭解之,方槪可正本溯源,幫助瞭解形成臺灣客家人的文化認同因素。故要探究整個臺灣客家史,必須將之放在整個東亞漢文化圈的歷史脈絡下,來觀察整體客家文化認同出現的歷史過程,才可能再細觀臺灣客家認同的產生。尤其文化史的歷史研究,似也難完全用以地範史的方式做空間切割〔註28〕,否則臺灣島上的客家史,若單以「後現代」想像建構,則即令要塑造臺灣島史或臺灣島上的客家史,也似難包容兼述多元性的各族群、或各區域之次文化內涵。

以往客家源流問題研究成果,上世紀初以羅香林的《客家源流考》與《客家研究導論》以及《客家史料匯篇》〔註29〕爲開山經典之作,其藉所蒐羅之客家各家族姓氏族譜,論證客家人乃中原世族後裔,經五次大遷徙南下。爾後相關客家研究,曾數十年出現停頓,無論兩岸三地,似乎都不太重視客家源流與文化的討論,這時期大致以陳運棟之著作爲主,其觀點也繼承羅氏脈絡加以論述〔註30〕。然約自上世紀八、九○年代中起,以大陸學者爲主,學界對客家源流紛紛有不同看法。如陳支平蒐羅福建地區族譜,發現羅氏以往的方法,也可見福建省非客家地區的漢人族譜,同樣也可祖溯中原正朔

〔註27〕譬如贛南客家人,是遲自上世紀八○年代才被中共官方宣導或建構,才開始自我認識爲客家人。可見黃志繁,〈誰是客家人?〉,《中國圖書評論》,2008:3(北京),2008,頁56~59。黃志繁,〈建構的「客家」與區域社會史──關于贛南客家研究的思考〉,《贛南師範學院學報》,2007:4(贛州),2007,頁7~12。羅烈師,〈管窺江西客家研究未來趨勢──臺灣與粤東的經驗〉,《贛南師範學院學報》,2007:2(贛州),2007,頁2~9。張正田,〈贛州客家初體驗‧見聞滿行囊(上/下)〉,《客家雜誌》,224(臺北),2009.02,頁66~79;/2009.03,225,頁30~32。

〔註28〕曹永和,〈臺灣史研究的另一途徑──「臺灣島史」概念〉,《臺灣史田野研究通訊》,15(臺北),1990,頁7~9。

〔註29〕羅香林,《客家源流考》(香港:世界客屬第二次懇親大會籌備委員會,1973)。羅香林,《客家研究導論》(臺北:集文出版社,1973)。羅香林,《客家史料匯篇》(臺北:南天出版社,1992)。

〔註30〕陳運棟,《客家人》(臺北:聯亞,1978)。陳運棟,《臺灣的客家人》(臺北:臺原出版:吳氏圖書總經銷,1989)爲其代表著作。

〔註31〕，進而學者們開始質疑族譜本身可信度有侷限性，甚至懷疑羅氏以往成果也難逃此方法論的侷限而不可信。故如房學嘉便認爲客家人其實是古代百越或畬族漢化後的後裔，所謂族譜中追及中原世族，不外只是當地少數民族漢化後的後人所攀附與杜撰〔註32〕。苗栗客家籍語言學者羅肇錦也認爲客語應該是侗傣語族或畬人「漢語化」後的民族〔註33〕，但語言學家張光宇則認爲，客家話該是中原偏西北的「司豫移民」帶來的中古司、豫兩州附近漢方言南下移民的結果〔註34〕。歷史學家謝重光則認爲雖然歷史上客家族群不可否認地與當地土著有密切接觸，但與客家源流眞正相關的，還是唐宋時期南下的北方漢人移民所帶來的文化〔註35〕。故綜合以上，目前的客家源流說法，似乎出現彼此矛盾。現今較新的說法是王東所提出的新說，其認爲該把目前客語所在的贛南、粵東、閩西，都當成是歷史上的空間「容器」，任何歷史文化因子進入這空間容器內，才形塑出現有的「客家文化」，所以王氏認爲要如何界定客家？還是應該回歸實質條件，就是住在這個以「贛南、粵東、閩西」空間地區內「講客語」的人爲主〔註36〕。

五、何謂客家認同的本質

　　然因爲客家話內部其實差異性甚大〔註37〕。故在中國大陸客方言分部地

〔註31〕陳支平，《客家源流新論》（廣西南寧：廣西教育出版社，1997）。
〔註32〕房學嘉，《客家源流探奧》（臺北：武陵出版社，1996）。
〔註33〕羅肇錦，〈客語祖源的另類思考〉，賴澤涵（主編），《客家文化學術研討會論文集》（臺北：行政院客家委員會，2002），頁407～421。
〔註34〕張光宇，《閩客方言史稿》（臺北：南天書局，1996），頁73～88。
〔註35〕謝重光，《客家源流新探》（臺北：武陵出版社，1999）。
〔註36〕王東，《那方山水那方人──客家源流新說》（上海：華東師範大學出版社，2007），頁25～39。
〔註37〕語言學非筆者專業，故以此注，略引語言學界研究成果述之如下以供參考：漢語中的客方言本身在漢語分類上，和閩方言、北方官話等方言般，皆屬第一層次的「方言（Group）」層次。這層次之下，還有「方言片（Sub-Group，同方言但不同方言片，彼此溝通仍滿困難）」層次，再其次是「方言群（Cluster，此層級內彼此還勉強能互通）」，再其次才是「方言點」或「區域腔調（Accent）」。以上據中國社會科學院・澳大利亞人文科學院（編），《中國語言地圖集（Language Atlas of China）》（香港：香港朗文出版社（Longman），1987）之分類。又「方言群」也有語言學者稱作「方言小片」，本注爲統一稱呼起見，採用前者。至於方言群之下到各方言點的腔調間，是否需要另立一層級？經筆者請教竺家寧教授，稱：「這在目前語言學界也未有定論」。所以客家方言本身是較高層次的語言學概念，譬如單就語音條件來說，贛南與閩西部分區域的若干腔調客語之-p、-t、-k韻

區，會出現有被「歸類爲講客家話」的方言點人群卻不「認同」自己是客家人〔註38〕；也會出現認同自己是客家人的，卻因彼此之間因屬於「客方言」下的不同「客家方言片」，而彼此溝通仍困難。這非僅在中國大陸如此，在清代臺灣的客家庄內，粵籍移民多來自清代廣東省嘉應州的一州四縣、惠州府的海豐、陸豐兩縣、潮州府「半山客」地帶的饒平、大埔等縣份。這些粵籍移民之間所操各腔調客方言，彼此溝通上也往往有一定程度的困難。故長期研究北臺灣內山客家優勢區的學者黃卓權便認爲，至少在清代北臺灣客家庄中，因下述原因下，北臺灣客家人也因勢所趨，逐漸融爲一體。其歸納原因概如下：一、原鄉共同的生活經驗；二、儘管清代臺灣客家人所操口音略異，但對人口佔絕對優勢的福建省漳、泉兩州閩南人而言，根本無從分辨，閩、客兩造一旦發生爭執，這些不同府州籍的「粵籍」人，往往被優勢的「閩籍」人歸類爲同一群體。如方志文獻中常見「客仔」、「客人仔」等蔑稱即可證。這種「福禍與共」的「命運共同體」歷史經驗，無形中驅使北臺灣客家人產

尾，就不同於粵東的客語保存完整，而出現若干的塞音韻尾消失，或弱化爲喉塞音的現象。相關論文有呂嵩雁，〈閩西客語音韻研究〉（臺北：國立臺灣師範大學國文研究所博士論文，1998）等，論著頗多。據呂氏研究結果，閩西客語頗多入聲字已讀做喉塞音或消失。而粵東客語卻跟粵語般，-p、-t、-k 韻尾分野明顯。而這個語言條件還尚可和地理空間結合，即-p、-t、-k 韻尾分野明顯的多分佈在粵東，其餘則在閩西與贛南。但另個客語次方言中的語言特色又更不可用空間角度解釋，即客語中，中古聲母精、莊、知、章的演化，可以分化爲「只有一套塞擦音（寧化型）」、和「兩套塞擦音（長汀型）」。見江敏華，〈客贛方言關係研究〉（臺北：國立臺灣大學中國文學研究所博士論文，2003），頁 65～83 的分法。但又見江敏華前引論文，頁 69，「圖 3-1　精莊知章『長汀型』、『寧化型』在客家話中的分佈」圖，上述兩種語音特色的客語次方言。上述兩種客語次方言特色，放在歷史地理的空間上，卻呈現不平均的地域分佈。
上述這些爲王東氏限於其學科專業上所未談及之處，也不免會使其基本論點在方法論上受質疑。故王氏前引書的〈朱（政慧）、胡（逢祥）序〉中，也爲朱、胡兩氏點出此點方法論上的問題。見朱政慧・胡逢祥，〈朱（政慧）、胡（逢祥）序〉，王東，《那方山水那方人──客家源流新說》，頁 3。

〔註38〕蔡驎，《汀江流域の地域文化と客家──漢族の多樣性と一體性に關する一考察》（東京：風響社，2005），頁 50～54。蔡氏於此指出：語言學上同被歸類爲客家話語群的江西省贛南新、舊客家人，明清歷史上還發生「土（舊居土著）、客（倒遷入贛的「客人」）大械鬥」，兩者互相敵視，當地的贛南「土著人」，直到 1980 年代在中共官方宣導下，才慢慢接受自己也跟贛南客籍人一樣，都是客家人的概念；又指出今廣東省韶關市新豐縣當地，存有稱爲「水源話」的跟稱爲「客話」的兩種腔調，兩者在語言學上都被歸類爲「『客方言』下的『粵臺方言片』的『新惠方言群』」之客語，分類到如此低層次，兩者間應大致能聽懂對方說什麼才對，但蔡氏指出：「說『水源話』的，並不認同自己是客家人」。

生命運共同體的族群感情。三、有許多北臺灣桃竹苗地區客家大族,都是經歷了種種因素,先在沿海的閩籍優佔區生活了一段時間後,才輾轉遷入北臺灣內山地區,而在「粵籍」祖籍相近與血緣相近、或相同粵籍的先墾者照護下,找到了歸屬感〔註39〕。這至少對北臺灣客家人歷史上,形成共同認同「客家」的社會結構面與族群關係等原因,提出了很好的解釋角度。

　　至於傳統中國文化下,兩岸「內部差異甚大之客家人」,是如何在歷史上「被形成」一種客家認同?它形成的歷史過程中,又是否真的曾出現「共同的語言特色」或「共同文化核心的符號」過?這個答案似為否,因為不僅在客家文化上,或在傳統中國所有各漢文化區域中,除了上階層仕紳的儒家禮教文化等上階層文化外,其餘的各區域的下階層之漢文化因子,都該有一定程度的不同地域特色。這或許是因為傳統中國本身是東亞文化式的帝國,至少在十九世紀中葉以前,並未經過西方近代國家式的「國家統合」階段,使各地的次文化趨於一元化的濃厚民族國家色彩所致。

　　但更重要的是,歷史上兩岸「講客話」的客家人,至少在廣東和臺灣,能促使不管講什麼腔調的「講客話人」都能趨向團結,是因為外部有更強大的外族群壓力所導致。在清代臺灣兩百多年間,這外部壓力是來自於「閩籍人」排斥「粵籍人」,蔑視粵人為「客人」或「客子」〔註40〕,乃至清代臺灣方志多書於閩人之手,也對粵人或「客人」多有負面看法〔註41〕,而使「粵籍客人」不管講什麼腔調方言都趨向被迫團結一致才較容易生存,而「粵籍客人」也在這外在壓力環境下逐漸形成臺灣客家人。在清代廣東亦然,講各種腔調的粵東人士移民到廣府話區域周邊,也被粵方言語族群的人排擠、械鬥,所以使各種腔調的粵東客家人被迫團結一樣〔註42〕。

　　又,清代臺灣械鬥甚兇的泉州與漳州閩南人,在語言分類上,他們不但

〔註39〕 黃卓權,〈清代北臺內山開墾與客家優佔區的族群關係〉,《第六屆臺灣地理學術研討會暨陳國彥教授榮退紀念學術研討會——「臺灣沿山地帶的區域發展:過去、現在與未來」論文集》(臺北:國立臺灣師範大學文學院地理學系區域研究中心,2002),頁24~42;頁36~37,再經筆者改寫。

〔註40〕 〔清〕劉良璧・錢洙・范昌治(纂修),《重修福建臺灣府志》(臺北:臺灣銀行經濟研究室・臺灣文獻叢刊第 74 種,1961),卷十九,〈雜記・叢談〉,頁498~499:「客民(閩人呼粵人曰「客仔」)與閩人不相和協。」

〔註41〕 本文此說法主要是引用李文良,〈清初臺灣方志的「客家」書寫與社會相〉,《臺大歷史學報》,23(臺北),2003.06,頁141~167 的說法。

〔註42〕 可見劉平,《被遺忘的戰爭——咸豐同治年間廣東土客大械鬥研究》(北京:商務印書館,2003)之研究成果。

在語言學分類上同屬閩方言，還屬其下的閩南方言片的再其下「泉漳方言群」，層級分類如此近似，只是彼此腔調略有不同。但因泉、漳兩籍在清代臺灣都是臺灣的強勢族群，當時泉、漳二籍閩南人，同屬當時福建省臺灣府的閩省人士，常自稱「閩籍」、「土著」。但為了在當時移民社會的臺灣求生存爭利益，「族群認同上」還分裂為絕不承認對方是「己群」而互相爭奪，所以兩百年間泉、漳人互相械鬥不斷、「興漳滅泉」等史不絕書。由此可見，語言分類的親疏，跟認不認同你我之間是不是「己群」，該是兩回事。

所以客家內部的各種次文化，也會因所在地域不同，或屬不同方言片、方言群、腔，而有內部差異，但這種差異，因為在強勢外在族群壓力下，不一定會妨礙客家人形成「己群」的共識。故有學者竟曾經謂：「對於什麼是客家這樣的問題，彼此卻沒有共識，這便是最近十多年來海內外客家研究界所面臨的共同尷尬」〔註43〕。又譬如在客家宗教信仰的方面，單單以粵東客家而言，似乎也沒有共同一致的核心信仰神祇，當作所有客家人的共同認同符號。譬如三山國王信仰，學界對之做為客家的宗教符號之研究也頗多〔註44〕。又梅縣附近可見龍源王神信仰〔註45〕，但在其他客家地區似也少見，特別是臺灣北部客家地區也似乎沒傳承到此信仰。又福建汀州客家人信仰的定光古佛，在臺灣現在客家鄉鎮不見有類似信仰，僅有二例在「福佬客」之新北市淡水區和彰化市〔註46〕。

那，何謂客家文化？因為王東提出的「客家空間容器說」，概屬於歷史地理學範疇，故本文嘗試以先歷史地理學的理論角度開始檢視起。

六、兩岸歷史地理學的理論回顧

歷史地理學的理論，理論上是中性的，不論是大陸或臺灣的學者所嘗試

〔註43〕施添福，〈從臺灣歷史地理的研究經驗看客家研究〉，《客家文化研究通訊》，1（桃園中壢），1998.10，頁 12～16。

〔註44〕劉天一，〈淺談三山國王與揭西河婆民間信仰〉，收入譚偉倫（主編）《粵東三州的地方社會之宗族、民間信仰與民俗（上）》（香港：國際客家學會·海外華人資料研究中心·法國遠東學院聯合出版，2002），頁 197～208。等相關文章，不一一舉例。

〔註45〕周建新·宋德建，〈梅縣松原縣郊王氏宗族與龍源王崇拜〉，收入譚偉倫（主編），《粵東三州的地方社會之宗族、民間信仰與民俗（下）》，頁 362～403。

〔註46〕楊彥杰，〈臺灣北部汀州移民與定光古佛信仰——以淡水鄞山寺為中心〉，收入賴澤涵（主編），《義民信仰與客家社會》，頁 277～306。

建構的理論，或許都可以藉由其理論架構，來觀察兩岸客家文化研究。但大陸方面歷史地理學已有數十年傳統，立著頗多，限於篇幅，本文僅就歷史方言地理方面做探討。

（一）大陸歷史方言地理學理論

大陸歷史地理學理論著作甚多，其中關於歷史方言地理的理論著作，該屬歷史地理學家（歷史學範疇）周振鶴，與方言學家（語言學範疇）游汝杰合著之《方言與中國文化》一書為代表著作。該書中提到漢語方言地理，與人文地理中歷史行政區劃間，有一定程度的空間媒合關係﹝註47﹞。按周振鶴定義，中國歷史政區層級，可分為「一級政區（如唐之道或今日的省）」、「管縣地區（如清代府州或今日地級市）」、「縣級政區」。而漢語方言可分為數大方言，客方言為其一，但方言之下有方言片，再其下為方言群，這些方言層級的空間界線，往往與歷史政區的前述三層級空間界線，有一定程度的媒合，特別是經久未調整的穩定政區中常如此。該書特別舉了貴州、浙江、福建等省內各州級單位界線，與方言區線的媒合度相當類似為例子，說明方言區與歷史政區兩者間的關係。該書又說：

> 一府或一省之內的語言、風俗等文化因為趨向一體化。特別是唐宋的州和明清的府所轄的地域不大不小，對一體化來說是最適中的……州（府）治不但是一州（府）的政治中心，而且一般也是該州（府）的政治、經濟、文化、交通之間的密切接觸，也必然有助於消除各縣方言的特殊之處，使各縣的方言自覺不自覺地向州（府）靠攏﹝註48﹞。

這段話對研究漢文化方言其實非常具參考價值。觀諸臺灣史上，所謂泉漳械鬥﹝註49﹞、閩粵械鬥（這是以「省界」做為區隔與認同﹝註50﹞，或以閩南語或客語為不同方言群認同的聚眾械鬥﹝註51﹞），便是因為歷史上不同政區間之腔調、方言不同，所引發的族群認同差異所導致。在清代北臺灣客閩關係史上，縣級政區

﹝註47﹞周振鶴‧游汝杰，《方言與中國文化》（臺北：南天書局，1990），頁55～78。
﹝註48﹞周振鶴‧游汝杰，《方言與中國文化》，頁56～57。
﹝註49﹞同屬閩方言的泉漳方言群，但泉、漳二州之間腔調又各異。
﹝註50﹞譬如臺灣的閩、潮械鬥，潮州話雖屬閩語區，卻隸屬廣東省轄，故福建閩南人仍視為異己，將潮州人同樣歸為「粵人」。
﹝註51﹞可見張正田，〈從1926年臺灣漢人籍貫調查資料看「臺灣客家傳統地域」〉，頁5.1～5.26。

以下的堡界空間，也可能準用之。

（二）臺灣歷史地理學或人文地理學的理論回顧

臺灣的歷史地理學或人文地理學方面，目前相關研究，概以臺師大地理系的施添福（臺灣閩南籍學者）與潘朝陽（臺灣客家籍學者）兩位為大宗〔註52〕。歷史學門方面，對中國古代史的歷史地理學或歷史政區地理學做研究者有廖幼華、王德權〔註53〕等，然專對臺灣歷史地理學做研究者，本學門似尚待努力。施氏其實並非專攻臺灣客家地區的歷史地理學或區域史研究，他所接觸

〔註52〕 施添福，〈從臺灣歷史地理的研究經驗看客家研究〉。施添福，〈揭露臺灣島內的區域性：歷史地理學的觀點〉，《中等教育》，45：4（臺北），1994.08，頁 62～72。施添福，《清代臺灣的地域社會：竹塹地區的歷史地理研究》，（新竹縣：竹縣文化局，2001）。施添福，〈歷史地理學與臺灣史的研究〉，《臺灣史田野研究通訊》，14（臺北），1990.03，頁 3～9。施添福，〈清代臺灣北部內山的地域社會及其區域化：以苗栗內山的雞隆溪流域為例〉，《臺灣文獻》，56：3（南投），2005.09，頁 181～242。施添福，〈社會史、區域史與地域社會──以清代臺灣北部內山的研究方法論為中心〉，擷取網址：www.nhlue.edu.tw/~native2/efiles/060601.doc，擷取時間：2007/8/19。潘朝陽，《明清臺灣儒學論》（臺北：學生書局，2001）。潘朝陽，〈大湖地方性的構成──歷史向度的地理詮釋〉，《國立臺灣師範大學地理研究報告》，25（臺北），頁 1～42，1996。潘朝陽，〈宗教、寺廟、後龍溪谷地通俗信仰的區域特色〉，《地理教育》，6（臺北），頁 79～93，1980。潘朝陽，〈後龍溪谷地村落民房的形態〉，《臺灣風物》，30：3（臺北），頁 59～117。潘朝陽，〈苗栗嘉盛庄村廟的空間配置及其內涵〉，《國立臺灣師範大學地理研究報告》，16（臺北），頁 247～275，1990。潘朝陽・池永歆，〈康熙時期臺灣社會文化空間：朱一貴事變為軸的詮釋〉，《國立臺灣師範大學地理研究報告》，27（臺北），頁 11～44，1997。潘朝陽，〈臺灣關帝信仰的文教內涵──以苗栗區域為例之詮釋〉，《國立臺灣師範大學地理研究報告》，28（臺北），頁 13～36，1998。

〔註53〕 諸如廖幼華，《歷史地理學的應用──嶺南地區早期發展之探討》（臺北：文津出版社，2004）；廖幼華，〈中古前期河北地區胡漢民族線之演變〉（臺北：中國文化大學史學研究所博士論文，1990）；廖幼華，〈三至九世紀鄴城鄰近渠道歷史地理研究〉，《國立中正大學學報・人文分冊》，6：1（嘉義），1995.12，頁 211～233；廖幼華，〈丹州稽胡漢化的探討──歷史地理角度的研究〉，《國立中正大學學報・人文分冊》，7：1（嘉義），1996，頁 281～313；廖幼華，〈正史與地理書中隋唐時期漳河之分流與斷流〉，收入中國唐代學會編輯委員會（編），《唐代文化研討會論文集》（臺北：文史哲出版社，1991），頁 843～906。王德權，〈從「罷郡存州」到「改州為郡」──隋代河北政區調整個案研究〉，《師大歷史學報》，26（臺北），1998.06，頁 43～93；王德權，〈隋代縣級政區的調整──初步的考察〉，《國立中正大學學報・人文分冊》，8：1（嘉義），1997.12，頁 343～380。王德權，〈「廢郡存州」的再檢討〉，《國立政治大學歷史學報》，20（臺北），2003.05，頁 55～91。

的研究對象也泛全臺灣各區域，不限於客家庄本身〔註 54〕。但其對客家地區的歷史地理研究卻有貢獻，其《清代臺灣的地域社會：竹塹地區的歷史地理研究》，收錄其對客家人居多數的竹塹地區之研究成果，以上概是對施氏相關研究著作的回顧。

　　潘氏則因爲出身苗栗客家，其博士論文〈臺灣傳統漢文化區域構成及其空間性──以貓裏區域爲例的文化歷史地理詮釋〉〔註 55〕便是對苗栗地區的人文地理學重要研究，也對臺灣客家信仰是否以三山國王爲主做一深入論證，其早已提出潮州、漳州裔爲主的臺灣閩南聚落，三山國王信仰一樣普見，故三山國王信仰並非獨臺灣客家人所專屬。這概念在邱彥貴與吳中杰合著《臺灣客家地圖》一書中也爲之推廣〔註 56〕。其後潘氏的〈苗栗嘉盛庄村廟的空間配置及其內涵〉、〈臺灣關帝信仰的文教內涵──以苗栗區域爲例之詮釋〉、〈大湖地方性的構成──歷史向度的地理詮釋〉等文，都是對苗栗地區的歷史人文地理做出卓越貢獻，可替本文所關注的主題提供一定程度的參考價值〔註 57〕。

七、「臺灣客家認同形成」的假設：外在族群壓力下產生的內在凝聚

　　綜論以上，本文提出一個假設，臺灣客家認同如何形成？在海峽兩岸的

〔註 54〕 如施添福，〈區域地理的歷史研究途徑：以清代岸裡地域爲例〉，收於黃應貴（主編），《空間、力與社會》（臺北南港：中央研究院民族學研究所，1995），頁 39～71，1995。該文是針對臺灣的岸裡地區（約今臺中縣豐原至后里一帶），此地區清代時有不少客家先民開墾史蹟，但今多爲閩南人居住地。又如施添福，〈蘭陽平原的傳統聚落及其人文生態意義〉，《空間》，62（臺北），1994.09，頁 104～107 一文，則是對漳州系閩南人爲主的宜蘭平原做一考察。又施添福，〈日治時代臺灣地域社會的空間結構及其發展機制──以民雄地方爲例〉，《臺灣史研究》，8：1（臺北），2001.10，頁 1～39 則是對閩南人爲主的民雄地區做一空間結構與發展史的考察。

〔註 55〕 潘朝陽，〈臺灣傳統漢文化區域構成及其空間性──以貓裏區域爲例的文化歷史地理詮釋〉（臺北：國立臺灣師範大學地理研究所博士論文，1994）。

〔註 56〕 邱彥貴・吳中杰，《臺灣客家地圖》（臺北：貓頭鷹出版社，2001），頁 100。

〔註 57〕 潘氏認爲臺灣文化中有許多因子，乃源自於中華儒家文化的薰陶，認爲臺灣儒學與儒教根基乃孔孟一脈相傳之道，見潘朝陽，《明清臺灣儒學論》，〈自序〉，頁 III。其也認爲苗栗地區乃至於臺灣的關帝廟信仰，是「內地化」理論最好證明，也是華夏文教綱常已深植臺灣的看法，則是其所獨見。

文化圈中，出現以客方言為主的客家認同，可能跟其他漢文明的次區域文化系統般，並沒有絕對的文化核心符號或宗教特色，與外族群也沒有絕然的文化差異。但，兩岸的客方言地理上的分佈空間，卻有一特殊狀況，就是客方言所在地，沒有特定的省級空間，以及可認同的核心大都市。相較於整個華南的其他方言區，譬如粵方言之於廣州乃至百餘年來新興的香港；吳方言區之於蘇州、杭州乃至百餘年來新興的上海；閩方言區之於福、漳、泉、潮等州乃至百餘年來新興的廈門；贛方言之於南昌、九江，在客方言區卻沒有一個能成為區域中心都市，使其能成為「講客家話的人」之認同中心，甚至客方言分佈區也沒有自己的省，讓客方言區內的人在特定的省級空間中，有所依歸與認同的核心大都市。客家之所以在粵東、閩西、臺灣的客家分佈區等地逐漸形成，並不在這些客家人與其他漢文化族群之間，在漢文化的大框架下，有太多細部的文化絕對差異。而很可能是因為客家分佈區，不管在那個省級單位中（廣東、福建、臺灣〔註58〕），客家相對於該省其他方言群，都屬弱勢族群〔註59〕。如果以州級單位的空間層級來看，也往往是該省較貧瘠的府州，如汀州之於福建，清代惠州（含今日河源市）與嘉應州之於廣東，所以其在該省區中往往為強勢族群的社會與族群壓力，必須傾向彼此團結凝聚共識，才能有社會生存與競爭能力。

至於清代臺灣方面，臺灣客家認同之所以形成，至少在清末未設臺北府前的大部分清代臺灣史上，在清代臺灣兩百多年間，幾乎都屬「福建省」管轄，「臺灣府」也不過是清代「福建省」管轄的十二個府州之一。至於臺灣日後獨立設省，還沒十年就割讓給日本，所謂「臺灣省人」這種認同概念，很可能在清代還來不及完全成型。故在清代臺灣所謂漳、泉、粵三籍漢人移民，漳人與泉人雖可能還不至於完全認同自己是「臺灣府」人士，而趨向用「祖籍」認同自己為「漳州人」或「泉州人」，但至少也認為自己還是「福建省人士」，也認為「臺灣府」是我們「閩省」的一部份，所以非福建省的粵籍移民，在當時泉漳人眼中就是「外省人」。故所謂的閩粵械鬥，在當時人眼中，性質該屬於「福建本省人」跟「非福建的外省人」之間的族群矛盾

〔註58〕這是指清末建省後的臺灣省，這之前，臺灣還屬福建省。

〔註59〕歷史上，在客家人分佈地區，只曾出現過一個省級單位包攝大部分的客家人住地，即明代的「贛南巡撫」轄區。相關研究可見唐立宗，《在「盜區」與「政區」之間——明代閩粵贛湘交界的秩序變動與地方行政演化》（臺北：國立臺灣大學出版委員會，2002）。

與省籍情結〔註60〕。是故在清代臺灣居多數的泉漳人眼中,「我們福建人」才是本地人,「你們」潮州、嘉應州、惠州,都是廣東省轄下十三個府州之其中三個府州的「外省人」〔註61〕。在泉漳籍閩南人眼中,甚至可能不會在乎潮州府籍人中還有「跟我們泉漳人講話比較像的潮州閩南人」,還是「跟我們講話不一樣的潮州客家人」,在他們眼中,那些廣東來的,都算「外籍」人士,在當時的詞彙中,也就是所謂的「客子」或「客人」的輕蔑口吻。而隨世代交替後,這些粵省人是慢慢認知自己是被閩省移民呼為「客人」,爾後也自稱為「客人」或「客家人」。

　　若將空間視角再精細到縣級單位以下,在未設臺北府前的大部分清代北臺灣歷史上,本區客家庄不過是當時縣級單位的（「福建省臺灣府」轄下之）「淡水廳」或日後「新竹縣」下,相對於縣城竹塹城內優勢族群閩南人之外的城郊「郊外」客庄人士。故嚴格來說,清代臺灣客家人第一次擁有自己的縣城,已是清末割臺前十年不到設了苗栗縣之後的事〔註62〕。而到日本時代開始有了新竹廳或新竹州的政區空間概念時（雖一度也設過苗栗廳,但為時不久（1901～1909））,本文所談論的「竹苗地區」客家庄同樣也是相對於當時廳、州城之外

〔註60〕但清代臺灣的閩粵情結,絕非「臺灣本島人」跟「非臺灣人」的情結。事實上,清代臺灣時所謂的「本省」與「外省」,其基本中心點是以「福建省」為認知中心,跟今日以「臺灣」為中心的「本省」、「外省」人分野完全不同。故當清光緒年間臺灣正式設省後,臺灣的閩裔與粵裔,理論上都成了臺灣「本省人」了,相對地「福建」與「廣東」,則都成了「外省人」（阿山）。不過筆者仍強調,清代治臺約兩百多年,設「臺灣省」是最後不到十年之事,所以在清代臺灣設省後,臺灣「本省人」的自我認同概念,可能還來不及完全成型。

〔註61〕這在清代讀書士人考舉人時就是個現實利益衝突,因為這些名額是按當時省份做配額,如清代臺灣府福建省,漳、泉籍閩南人就屬當時「本省人」而可以考福建省的名額,而移民來臺灣的粵人本來不能考這些名額,但臺灣粵人就勢必得向清廷爭取權益,讓稱清廷在福建省臺灣府增加「粵籍」的「粵額」。這種現實利益的糾葛,在當時會增加粵閩兩族群之間衝突可能性。相關研究很多,可見羅烈師,〈臺灣客家之形成——以竹塹地區為核心的觀察〉,頁150～153。或尹章義,〈臺灣←→福建←→京師——「科舉社群」對於臺灣開發以及大陸關係之影響〉,收入尹章義,《臺灣客家史研究》（臺北:臺北市政府客家事務委員會,2003）,頁527～583。

〔註62〕清代設苗栗縣後,臺灣客家人在方志上第一次有了論述主導權,請詳張正田,〈由清代《苗栗縣志》看清末「苗栗堡」人的族群感與空間感〉,「第三屆海峽兩岸客家高峰論壇」,行政院客家委員會主辦·中華海峽兩岸客家文經交流學會協辦,2009.03.21（臺北）;《第三屆海峽兩岸客家高峰論壇論文集》,頁321～336,

的城郊。換言之，北臺灣客家人有自己的縣級空間否？至少在清光緒年間設苗栗縣前是沒有，但真正長期穩定的縣級空間，當屬戰後初所設至今日的苗栗縣。新竹地區客庄則更晚，嚴格來說要到上世紀七〇年代新竹縣市分治後，新竹客家人才開始擁有自己的縣級空間，與屬於這族群的縣府文化論述權。而南桃園各客庄，至今仍隸屬桃園縣之下。

不過這種族群間之社會壓力是相對的，在譬如汀州或嘉應等這些「客家州」中，客家畢竟是在當地州級單位中，它之於更弱勢的少數民族，也是相對的代表漢文化一份子的強勢力量。相對地，再精細到北臺灣客家庄時，其對於原住民（「番」）也是如此〔註63〕。所以當地的「非漢」少數民族，因為更是相對弱勢，在傳統漢文化的強勢文化歷史大環境下，也往往就近接受當地「客家式」的漢文化。譬如北臺灣道卡斯「熟番」之於淡水廳城以南（清代俗稱「淡南」）的客家庄，或賽夏族之於苗栗南庄客家人〔註64〕，或大陸畬族所使用的畬語，也大量接受了當地的客家話因子〔註65〕，成為其日常生活溝通語言，即說明這種現象。

然而客家處於其中，也會與當地少數民族接觸，而在語言或社會文化中，殘留少數民族的語言與文化遺跡。這也正是羅香林跟房學嘉與陳支平、謝重光等人主要論點不同所在。而王東嘗試以這些客家人所居的數州為空間容器，以客家話為母體去定義客家人，以與羅、房、陳、謝等人的論點對話。但王氏似乎也忽略了，所謂客家話這種概念，也正因為客家是處於地域上尤

〔註63〕今日臺灣原住民族各次族群，在清代皆被漢人輕蔑為「番」，日本時代也被蔑稱為「蕃」，當時漢人與日本人留下之歷史文本，皆深有歧視之意。今日原住民族已要求當以原住民一詞稱之，故本文皆統一稱之為「原住民」，不按古文本稱之為「番」或「蕃」，於行文若干需要也盡可能簡稱為「原」。

〔註64〕謝俊逢，〈臺灣客家老山歌與賽夏族矮靈祭歌研究〉，《復興崗學報》，43（臺北），1990.06，頁359～384。陳淑娟，〈瀕危語言及其語音變化：以臺灣的賽夏語為例〉，《語文學報》，13（新竹），2006.12，頁 53～69。林欣宜，〈樟腦產業下的地方與國家──以南庄地區為例〉（臺北：國立臺灣大學歷史研究所碩士論文，2002）。胡家瑜‧林欣宜，〈南庄地區開發與賽夏族群邊界問題的再檢視〉，《臺大文史哲學報》，59（臺北），2003.11，頁177～214。

〔註65〕相關研究頗多，如鄧曉華，〈論客家話的來源──兼論客畬關係〉，《雲南民族大學學報‧哲學社會科學版》，2006.04（昆明），頁 143～146；羅肇錦，〈客語異讀音的來源〉，《臺北師院學報》，7，1994.06，頁305～325；吳中杰，〈廣東及浙江畬話之比較研究〉，《清華學報》，31：4（新竹），2001.12，頁441～458。

其省級空間上，是相對弱勢的各州各縣，他們之於當地所在的「省」之強勢
族群壓力下，才形塑出的一種「客家」的「語言認同」概念。譬如說在廣東
省，以廣州爲核心都市的粵方言，就是該省的強勢語言，也使粵東客方言相
對成爲弱勢方言。所以王氏似乎也忽視了客方言本身，其實內部語音性質彼
此差異仍頗大的事實。而造成這語言事實現象的背後，也是因這些州級或縣
級單位都是位於五嶺山區附近，受了山川形勢相對隔閡的影響後，才漸漸分
化出不同的客家「方言片」或「腔調」。但因爲他們都是「廣東省級單位」或
面對省城「廣州府」的強勢觀念下之弱勢族群，所以粵東客家人也傾向選擇
忽視彼此的方音差異，共同團結爲客家人，以抵抗鄰近強勢族群的壓力。在
清代臺灣，臺灣客家人也類似如此而形成客家認同感。

　　故在歷史上清代廣東的粵客械鬥、或臺灣的閩粵械鬥中表現，弱勢的廣
東客家人或臺灣的粵人，往往會泛「州」串連相互合作。以臺灣而言，譬如
祖籍惠州的「海陸腔人」跟祖籍嘉應州的「四縣腔人」或祖籍潮州的饒平、
大埔等腔人，乃至另外一省的福建省汀州客家人（後引覺羅滿保疏），都會主動
或被迫地聯結一起爲臺灣的「粵人」以相互團結。所以客家話內部事實上的
語音差異，在清代廣東省或臺灣，往往都被身處其中的客家人忽視，在遇到
當地強勢外族群壓力下的歷史過程中，大家漸漸仍傾向選擇「團結爲客家人」
爲認同依歸。臺灣方面，可見覺羅滿保〈題義民效力議效疏〉所載：

> 查臺灣鳳山縣屬之南路淡水，歷有漳、泉、汀、潮四府之人，墾田
> 居住。潮屬之潮陽、海陽、揭陽、饒平數縣，與漳、泉之人語言聲
> 氣相通，而潮屬之鎮平、平遠、程鄉三縣則又有汀州之人自爲守望，
> 不與漳、泉之人同夥相雜〔註66〕。

覺羅滿保奏疏中說明「潮屬之鎮平（後屬嘉應直隸州）、平遠（同前）、程鄉（後
嘉應州直屬地，以上皆講嘉應州各種腔調的客語）」與福建省汀州人「自爲守望」，
因爲來臺的汀州人講的雖也屬客語，但腔調頗異於嘉應州，然而當面對強勢
的「漳、泉之人」時，兩州之客家人仍互相結合而「不與漳、泉之人」可見
一班。又筆者在苗栗田野調查時，發現苗栗縣三灣鄉永和山「三元宮暨褒忠
祀」一廟中，其左殿祭祀神爲「皇恩粵汀褒忠義士之神位」。據筆者與廟中廖

〔註66〕　〔清〕覺羅滿保，〈題義民效力議效疏〉，《重修鳳山縣志》（臺北：臺灣銀行
　　　　經濟研究室・臺灣文獻叢刊第146種，1962），卷十二上，〈藝文志（上）・奏
　　　　疏〉，頁343。

仁接等諸位耆老訪談紀錄，他們的共同記憶是：永和山這間義民祀，當年也是隨竹縣新埔枋寮義民一起出征的，而枋寮義民廟主祭的是「粵東」義士，他們永和山主祀的是「粵汀」義士，因為他們這附近以前也有汀州客家人跟四縣腔客家人一起開墾，故「出征」時，是粵籍與汀籍一同「出征」，故此廟義民信仰主神如此祭拜之。這些耆老強調：「這就是我們永和山義民祀跟枋寮的不同之處」。這也是清代臺灣粵東客家人與福建汀州客家人來往密切之另一證。又可見清初康雍年間藍鼎元〈粵中風聞臺灣事論〉：

> 廣東潮惠人民，在臺種地傭工，謂之「客子」，所居莊曰「客莊」。
>
> 人眾不下數十萬，皆無妻孥，時聞強悍〔註67〕。

這史料反映出福建省漳州府漳浦縣人藍鼎元的眼中，在福建省轄下的臺灣府，住的「外省」廣東省的「潮惠人民」，不管他們是潮州〔註68〕、惠州等哪種腔調的漢方言，都屬非福建省人的「客子」，他們的聚落也是外地人的客庄，非我族類。所以李文良對這些現象提到說：

> 當時被稱為「客家」的那群人，可能具有複雜的多樣內涵。以語言為例，所謂的「客」雖然可能是指講跟我們不一樣話的人，但是所謂「講的話跟我們（按：「我們」就是指講閩南語中漳泉方言群的閩南人）不一樣」，可能是指另一種講同一語言的人，也可能是另外多種講不同語言的人〔註69〕。

上引文即指在清代當時福建省臺灣府強勢的漳泉閩南人眼中，「我們」才是「福建人」，你們只是「廣東省」來我們「福建省臺灣府」討口飯吃的「客子」，至於廣東內部是否有潮惠兩州之間的方音差異，根本不是當時福建省漳泉人眼中關心的問題。久之，被歸類為廣東省人的「客子」，面對當時「福建省臺灣府」中強勢的漳泉人，這些略有方音腔調差異的「廣東客子」，也只好被迫與主動團結，逐漸淡化彼此之差異，共同認同於客家、或認同於粵人、粵東這種符號之中。後再隨粵民世代演變，各次區域的客庄人民，即使原來操各種原鄉客語腔調，也漸漸往當地主流的客語腔調靠攏。

　　譬如北臺灣「北客」的「南桃園東側」各客庄，則以操四縣腔的中壢平

〔註67〕〔清〕藍鼎元，〈粵中風聞臺灣事論〉，收入《平臺紀略》（臺北：臺灣銀行經濟研究室‧臺灣文獻叢刊第 14 種，1958），頁 63。

〔註68〕當覺羅滿保時，潮州府的轄區，還含至雍正年間才獨立之嘉應州轄區。故前引覺羅滿保疏中所謂「潮州」，還含日後所設之嘉應州。

〔註69〕李文良，〈清初臺灣方志的「客家」書寫與社會相〉，頁 147～148。

鎮爲區域中心城鎮，逐漸向四縣腔客語靠攏；枋寮義民祭祀圈地區各種客語腔，則多以新埔、芎林等區域中心城鎮的海陸腔靠攏，爲今日臺灣海陸腔客語主要地區；（日本時代的）苗栗、大湖二郡地區各客家庄，則多以操四縣爲主的區域中心城鎮苗栗街靠攏，多數成爲四縣腔客語區。至於地理位置處「竹苗」之中的苗栗縣中港溪流域區，則向以四縣腔爲主的今頭份鎮做靠攏，該區成爲以四縣腔爲主的地區。但依筆者田調經驗，本地區人似多半都能同時操四縣與海陸兩腔，概是因鄰近北境以海陸腔爲主的新竹縣使然。

　　其實，若將視角再放回到「廣東省」，若單就語言學來看，廣府的粵方言跟粵東的客方言，也有若干語音條件類似，譬如他們都一樣有明顯分野的-p、-t、-k 韻尾。但講粵語的廣東省人其實多不喜客家，因爲明清以來的屢次粵客械鬥與太平天國事件的歷史情仇，也難以將他們在族群認同上綁在一起。事實上，從清代廣東省嘉應州蕉嶺縣客家人黃釗（字香鐵）的《石窟一徵》〔註70〕，到同省同州興寧縣人羅香林的前引諸書，其初始研究動機，多半是針對講粵語的強勢廣府人對粵東客家人的污衊而來進行駁正。再精細一點，惠州、河源、梅州等地的客家話彼此差異也甚大，語言學上還隸屬不同的客方言群，但他們面對講粵語的強勢廣府人時，通常也跟臺灣的客家人般，同樣須被迫或主動地團結，淡忘彼此之間的差異，而形成當地的「客家」認同。

　　所以在臺灣，凝聚臺灣客家人能自我認同自己是客家人（或粵人認同）的要件之一，便在於臺灣客家人自己，在：一、清代時，相對於閩南人等強勢外族，是處於本島內的弱勢族群，正是因爲本島內有強勢閩南人的存在事實，二、至日本時代到戰後，又多了政治優勢的日本人或外省族群，使臺灣島內弱勢的客家人更必須趨向團結，認同客家。

八、「竹苗地區」內部空間差異與區域客家認同強弱關係

　　論究以上歷史上客家認同形成的宏觀角度後，才可能再細觀臺灣義民信仰與臺灣客家認同之間關聯的問題，並才能再進一步探究「桃竹苗地區」各客家庄內次區域間，對義民信仰強弱感受度有所不同之根源。

　　義民，原本只是清代爲平定朱一貴和林爽文以及戴潮春等事件下的歷史產物，它一開始並不是清朝專爲客家而設。因爲上述三歷史事件，多是漳州

〔註70〕　〔清〕黃釗，《石窟一徵》（臺北：臺灣學生書局，1970，據清宣統元年（1909）重印本影印）。

人起始發動的全臺大械鬥，朱、林、戴三人，都是當時在臺的福建省漳州籍人士，所以臺灣的泉州籍閩南人，迫於當時漳州武裝械鬥集團壓力，也趨向去為朝廷平定漳州人的叛亂。故清廷同樣對幫助平亂的泉州人，也有過類似獎勵。譬如在泉州人為主的聚落「嘉義」這地名，即是由乾隆皇帝為獎勵當地閩人力抗林爽文事變之功而賜名。此外，至少在林爽文事變時，清廷也對幫助平定這些動亂的平地原住民（「熟番」），甚至漳州聚落中不認同這些叛亂而反過來去幫助朝廷平亂的漳州人，朝廷都同樣予以類似的「義民獎勵」。在這方面，謝宏武以及丁光玲都算是早期的開山研究〔註 71〕。又莊吉發曾從淡新檔案等資料，分別著有兩文探討過清代臺灣的客家移民與義民問題〔註 72〕，但是該兩文所引用淡新檔案所呈報清代北臺灣閩客庄分佈，與當時實際狀況，頗有討論空間（詳後）。此外，楊聰榮曾就族群關係史探討臺灣客家人該如何定義與分類〔註 73〕。可是，為何到今日，義民信仰「好像」被成了北臺灣客家的「專利」？再進一步問，義民信仰又是否真的是北臺灣各地客家人心中共同認同的「專利」？要問這些問題之前，先不妨將空間的視角，再細觀到北臺灣的縣級以下空間觀之。以下論述重點，將集中在「竹」與「苗」兩地區。

　　新竹頭前溪與鳳山兩溪流域、與南桃園西側、以及新竹大隘三鄉所組成的枋寮義民祭祀圈地區，乃至「苗栗縣中港溪流域地區」，在自然地形上的因素都有一共同特色，即都是因較無自然地形阻隔，所以與鄰近的「非客家人」的文化互動、交流、與衝突機會相對增加。亦即枋寮義民祭祀圈地區與鄰近的閩南人大城「竹塹城」，中間往來並無太大地形阻隔；同樣「苗栗縣中港溪流域地區」也與鄰近閩南人的大城鎮──清代的中港街（今竹南鎮西側中港地區）無太大的地形阻礙，所以「苗栗縣中港溪流域地區」在戰後到今日，行政區劃上雖屬苗栗縣，但義民信仰仍強，雖其祭祀圈不及新竹枋寮十五大庄之廣，歷史過程上也未被納入「新竹枋寮義民祭祀圈」，但頭份義民廟祭祀圈幾乎涵

〔註 71〕 謝宏武，〈清代臺灣義民之研究〉（臺北：國立臺灣師範大學歷史研究所碩士論文，1993）。丁光玲，《清代臺灣義民研究》（臺北：文史哲出版社，1994）。
〔註 72〕 莊吉發，〈從檔案資料看清代臺灣的客家移民與客家義民〉，賴澤涵（主編），《義民信仰與客家社會》，頁 13～38；莊吉發，〈篳路藍縷──從檔案資料看清代臺灣粵籍客民的拓墾過程與社區發展〉，行政院客家委員會，《客家文化學術研討會論文集》（臺北：行政院客家委員會，2002），頁 263～284。
〔註 73〕 楊聰榮，〈從族群關係史看臺灣客家的分類範疇與獨特性〉，《臺灣史學雜誌》，1（臺北），頁 123～141。

蓋頭份鎮，相對也比苗栗市、大湖、獅潭等地義民廟昌盛。另外三灣、南庄
兩鄉義民信仰，則與頭份差異不大，但兩鄉客家義民信仰，多以另種「陪祀」
或「副祀」於其他當地大廟形態，呈現其義民信仰，故此兩鄉義民信仰概還
算昌盛。此兩鄉除鄰近「大隘三鄉」地區非常近的三灣鄉北邊境銅鏡村之「小
銅鑼圈」山上、與南境「永和山」上，各有一非常小間的獨立義民祠外，當
地並沒有獨立的大廟宇主祀義民爺，但當地其他主祀各種神明之大小廟宇，
也多「陪祀」或「副祀」義民爺或義民令旗。故「新竹枋寮義民祭祀圈」與
「苗栗縣中港溪流域地區」二區，與鄰近閩南文化居住區，都有較爲便利的
交通，也之有較密切的社會與經濟來往網絡。在這種客閩間來往相對密切的
地域空間，客閩接觸相對頻繁，彼此會因利益而結合〔註 74〕，甚至會族群與
文化關係上相互涵化〔註 75〕，但也更可能增加生活摩擦，造成兩區的客家認
同「我群感」增強。由史料可見，這兩區的閩客械鬥次數也頗多。是否因此，
這兩區的客家人面對鄰近的閩南人時，會導致其客家認同的「我群感」比較
強？是否也因此對也較容易傾向會透過「曾與閩南人打過仗」的「『義民廟』
歷史集體記憶」，做爲認同符號來表達彰顯？

　　反觀苗栗後龍、西湖二溪流域，其下游的後龍鎮爲閩南住地，中上游爲
客家鄉鎮，但其中間卻相隔一座大山，即橫互於苗栗與臺中兩縣，南北走向
的大肚山系，此山系乃八卦山系的北分支，大肚山系在臺中縣，恰巧爲偏泉
腔閩南語（一般俗稱「海口腔」）與偏漳腔閩南語的空間界線，其東偏漳，其西
偏泉〔註 76〕；其山往北至苗縣，則概爲客語與閩南語的空間分界，其東爲客，

〔註 74〕 吳學明，《金廣福墾隘研究》（新竹縣：竹縣文化局，2000）。吳學明，〈清代
　　　　 一個務實拓墾家族的研究：以新竹姜朝鳳家族爲例〉，《臺灣史研究》，2（臺
　　　　 北），頁 5～52，1995。吳學明，〈閩粵關係與新竹地區的土地開墾〉，《客家文
　　　　 化研究通訊》，2（桃園中壢），1997.06，頁 15～19。
〔註 75〕 莊英章，《家族與婚姻：臺灣北部兩個閩客社區的比較》（臺北：中央研究院
　　　　 民族所，1994）。莊英章，〈客家族群歷史與社會變遷的區域性比較研究──
　　　　 族群互動、認同與文化實作〉，《客家文化研究通訊》，4（桃園中壢），2001.12，
　　　　 頁 17～22。謝穎慧・莊英章，〈出生序、社經地位、婚姻與生育──日治時期
　　　　 竹山、峨眉，和竹北等四個閩客社區的例子〉，《人口學刊》，31（臺北），2005.12，
　　　　 頁 41～68。莊英章，《田野與書齋之間──史學與人類學匯流的臺灣研究》（臺
　　　　 北：允晨文化，2004）。
〔註 76〕 洪惟仁，《臺灣河佬話聲調研究》（臺北：自立晚報出版・聯經總經銷，1987）；
　　　　 張素蓉，〈臺中縣海線地區泉州腔的漸層分佈〉（新竹：國立新竹教育大學臺
　　　　 灣語言與語文教育研究所碩士論文，2006）。

其西爲閩南語。也正因爲苗縣境內此山勢頗陡峭，使東西兩地往來較爲不便，而苗栗居其中又爲區域中心市鎮。本文暫稱今苗栗縣境內大肚山系爲「北大肚山系」，今日客委會位於苗栗的客家文化園區（於 2012 年開幕），正是位於這座山系之銅鑼鄉段東側的山腰上。此山系在今苗栗市之一段，則習慣被稱爲「西山」，早在林爽文事件時，本地義民還曾利用西山形勢之險，屯兵於此以防林爽文勢力，見光緒朝《清苗栗縣志・鍾瑞生列傳》：

> 鍾瑞生，後壠七十分莊人，籍（廣東嘉應州）鎮平。與劉維紀、謝尚杞里居相近；林爽文亂，同維紀、尚杞招集後壠一十八莊義民二千五百人，在地設堆於南北河、西山等處，擒殺賊黨邱圭、黃寧等。
>
> 復帶勇截途搜緝，破大甲賊巢，平塹南，分卡堵禦〔註77〕。

上引史料文中所述清代苗栗義民首之一鍾瑞生，是「七十分莊人」，該庄現在苗栗縣公館鄉與銅鑼鄉交界處，鄰近苗栗市，鍾姓又是客家大姓，史料也清楚記載他原籍廣東嘉應州的鎮平縣，故鍾瑞生是曾經居住過苗栗公館附近的客家人。但因爲引文史料中寫成鍾氏是「後壠七十分莊人」，今苗栗後龍鎮又爲閩南人居多之鎮，會有讓今人誤以爲他是閩南人之虞。上引史料的「後壠」二字，實指清代「後壠堡」，也就是當時淡水廳轄下的「竹南二堡」的另稱。至清後期〔註78〕時的「竹南二堡」轄區，約當今日後龍、造橋、西湖、苗栗、頭屋、公館、大湖、獅潭、銅鑼、三義等十鄉鎮，除後龍鎮外，餘九鄉鎮在今日皆爲客家鄉鎮。所以本史料的「後壠七十分莊」，是指當時「後壠堡」（也就是竹南二堡）轄下的「七十分莊」之意〔註79〕。當時鍾瑞生恐於林爽文兵亂入侵，便聯合劉維紀、謝尚杞等人，集結「後壠堡」附近十八庄居民，組成義民軍防守。他們如何佈防？他們將苗栗義軍，也仿造南部「山豬毛（下淡水）」客家庄義軍設「堆」。「堆」爲當時客家義民團練常用的軍事

〔註77〕〔清〕沈茂蔭，《臺灣省苗栗縣志》，卷十四，〈義民列傳・鍾瑞生列傳〉，頁206。

〔註78〕本文所謂清代後期（或清後期），指咸、同、光三朝至臺灣割日前（1851～1895）；若謂清代中葉或中期，則指乾、嘉、道三朝（1736～1850）；若謂清代早期或前期，則指康熙平定鄭氏勢力後至雍正朝（1683～1735）。以下皆同。

〔註79〕連苗栗市義民廟自己在民國73年（1984）6月所立的「義民廟（義塚）古跡」一文（在該廟正後方石牆面上），也將此段史料解釋爲鍾瑞生是「後龍庄人」再附註「包括後龍苗栗公館」，實誤也。清代後壠庄乃至後壠街，都指今日後龍鎮的市區，到日本時代的後龍庄則指今後龍鎮，多意含閩南庄之意，又日本時代後龍庄轄區，根本未能及客家庄的苗栗跟公館。

營旅單位之意，清代當時所稱「山豬毛」粵籍人，至今仍自稱是「六堆客家」人，即源於此〔註 80〕。苗栗義軍佈防在苗栗盆地（也就是後龍溪中游區）的西側西山，與東側（今日公館鄉的）南河、北河村一帶，在盆地的東西兩側山境設「堆」佈防，也就是：東面的南、北河佈一陣地，在這裡佈陣，主要用意該是防範山地原住民（「生番」）藉機入侵，因為當時過了關刀山脈以東的今獅潭與大湖之地，在乾隆末年當時，仍是原住民的傳統領域；此外，二、鍾瑞生之苗栗義民軍也在西面的西山佈陣，這用意是在防止林爽文勢力越過「西山」攻打苗栗盆地。他們在苗栗盆地的東西兩側山境設「堆」佈防，如此便是口袋型陣地，這即是利用苗栗盆地的天然地形地勢所做的靈巧佈防，易守難攻，外來兵即難攻入苗栗盆地。如此，也在這次戰役中，突顯出西山之於苗栗盆地的地理重要性〔註 81〕。

　　所以後龍、西湖兩溪流域的客家與閩南之間，因地理形勢阻隔，相對來往機會也較少，至少這種地形阻隔，會增加發生閩粵械鬥的困難度〔註 82〕。所以，這兩流域中的客家人的客家意識相對較不明顯；或是說，這地方的區域意識，不太需要那種「曾與『福建省』人打過仗」的「義民廟」歷史集體記憶去彰顯之。由史料觀之，這兩流域很少有閩客械鬥，至少也沒前述竹塹

〔註 80〕康熙朝朱一貴事變時，當地粵人本是分「六隊」，見〔清〕陳壽祺（纂）・（戰後）臺灣銀行經濟研究室（編輯），《福建通志臺灣府》（臺北：臺灣銀行經濟研究室・臺灣文獻叢刊第 84 種，1960），〈雜錄・錄自《重纂福建通志・外紀・乾隆七年（1742）～五十一年》，頁 1009：「鳳山（縣）所屬山豬毛，係東港上游粵民一百餘莊，分港東、港西兩里，康熙間平朱一貴之亂，號懷忠里，建忠義亭。俸滿教授羅前蔭等赴莊招集義民……選壯丁八千餘人，分為六隊。」然到了約 65 年後的乾隆 51 年（1786）林爽文事變時，當地粵人或因音近，改稱「六堆」，見臺灣銀行經濟研究室（編），《平臺紀事本末》（臺北：臺灣銀行經濟研究室・臺灣文獻叢刊第 16 種，1947），頁 25～26：「林爽文南寇，臺灣道永福、同知楊廷理謀遣人赴下淡水招集粵民衛府城。有嘉應州舉人曾中立，掌教海東書院，願往。……（粵人）齊集忠義亭，選壯丁八千餘人，分為中、左、右、前、後及前敵六堆……推曾中立為主，時乾隆五十一年十二月十有九日也。」

〔註 81〕由當時發起義民首都是後龍溪中游區附近客家庄人士來看，上引史料中所謂「後壠十八庄」，很可能不含後龍一帶的閩南庄，而是指後龍溪中游區當時可能有十八庄，由這附近的客家人所組成的兩千五百人義民軍。

〔註 82〕苗栗文史工作家黃鼎松便曾告訴筆者，若真有客閩衝突時，只要將西山跟豐富（苗栗市北境與後龍鎮東境交接處）用客家兵堵起來，閩南人就不容易攻進來了，所以就他訪探苗栗古蹟與讀史料時印象所及，本區閩客械鬥確實沒中港溪流域多。於此感謝黃先生接受筆者訪問。

城附近或清代中港溪流域附近那麼相對頻繁。是否因此，本地的義民廟信仰，也可能相對不若「竹」地區發達，也較不需要發展義民信仰的社會動力？而本文主要觀察重心，在清代苗栗堡所在的後龍溪中上游〔註83〕、西湖溪等兩流域。

但苗栗縣在本山系以西的海線南側，即清代「竹南三堡」、今日通霄、苑裡二鎮，雖據日本時代統計資料，至少通霄鎮有 65.03%強勢廣東省裔；苑裡鎮也有 35.91%弱是之〔註84〕，但今日二鎮卻都以閩南語爲優勢通行語言。然而也有例外，在海線通霄鎮偏東側的「北大肚山系」西側山麓上，爲客語勢力在此山系西側的殘留。所謂「殘留」，是因爲通霄本在清代也是客家人與閩南人共同開墾的街庄，因爲清代的閩客械鬥，使客家人勢力，從通霄市鎮（吞霄街）上，退縮至東側「北大肚山系」山麓地烏眉坑附近地區〔註85〕。

九、義民信仰研究成果多在南桃園、新竹縣、中港溪客庄地區

1970 年代前後，開始有不少民間文史工作者呼應鄉土文化建構的使命感，紛投身入鄉土文史工作。而學術界方面，也開始有學者參予，做客家地區的相關論述〔註86〕。而這些論述因爲處於剛起步階段，或許難免帶有主觀

〔註83〕 本文爲行文便，區分後龍溪的下、中、上游區，是以族群分佈空間爲主，不一定跟自然地理區分標準完全相同。本文以「北大肚山系」以西爲後龍溪下游區，因本山系以西，閩南人居多，以後龍爲區域中心城鎮；北大肚山至關刀山系，爲中游區，本區四縣腔客家人居多，以苗栗市爲區域中心城鎮；關刀山系以東，爲上游區，概爲日本時代的大湖郡地，有獅潭與大湖二鄉，亦是四縣腔客家庄，但清代時，上游區客家人是「客原（「番」）關係」的族群矛盾衝突極大之區，是與中游區不同處。

〔註84〕 張正田，〈從 1926 年臺灣漢人籍貫調查資料看「臺灣客家傳統地域」〉，2008.11，頁 5.1～5.26，頁 5.7。羅烈師，〈臺灣客家之形成──以竹塹地區爲核心的觀察〉，頁 54。

〔註85〕 可參見林玉茹，〈閩粵關係與街庄組織的變遷──以清代吞霄街爲中心的討論〉，《曹永和先生八十壽慶論文集》（臺北：曹永和先生八十壽慶論文集編輯委員會，2001），頁 81～101。也因此，面對通霄鎮當地閩南語的強勢下，現在的「通霄客語」也混合不少閩南語的語言特色。相關研究可見徐煥昇，〈臺灣苗栗通霄客話研究〉（新竹：國立新竹教育大學臺灣語言與語文教育研究所碩士論文，2006）。

〔註86〕 相關文獻或研究成果概有以下：盛清沂，〈新竹、桃園、苗栗三縣地區開闢史（上）、（下）〉，《臺灣文獻》，31：4（南投），1980.12，頁 154～176；／32：1，1981.03，頁 136～157。陳運棟，〈黃祈英與黃南球〉，《東海大學歷史學報》，9（臺中），1988.07，頁 73～104。陳運棟，〈桃、竹、苗地區早期族群關係與

情感。至於對苗栗義民廟方面的論述，可能也爲呼應新竹枋寮義民信仰，而略帶有「輸人不輸陣」的過於主觀處〔註87〕。

開發初探〉，《苗栗文獻》，8，1994.06，頁 90～121。陳運棟，〈苗栗縣風土記（上）、（下）〉，《臺灣文獻》，34：3（南投），1983.09，頁 61～91；／34：4，1983.12，頁 59～82。彭富欽，〈苗栗義民廟建廟兩佰週年記盛〉，《苗栗文獻》，7，1992.06，頁 105～111。黃見初，〈苗栗縣大湖昭忠塔、卓蘭鎮軍民廟簡介〉，《臺灣文獻》，35：4（南投），1984.12，頁 167～169。黃卓權，〈內山開墾史的界定及其族群關係〉，《苗栗文獻》，33，2005.09，頁 6～12。黃卓權，〈臺灣內山開發史中的客家人〉，《歷史月刊》，134（臺北），1999.03，頁 66～71。蔡懋棠，〈褒忠亭義民廟的拜拜〉，《臺灣風物》，29：3（臺北），1979.09，頁 128～131。鍾靈秀，〈義民廟與地方發展〉，《人類與文化》，17（臺北），1982.06，頁 83～91。彭富欽（主編）‧苗栗義民廟管理委員會（編印），《歲次丁丑年苗栗義民廟沿革史》。黃鼎松，《悠悠鄉土情》（苗栗：苗栗縣立文化中心，1992）。阮昌銳，〈義民爺的崇拜及其功能〉，《人文學報》，3（臺北：中華民國人文科學研究會），1978.04，頁 165～188。林仁煥，〈新埔義民廟在鄉土教育之意義〉，《竹縣文教》，23（新竹），2001.07，頁 7～10。侯怡泓，〈義民廟的社會功能：婚域的探討〉，《人類與文化》，17（臺北），1982.06，頁 92～98。楊鏡汀，〈從「出土」史料探討新竹枋寮義民廟史〉，《臺北文獻直字》，92，1990.06，頁 51～66。臺灣風物，〈新竹縣新埔義民廟史〉，《臺灣風物》，21：2（臺北），1971.05，頁 44～45 等。當時較偏向學術界的相關成果有林衡道，〈褒忠亭義民廟〉，《臺北文獻直字》，19/20，1971.06，頁 138～156。尹章義，〈閩粵移民的協和與對立：以客屬潮州人開發臺北以及新莊三山國王廟的興衰史爲中心所作的研究〉，《臺北文獻直字》，74，1985.12，頁 1～27。李豐楙，〈臺灣中部「客仔師」與客家社會：一種社會變遷中信仰習俗的起伏與消失〉，見徐光中（編），《客家文化研討會論文集》（臺北：客家雜誌社），1994，頁 217～242。莊吉發，〈鄉土情‧義民心──清代臺灣義民的社會地位與作用〉，《故宮學術季刊》，19：1（臺北），2001 秋，頁 263～293+306。劉妮玲，〈清代臺灣民變事件中的義民問題〉，《臺灣風物》，32：3（臺北），1982.09，頁 3～21。李逢春，〈苗栗縣山地開發的地理研究〉（臺北：私立中國文化學院地學研究所，1974）。黃清漢，〈新埔義民廟祭祀圈結構之研究〉（臺北：中國文化大學地學研究所碩士論文，1986）。

〔註87〕如前引彭富欽等諸文即是如此，當苗栗市義民廟紀念建廟兩佰週年時，其正爲慶典籌備委員會總幹事，參予編輯《苗栗義民廟創建兩佰週年紀念特刊》（苗栗：苗栗義民廟創建兩佰週年紀念慶典籌備委員會，1991），後在 1994 年時又爲該廟管委會主任委員，主編《歲次丁丑年苗栗義民廟沿革史》，在對本廟論述方面難免便有情感上的誇張處。譬如《苗栗義民廟創建兩佰週年紀念特刊》，頁 32～33 或頁 40～42 言苗栗市義民廟祭祀圈，遍及苗栗市附近「六鄉鎮」（苗栗市、銅鑼鄉、三義鄉、西湖鄉、頭屋鄉、公館鄉）便是誤，本廟祭祀圈其實只有苗栗市一隅之「北苗」附近三個里。至於前引蔡懋棠、鍾靈秀、阮昌銳、賴玉玲、邱彥貴、羅烈師的義民相關諸文，也多是介紹新竹的義民信仰，或是以新竹爲中心看全臺灣或北臺灣的角度來論述。

　　臺灣學術界目前方興未艾的義民信仰研究，多是集中在南桃園、新竹縣、中港溪客庄地區。如林桂玲碩士論文〈家族與寺廟──以竹北林家與枋寮義民廟爲例（1794～1895）〉〔註88〕是研究新竹枋寮義民廟祭祀興盛與竹北六家林家勢力的關係，林氏身爲該宗族一份子，也得宗族大老、前臺灣省主席林光華等人的支持，所以資料來源取得較方便，林氏也綜合了人類學與歷史學方法做科際整合。由此書可見新竹枋寮義民廟興盛，與當地林家在政商與社會影響力方面，彼此有很密切的互動關係。然黃卓權〈義民廟早期歷史的原貌、傳說與記載──歷史文本與敘事的探討〉一文，則從歷史文本記載，質疑當地林家先祖林先坤乃至陳資雲、劉朝珍、戴元玖等諸客家先賢，其實在史料上所見，他們對林爽文事變貢獻，並沒有今日新竹縣客家人口中所謂的「歷史記憶」或「歷史敘事」所「傳說」的那麼有貢獻。黃氏並不否認當地林家、劉家等家族，對枋寮義民廟神格與影響力日後日漸壯大的貢獻，但這似乎是咸、同以後，才逐漸突顯出這些家族對枋寮義民廟影響力漸卓越，然早在乾隆末的林爽文事變當時，可能並非如此〔註 89〕。但可接著問，到底對全臺最大的新竹枋寮義民祭祀圈信眾而言，是什麼樣的「社會動機」才讓他們主動又虔誠去信仰該義民廟？不可否認，或許咸、同以後，當地林家等其他家族勢力，所引發的社會階級引導力量確實不可忽略，但難道僅是林家等勢力興盛這一個因素就可導致之？

　　此外，如黃清漢、徐啓智、江瑞昌等人碩士論文，也對該廟祭祀圈與神格屬性做過貢獻〔註 90〕。又，賴玉玲結合了歷史學與人類學方法，對「南桃園西側」的楊梅地區客家義民信仰，納入了新竹枋寮義民廟祭祀圈的歷史過程，也做過研究，其對新竹枋寮義民祭祀圈擴大的歷史過程也有貢獻〔註91〕。

〔註88〕林桂玲，《家族與寺廟──以竹北林家與枋寮義民廟爲例（1749～1895）》，新竹縣：竹縣文化局，2005。或見其碩士論文，〈同名〉（新竹：國立清華大學歷史所碩士論文，2001。）

〔註89〕黃卓權，〈義民廟早期歷史的原貌、傳說與記載──歷史文本與敘事的探討〉，《臺灣文獻》，59：3（南投），2008.9，頁89～128。

〔註90〕黃清漢，〈新埔義民廟祭祀圈結構之研究〉。徐啓智，〈新埔褒忠亭義民爺的神格屬性〉，（臺北：國立政治大學民族所碩士論文，2001）。江瑞昌，〈臺灣客家族群民間信仰之研究──以新竹縣新埔鎮枋寮義民廟爲中心〉（臺北：國立臺灣大學國家發展所碩士論文，2004）。

〔註91〕賴玉玲，〈新埔枋寮義民爺信仰與地方社會的發展──以楊梅地區爲例〉（桃園中壢：國立中央大學歷史研究所碩士論文，2001），又出版爲專書爲賴玉玲，《褒忠亭義民爺信仰與地方社會發展：以楊梅聯庄爲例》（新竹：新竹縣文化

羅烈師博士論文也以人類學角度，嘗試以竹塹地區爲中心，探討「臺灣客家」的形成做一研究〔註92〕。

　　此外，出身苗栗中港溪流域南庄鄉之范振乾〈義民爺信仰與臺灣客家文化社會運動〉一文〔註93〕，主要是強調近廿年來，臺灣客家人在民國77年（1988）還我母語運動後，各自伸張客家人權之社會運動，與臺灣客家人義民信仰間的相互關係。范氏著文關心客家人社會地位非常用心，但或許因爲范氏也是出身於義民信仰頗強的中港溪流域，故將「義民信仰」完全等同於臺灣「客家認同」，此亦是忽略了不同客家次文化區可能存在的人文差異，似爲該文論述時不可避免的缺陷。綜合以上加上前引諸文章，可見學界目前對義民廟研究仍多以南桃園、新竹縣、中港溪客庄地區爲主。此外新竹也辦了不少次義民研討會論文集或專輯，亦值得參考〔註94〕。至於高屏的六堆地區義民信仰，則有江金瑞結合歷史學與人類學的研究〔註95〕。可見不僅爲頭前、鳳山、中港、後龍、西湖等諸溪切割的「北客地區」的客家內部次文化或許會有內部差異，連被中南部廣大閩南族群所隔離的六堆「南客」，其次文化或許也與「北客」之間有相異處。

　　對於苗栗義民廟研究者則相對較少，原因在此地義民信仰事實上並不發達。相關論著概有李豐楙、林本炫、彭富欽、黃尙煊與張民光、陳雪娟等人

　　　局，2005）。賴玉玲，〈楊梅的義民信仰聯庄與祭典〉，《民俗曲藝》，137（臺北），2002.09，頁165～201。賴玉玲，〈義民廟的建立與信仰的傳佈〉，《臺灣宗教研究通訊》，4（臺北），2002.10，頁55～86。

〔註92〕羅烈師，〈臺灣客家之形成——以竹塹地區爲核心的觀察〉，頁284～286。但羅氏以新竹爲核心，提出「河流模式」理論，以「客家人之於泉州人」使義民信仰增強，來企圖整合臺灣客家的新解釋，但如此也會忽略其他客家次文化的差異，尤其該文對苗栗地方的義民信仰，也主觀地認爲「很強」。

〔註93〕范振乾，〈義民爺信仰與臺灣客家文化社會運動〉，賴澤涵（主編），《義民信仰與客家社會》，頁361～410。

〔註94〕林光華（主編），《義民心，鄉土情——褒忠義民廟文史專輯》。明新科技大學客家文化研究中心‧新竹縣政府文化局‧新埔枋寮義民廟（等單位），《義民祭文化學術研討會》（新竹：私立明新科技大學客家文化研究中心，2005）。莊吉發（等著），《義民心、鄉土情：義民廟貳百壹拾週年文史專輯》（新竹：新竹縣文化局，2006）。莊英章（主持），《義魂千秋：義民客家文史系列研討會》（新竹：新竹縣文化中心，1998）。賴澤涵（主編），《義民信仰與客家社會》。

〔註95〕江金瑞，〈清代臺灣義民爺信仰與下淡水六堆移墾活動〉（臺中：國立中興大學歷史學研究所碩士論文，1998）。不過江氏在2007年9月於國立屏東科技大學舉辦的「六堆客家文化前瞻性研討會」上，也説過出身於新竹客家的她，剛開始對六堆義民信仰竟跟新竹義民信仰有那麼大的差距，感到相當驚訝。

的文章做初步概略介紹〔註96〕。李豐楙文中其實並未深入探究苗栗義民廟本身是否在當地是一民間宗教信仰中心，而只是泛論義民信仰本身形成的歷史過程。彭富欽前引諸文，則難免有相對於新竹義民廟，帶有「輸人不輸陣」的過於主觀的論述，反不能呈現苗栗義民信仰本身不發達的事實眞相。黃尚煊與張民光一文，則是泛論苗栗縣各義民廟的歷史上創立過程。至於林本炫前引文，是發覺苗栗義民信仰並不發達的事實眞相後，以社會學的角度做過深入分析。

　　至於後龍溪上游的獅潭、大湖二鄉，也是北臺灣客家庄，但本區歷史上的族群關係跟後龍溪中游區不同在於：中游區的苗栗附近，與閩南人接觸相對不頻繁，但上游區的此二鄉，歷史上卻是近百餘年來，客家人進入內山開墾樟腦等物資時，才形成的客家庄，其跟原住民存在過相當大的族群矛盾。這方面論述概有前引黃卓權等文、以及林恩睦、簡志維等探討過〔註97〕。本區有三間義民廟，除前引黃見初之文外〔註98〕，似少專文論述。據筆者田野調查訪談與文獻閱讀，獅潭與大湖鄉的南湖附近，各有一間義民廟，都是清代黃南球自枋寮義民廟分香而設，也俱爲黃南球開墾時苗栗內山時，反映出清代獅潭、南湖兩庄客家人，在黃氏家族率領下往苗栗內山開墾時，與原住民發生激烈族群矛盾後的精神信仰宗教符號，故不太同於枋寮、頭份兩地義民信仰多是反映出客閩族群矛盾集體記憶的結果，是爲二廟性質上之特殊處。但大湖本身也有一間義民廟，爲清代開墾大湖庄之客家人吳定新等人所立，在族群關係上的反映似也同前述二廟般，爲客原（「番」）族群矛盾關係下之產物。然，上述三間義民廟香火實並不甚興旺，在日本時代也曾中衰過，

<hr>

〔註96〕李豐楙，〈功在家國，敕封成神〉，收入苗栗義民廟創建兩佰週年紀念慶典籌備委員會（編印），《苗栗義民廟創建兩佰週年紀念特刊》，頁24～28。彭富欽，〈苗栗義民廟沿革史〉，收入《苗栗義民廟創建兩佰週年紀念特刊》，頁20～23。陳雪娟，〈北臺灣客家義民廟信仰——以苗栗市義民廟爲例〉，《史匯》，頁43～72（桃園中壢），2007。黃尚煊・張民光，〈苗栗縣境內義民廟設置源起的研究〉，擷取網址：http://miaoli.nuu.edu.tw/MasterAdmin/Academic_forum/Memoir/file/1801.doc?PHPSESSID=16a504b1367abaa9cb6387d2377dbc82，擷取時間：2007/9/7。

〔註97〕黃卓權，〈內山開墾史的界定及其族群關係〉。黃卓權，〈臺灣內山開發史中的客家人〉。林恩睦，〈清代苗栗大湖地區的土地開發（1861～1895）〉（新竹：國立新竹教育大學區域人文社會研究所碩士論文，2006）。簡志維，〈清代苗栗大湖墾隘的發展—國家與地方社會的互動〉（臺北：國立臺灣大學歷史所碩士論文，2004）等文。

〔註98〕黃見初，〈苗栗縣大湖昭忠塔、卓蘭鎭軍民廟簡介〉，頁167～169。

至戰後才先後逐漸復興。獅潭與南湖兩廟香火中衰，概是因黃南球家族本身勢力中衰使然，但也反映出兩廟所在地人士，對其義民信仰並不似枋寮、頭份兩地義民信仰般熱衷。而大湖義民廟，戰後初期甚至還改爲祀奉羅福星等「抗日英雄」爲主的昭忠祠，此歷史演變堪稱義民信仰之例外型演變，因爲其政治性想像，遠大於當地宗教性信仰。而目前爲止學界對這三間義民廟相關論述頗少，似乎也間接反映出後龍溪上游的義民信仰也相對不發達，也並不太吸引學者投諸關心，此三廟在當地，也並非最主要的民間宗教信仰。在獅潭，仙山靈洞宮才是獅潭最大廟，也爲《重修苗栗縣志》列爲苗栗縣十大重要廟宇。在大湖，關帝廟才是大湖當地民間的主要信仰。然，爲何百餘年前曾經漢原衝突下的本區，義民信仰也相對不發達？是否是「標示我群爲客家人」的義民信仰，因爲漢人相對原住民是來得更優勢，所以不太被當地人所突顯出？

　　綜述以上可知，單就北臺灣客家人的「北客」而言，與閩南人較爲頻繁接觸的「竹」地區的客家次文化，是否完全等同於清代苗栗堡地區的客家次文化？然而這一塊「北客」區的客家文化圈主要論述客家文化者，還是以桃竹一帶出身的客家人爲主，他們的論述又是否眞等同於整個北客的客家文化？

　　本文打算就義民廟祭祀圈情形，主要針對於「北客」的竹苗區域內各小區中不同的客家人對義民廟的祭祀乃至認識程度做一研究，主要是以清代苗栗堡地區爲觀察重心。本地區有苗栗、獅潭、大湖、南湖等四間義民廟，其完全不同於新竹枋寮義民廟般，有泛桃竹兩縣（「南桃園東側」例外）的廣大祭祀圈。所以「竹」地區當地義民廟，也成爲當地對客家文化的重要認同。但苗栗義民廟則不然，苗栗客家人少對義民爺有如此崇敬的神格認識，苗栗市義民廟主要祭祀圈，還是以苗栗市中較「市郊」的「北苗地區」三里爲主。在苗栗市中心乃至鄰近鄉鎮，其實很少有人對義民祭祀，甚至家鄉中很多人連該廟的切確位置都不知道在哪裡。前已述出身苗栗的黃卓權氏也跟筆者提過，苗栗客家人對義民廟認知也屬於「陰廟」性質而告誡小朋友少去。這種歷史結果反映出跟桃竹地區對義民廟認識是完全不同的，但其背後代表的歷史過程，是出現了什麼差異性？爲何同樣是「北客」區內的兩百多年義民廟，在「竹」與「苗」兩地區，呈現兩種截然不同的神格認知與祭祀崇拜程度？

　　此外鑽研客語研究的吳中杰氏，對於爲何「北客」中，偏北部南桃園東

側、偏南的苗栗縣都傾向講四縣腔客語，而居中的新竹縣卻傾向講海陸腔客語，而提出一種說法。其認爲這可能是因爲義民廟信仰祭祀圈，分別在「南桃園東側」、「竹」、「苗」形成三大祭祀圈後，使三地區而被整合入個別的主流腔調〔註99〕。但吳氏此說只可能就「竹」地之於枋寮義民廟才可能符合，其他的則似倒果爲因，因爲清代苗栗堡地區義民信仰相對並不發達（「南桃園東側」亦類似），何來形成一個強大有力的義民祭祀圈，使苗栗縣內至少後龍溪流域數鄉鎮都捲入其中，才形成四縣優勢腔之說？筆者初步假設，苗栗縣內多數客庄會以四縣腔客語爲優勢腔，可能是清代以來的貓裏街至今日苗栗市，是爲當地主要的區域核心市鎮，其是以四縣爲主要客語腔調，才使四周鄉鎮客家人，不管他祖源自大陸哪州哪縣或原先使用哪種客語腔調，隨世代交替，都漸趨向改用四縣腔爲主。

當然，泛論清代北臺灣內山地區的研究成果，除前引諸文外，亦值得參考。如柯志明《番頭家——清代臺灣族群政治與熟番地權》即是從歷史社會學角度探討本區族群政治與熟番地權之關係。林文凱更進一步從漢番間土地契約關係，探討本區地方的法治與歷史制度情況〔註100〕。又有關苗栗地區開發史與文史資料也值得參考，如黃鼎松《先民的足跡——苗栗縣史蹟概覽》、《苗栗的開拓與史蹟》、《悠悠鄉土情》等書〔註101〕。又《日阿拐家藏古文書》〔註102〕則概可藉此史料觀察苗栗中港溪流域開發史，《臺灣地區現存碑碣圖誌：苗栗縣篇》、《貓狸的寶藏：二〇〇三苗栗縣地方文化館家族巡禮》等亦是。又清光緒年間所修《清苗栗縣志》、與清代吳子光《一肚皮集》、《臺灣紀事》，戰後初期所修《臺灣省苗栗縣志》（以下簡稱《(戰後初)苗栗縣志》），與臺灣省文獻會所編《苗栗縣鄉土史料》，以及《道卡斯新港社古文書》〔註103〕等都可能

〔註99〕吳中杰，〈義民信仰與北臺灣客語分佈格局的形成〉，收入賴澤涵（主編），《義民信仰與客家社會》，頁229～243。

〔註100〕柯志明，《番頭家——清代臺灣族群政治與熟番地權》（臺北：中央研究院社會學研究所，2001）。林文凱，〈土地契約與地方治理——十九世紀臺灣淡新地區土地開墾與土地訴訟的歷史制度分析〉（臺北：國立臺灣大學社會學研究所，2006）。

〔註101〕黃鼎松，《先民的足跡——苗栗縣史蹟概覽》（苗栗：苗栗縣政府，1996）。黃鼎松，《苗栗的開拓與史蹟》（臺北：常民文化出版發行、吳氏總經銷，1998）。

〔註102〕林修澈，《日阿拐家藏古文書》（苗栗：苗栗縣國際文化觀光局，2007）。

〔註103〕周錦宏，《貓狸的寶藏：二〇〇三苗栗縣地方文化館家族巡禮》（苗栗：苗栗縣文化局，2003）。何培夫（主編），《臺灣地區現存碑碣圖誌：苗栗縣篇》（臺北：中央圖書館臺灣分館，1998）。〔清〕吳子光，《一肚皮集》（臺北：龍文

是須參考的史料。又顏俊雄（劉俊雄）〈後龍乞仔客家聚落的史料整理〉一文，
可幫助了解後龍溪中下游區新港社平地原住民、閩、客的族群關係〔註104〕。
至於苗栗地區單篇論文研究成果方面，有盛清沂前引文、與陳運棟、黃鼎松、
黃卓權等撰寫之諸文章〔註105〕。學位論文方面，目前有王興安〈殖民地統治
與地方菁英——以新竹、苗栗爲中心〉、江權貴〈苗栗市民間宗教之空間性〉、
林欣宜〈樟腦產業下的地方與國家——以南庄地區爲例〉、李逢春〈苗栗縣山
地開發的地理研究〉、郭慈欣〈清代苗栗地區的開發與漢人社會的建立〉、黃
國峰〈清代苗栗地區街庄組織與社會變遷〉、簡志維〈清代苗栗大湖墾隘的發
展—國家與地方社會的互動〉〔註106〕等對苗栗乃至中港溪流域的開發史都可

出版、萬億圖書總經銷，2001）。〔清〕吳子光，《臺灣紀事》（臺北：臺灣銀
行經濟研究室・臺灣文獻叢刊第36種，1959）。臺灣省文獻委員會，《苗栗縣
鄉土史料》（南投：臺灣省文獻會，1999）。臺灣省苗栗縣文獻委員會，《（戰
後初）臺灣省苗栗縣志》（苗栗：臺灣省苗栗縣文獻委員會，1968）。胡家瑜
（主編），《道卡斯新港社古文書》（臺北：國立臺灣大學人類學系，1999）。
〔註104〕顏俊雄（劉俊雄），〈後龍乞仔客家聚落的史料整理〉，2003，「行政院客家委
員會網站」，擷取網址：http://www.hakka.gov.tw/ct.asp?xItem=7809&ctNode=
1619&mp=346，擷取時間：2008/10/9。
〔註105〕陳運棟，〈十九世紀苗栗內山的族群關係——以《淡新檔案》第一七三二二
案及第三二六一一案爲例〉，《苗栗文獻》，19：33，2005.09，頁 22～49。
陳運棟，〈山城文獻初祖——芸閣山人吳子光舉人〉，《苗栗文獻》，1：15，
2001.03，頁 80～82。陳運棟，〈五十年來的臺灣客家研究〉，《臺灣文獻》，
49：2（南投），1998.06，頁 171～189。陳運棟，〈苗栗內山製腦事業發展
史〉，《苗栗文獻》，19：33，2005.09，頁 87～92。前引陳運棟，〈苗栗縣風
土記（上）（下）〉。前引陳運棟，〈桃、竹、苗地區早期族群關係與開發初
探〉。前引陳運棟，〈黃祈英與黃南球〉。黃鼎松，〈西湖鄉通俗信仰的調查
與研究〉，《苗栗文獻》，10，1995.06，頁 178～190。黃鼎松，〈苗栗市的民
間信仰〉，《苗栗文獻》，13，1998.11，頁 117～141。黃鼎松，〈從古文書看
苗栗市的早期拓殖〉，《苗栗文獻》，13，1998.11，頁 99～110。黃卓權，〈清
代桃竹苗地區內山開墾史的族群關係〉，周錦宏（總編輯），《2003 再現百年
客家風雲系列活動——客家先賢淡水同知李愼彝與內山開發研討會論文
集》（苗栗：苗栗縣文化局，2004），頁 149～172 等文。黃卓權，《跨時代
的臺灣貨殖家——黃南球先生年譜（1840～1919）》（臺北：國家圖書館臺
灣分館，2004）。
〔註106〕王興安，〈殖民地統治與地方菁英——以新竹、苗栗爲中心〉（臺北：國立臺
灣大學歷史研究所碩士論文，1998）。江權貴，〈苗栗市民間宗教之空間性〉
（臺北：國立臺灣師範大學地理研究所在職進修班碩士論文，2005）。林恩睦，
〈清代苗栗大湖地區的土地開發（1861～1895）〉。郭慈欣，〈清代苗栗地區的
開發與漢人社會的建立〉（南投埔里：國立暨南國際大學歷史研究所碩士論

供參考。至於新竹地區研究成果或鄉土資料彙編亦是傑出，值得參考。除前已引諸文外，又概有林玉茹《清代竹塹地區的在地商人及其活動網路》、邱瑞杰《清末關西地區散村的安全與防禦》、吳育臻《大隘地區聚落與生活方式的變遷》、梁宇元《清末北埔客家聚落之構成》、《新竹縣鄉土史料》、《竹塹古文書》、以及《鄭吉利號古契約文書研究》〔註107〕等文皆可資參考。又關於整個臺灣客家史研究方面，目前蓋有尹章義《臺灣客家史研究》一書，然其書多針對臺北地區客家開墾史做研究，對桃竹苗「北客」地區著墨較少。不過其書的〈臺灣移民開發史上與客家人相關的幾個問題〉、與〈臺灣客家史研究的回顧與展望〉等兩章，是分別對臺灣研究客家史時會遇到的問題，與目前臺灣客家史研究展望做一回顧〔註108〕，相當值得參考。此外，日本時代總督府或地方政府對臺灣所做的各種調查資料，亦是不可或缺的重要參考史料。

十、小結——並論清代臺灣客家人身分如何定義

本文希望以史學方法為基礎，以歷史學門目前對民族或族群關係史的研究成果〔註109〕，再借用地理學、人類學有關民族問題的研究成果與相關方法，

文，2002）。黃國峰，〈清代苗栗地區街庄組織與社會變遷〉（南投埔里：國立暨南國際大學歷史研究所碩士論文，2003）。簡志維，〈清代苗栗大湖墾隘的發展—國家與地方社會的互動〉。

〔註107〕 林玉茹，《清代竹塹地區的在地商人及其活動網路》。邱瑞杰，《清末關西地區散村的安全與防禦》（新竹：新竹縣文化局，1999）。吳育臻，《大隘地區聚落與生活方式的變遷》（新竹：新竹縣文化局，2000）。梁宇元，《清末北埔客家聚落之構成》（新竹：新竹縣文化局，2000）。臺灣省文獻會（編印），《新竹縣鄉土史料》（南投：臺灣省文獻委員會，1995）。張炎憲（主編），《竹塹古文書》（新竹：新竹市立文化中心，1998）。張德南，《鄭吉利號古契約文書研究》（新竹：新竹市立文化局，2007）。

〔註108〕 尹章義，〈臺灣移民開發史上與客家人相關的幾個問題〉、與〈臺灣客家史研究的回顧與展望〉，收入尹章義，《臺灣客家史研究》，頁1～29、頁30～53。

〔註109〕 人類學與地理學研究成果很多，茲如前引。歷史學門方面有王明珂借用人類學 Fredric Barth 所提出之族群邊緣理論，研究中國漢族、羌族的歷史記憶與民族認同邊緣，並認為「族群」或「民族」，是由其組成分子所認定之範疇，形成「族群」或「民族」，最主要在於其認定之「邊緣」，而非內部文化諸如語言、文化、血統等等之須有一致性，故此邊緣係指一團體內部共識的「社會邊界」，並非一定是地理上或血緣上之界限。在社會資源競爭過程中，以「族群」或「民族」內部共有之「共同特徵」劃定邊緣，以排除非此邊緣內之外人，也以邊緣來凝聚內部團結共識的力量。故邊緣是主觀的認同，可依時代演進，鬥爭背景需要而隨時變更。而「族群」或「民族」凝聚內部認同過程

以釐清為何苗栗地區後龍、西湖二溪流域義民信仰並不興盛的歷史原因（西湖溪流域三客家鄉鎮甚至沒有一間義民廟），並澄清臺灣客家史的論述建構往往以「以新竹為中心」、或以「六堆」為視野看臺灣客家，而可能造成對臺灣各客家次文化造成若干程度的誤讀。這其中關於文獻與文字史料的探討自屬必要，此外「竹苗地區」已出版之縣志與鄉鎮志也必須參考。不過，若是文字史料不足之處，則必須使用田野訪談之方法，做口述歷史的資料整理與分析，以補充文獻之不足。這方面，筆者將以苗栗縣附近各義民廟為主做訪談。但口述歷史不免有受訪者記憶有誤差、或基於一些人際關係的忌諱而刻意隱瞞等缺點，故必須將之與文獻史料交相比對考據、補充。又黃卓權曾將自己田野調查經驗撰成《進出客鄉——鄉土史田野與研究》一書，是集結黃氏一生在桃竹苗客家庄田野調查經驗之作，在口述歷史實務方法經驗上，是值得參考的一部著作〔註110〕。又「南桃園東側」或屏東平原的「六堆」客家人，雖客家意識也相對很強，但其義民信仰不興盛，顯是另一問題。「南桃園東側」的義民信仰問題，本文只能就目前研究成果做一整理與提供若干看法，限於篇幅亦不能深論之；至於南部「六堆」客家人的義民信仰發達與否，則暫非本文篇幅所能談及。本文是在比較「竹」、「苗」兩地區的歷史時，發現地理因素可能導致兩地客家人對「我群意識」的強弱感演變狀況，具有一定程度的重要性。本文希望能由清代臺灣族群關係的緊張強弱為中心，研究「竹苗地區」內各區域義民信仰之差異狀況，冀望能藉此對整體客家文化史論述，做更進一步的時間性、空間性之補充。本文主要時間斷限是以清代臺灣（1895 年以前）為主，內文各章概都以清代「竹苗地區」各族群間關係與其空間分佈為觀察主軸，以探究本區內各區域之義民信仰強弱程度之差異，與族群關係間是否

中，可建構共同的歷史記憶，刻意淡忘彼此歷史上的差異，形成邊緣內部分子都可接受的共同歷史傳說。可見王明柯，《華夏邊緣——歷史記憶與族群認同》（臺北：允晨文化，1997），頁 32～36 之敘述。王氏另著有《英雄祖先與弟兄民族——根基歷史的文本與情境》（臺北：允晨文化，2006）；《羌在漢藏之間——一個華夏邊緣的歷史人類學研究》（臺北：聯經出版社，2003）；〈論攀附：近代炎黃子孫國族建構的古代基礎〉，《中央研究院歷史語言研究所集刊》，73：3（臺北），2002.09，頁 583～624；〈民族史的邊緣研究：一個史學與人類學的中介點〉，《新史學》，4：2（臺北），1993.06，頁 95～120；〈羌族婦女服飾：一個「民族化」過程的例子〉，《中央研究院歷史語言研究所集刊》，69：4（臺北），1998.12，頁 841～885 等許多著作。

〔註110〕黃卓權，《進出客鄉——鄉土史田野與研究》（臺北：南天書局，2008）。

有關聯性。但因清代臺灣史料侷限，仍須參酌日本時代對本區的各種文獻史料做歷史還原。

　　要談清代臺灣的客家問題，也必須對清代臺灣客家人身分作一界定。按前引覺羅滿保〈題義民效力議效疏〉所載：

> 查臺灣鳳山縣屬之南路淡水，歷有漳、泉、汀、潮四府之人，墾田居住。潮屬之潮陽、海陽、揭陽、饒平數縣，與漳、泉之人語言聲氣相通，而潮屬之鎮平、平遠、程鄉三縣則又有汀州之人自為守望，不與漳、泉之人同夥相雜〔註111〕。

這份奏疏是清康熙年代的覺羅滿保對當時臺灣鳳山縣的族群狀況之一描述，雖在地區上而言，覺羅保滿這份奏疏是在說明今日臺灣南部的族群關係，但這種族群關係其實也適用到後來整個臺灣。也就是潮州府人中，講潮州閩南語者跟講潮州各種腔調客家話者，還是有別。而潮州各種客家話人，面對既多數又強勢的的漳泉兩府人之壓力時，也多與自己同省的其他腔調客家人、甚至福建省潮州府客家人合作，「不與漳、泉之人同夥相雜」。

　　目前在漢人祖籍調查這方面資料，以日本時代昭和元年（1926）年的《臺灣在籍漢民族鄉貫別調查》（以下簡稱《1926年漢籍調查》）〔註112〕為最早也是最詳者，其為當時全臺灣境內各郡市、各街庄（約當今之鄉鎮）政區層級空間的漢人祖籍分佈狀況所做的調查，概可一定程度反映出清代特別是清晚期，臺灣漢人祖籍在各地之分佈。又可再依據大正14年（1925）《新竹州第五統計書》〔註113〕，依「大字」層級〔註114〕，做細部的空間修正。按《新竹州統計書》有許多冊，有最早有大正10年之《新竹州第一統計書》，到最晚的昭和14年之《新竹州第十九統計書》。本文取用《新竹州第五統計書》為基準資料，主

〔註111〕〔清〕覺羅滿保，〈題義民效力議效疏〉，《重修鳳山縣志》，頁343。

〔註112〕〔日〕臺灣總督官房調查課（編），《臺灣在籍漢民族鄉貫別調查》（臺北：臺灣時報發行所，昭和3年（1928）.3月）。又有陳漢光根據前引史料的中譯文改寫本，詳陳漢光，〈日據時期臺灣漢族祖籍調查〉，《臺灣文獻》（臺北），23：1，1972.3月，頁85～104。本文以《臺灣在籍漢民族鄉貫別調查》為準，至於陳漢文之本，已非原始史料，傳抄或有錯誤（筆者便發現該本的「潮州郡高樹鄉」項目，數字便抄錯，其將該鄉之「嘉應州籍」人數，由原本的3,700人，錯抄成12,700人），僅能供參考。

〔註113〕〔日〕新竹州（編），《新竹州第五統計書》（新竹：新竹州廳，1927）。

〔註114〕「大字」是臺灣日本時代在大正9年（1920）後才有的制度，小於街庄，也非行政區劃，其約當今之一或數村里範圍。本文若談及「大字」，皆指大正9年以後，不再特別提年分。

要是其年份與《1926年漢籍調查》時間最接近，故用之。

　　又前述莊吉發曾引《淡新檔案》中同治13年（1874）呈報戶口資料，分別有兩文探討清代臺灣客庄分佈問題。但因明清中國戶籍資料向有問題，史學界相關論著極多，故懷疑當時淡水廳衙所呈報戶籍資料也有可能問題。此可看〈從檔案資料看清代臺灣的客家移民與客家義民〉一文「表1」中〔註115〕，所列1874年淡水廳閩粵兩籍村莊，就錯將許多客庄誤爲閩庄、或閩庄誤爲客庄可知。如在中港堡（即竹南一堡）粵庄方面，由該年《淡新檔案》中可知，淡水廳衙只呈報了斗煥坪與三灣兩庄的戶口，而早在此年之前已開墾之頭分、田寮等較大之粵莊，淡水廳衙竟未呈報，已甚可疑；又中港堡閩庄方面：淡水廳衙也只報了山寮、後厝、中港街、湖底、海口、上下山腳、崁頂、塗牛口（應是土牛口之誤）、二十份、隆恩、蘆竹南、茄冬等十二街庄之戶口，則整個中港堡方面，淡水廳衙只報了十四街庄，全然不符在此約四年之前，即同治9年時所修之《淡水廳志・建置志》中，中港堡已有廿六個街庄之記載〔註116〕。

　　此外又再見《淡新檔案》中同治13年的後壠堡（即竹南一堡或苗栗堡）閩庄方面，淡水廳衙也只報了山仔頂、後壠街、海豐、芒花埔、高埔、南勢、打哪叭等七個街庄；粵庄方面也只報了嘉志閣、貓裡、蛤仔市、芎蕉灣、銅鑼灣等五庄之戶口資料，總計才報了十四街庄，這也不符合《淡水廳志・建置志》載同治9年時該堡早應有三十三個街庄，也顯示同治13年《淡新檔案》大爲漏報許多。且同治13年《淡新檔案》中的芒花埔（今苗栗市中苗）、高埔（今西湖鄉高埔村一帶）、南勢（苗栗市南境）都該爲粵庄，然淡水廳衙呈報資料也誤爲閩庄。由街庄數都已有漏報、誤報現象，更遑論各庄中戶口資料同樣也有問題，而此類問題，究之淡水廳其他堡相關記載，也多見如此。故相較可知，同治13年淡水廳衙所呈報戶籍資料，也跟明清時大部份中國戶籍資料般，可信度很低。故同治13年淡水廳衙所呈報戶籍資料，雖是今日可見清代北臺灣極少數相關官方史料，但本文暫不採用，仍以日本時代殖民政府所調查《1926年漢籍調查》與《新竹州第五統計書》爲基準資料，探究清代較晚期時「苗」地區閩客庄大致分佈情況。

〔註115〕莊吉發，〈從檔案資料看清代臺灣的客家移民與客家義民〉，頁17～19，「表1・同治十三年分淡水廳閩粵各庄分佈簡表」。

〔註116〕〔清〕陳培桂（等纂），《淡水廳志》（臺北：臺灣銀行經濟研究室・臺灣文獻叢刊第172種，1963），卷三，〈建制志・街里志〉，頁57～65。

　　又在使用上《1926 年漢籍調查》與《新竹州第五統計書》兩史料之前，須再對臺灣客家人的定義做更進一步的釐清，才能針對上述兩史料相對於「釐清後」的「臺灣客家人定義」時，可能面臨的效度局限，與更適確的解釋空間。羅烈師〈臺灣客家之形成——以竹塹地區爲核心的觀察〉（以下簡稱〈羅氏博論〉），與林正慧〈從客家族群之形塑看清代臺灣史志中之「客」——「客」之書寫與「客家」關係之探〉（以下簡稱〈林正慧文〉）兩文，都對臺灣客家人的定義有其觀點。於此再回顧並檢視兩文對臺灣客家的定義。

　　〈羅氏博論〉中，用前引《1926 年漢籍調查》資料，將其中「廣東籍」人士，都以「粵人認同」概念，將《1926 年漢籍調查》的粵籍人士都囊括入今日臺灣客家人的概念下〔註 117〕。然則清代廣東籍人士潮州府地區，事實上同時存在了「潮州籍閩南語族群（操潮汕各腔閩南語）」與「潮州籍客家語族群（今臺灣仍存者多操饒平與大埔兩腔客語）」。又由《1926 年漢籍調查》書中當時日本語言學家小川尚義所寫的〈沿革〉文，也明白記載：

> 本表福建省之欄位載有汀州府，又廣東省之欄也載有潮州府，雖這是政治上的行政區劃，但由語系的觀點來看時，我們相信若用更適當地說法來說，前者（按：指汀州府）與其說是福建語族不如說他們是廣東語族；後者（按：指潮州府）與其說他們是廣東語族不如說他們是較接近於福建語族〔註 118〕。

這個引文也說明了汀州話比較接近「廣東語族」（筆者按：其實該是客家話）〔註 119〕。事實上，不但今日汀州各種腔調的方言也被歸類爲客方言之一種，在臺灣歷史上，汀州客家人與廣東省各籍客家人間的合作互動與也較多。羅氏表明引用《1926 年漢籍調查》時，是本文前引陳漢光再用中文改寫成的〈日據時期臺灣漢族祖籍調查〉（以下簡稱〈陳氏本〉）爲本，但〈陳氏本〉中，也將小川之原文翻譯成中文。所以本文認爲該將福建汀州籍人士，計爲臺灣客家人較爲妥當。又前引小川氏文中也說「潮州府……與其說他們是廣東語族不如說他們是較接近於福建語族」。這是指當年小川氏已認知潮汕腔閩南

〔註 117〕羅烈師，〈臺灣客家之形成：以竹塹地區爲核心的觀察〉，頁 34～65、頁 254～272。

〔註 118〕〔日〕小川尚義，〈漢民族移住の沿革〉，收入臺灣總督官房調查課（編），《臺灣在籍漢民族鄉貫別調查》，頁 1～2。原文爲日文，筆者自譯。

〔註 119〕由引文行文來看，當年小川尚義似尚不知廣東境內至少有粵方言與客方言之別，同樣也好像不知潮州人也分爲講潮州閩南語跟講潮州客家語兩族群之別。

語比較接近閩南語〔註120〕。然如何釐清「潮州籍人數」中的「潮汕語族群」
與「潮州腔客語族群」兩者的差異？還是逕將其中的潮州籍閩南語族群，也
都歸爲臺灣客家人呢？〈羅氏博論〉文中也認爲：

> 在這樣的粵人認同下，不同語言但同祖籍的人群會因此彼此認同，
> 進而產生語言與文化上的轉變，族群界限也因之移動〔註121〕。

故羅氏似認爲潮州籍閩南人可能因祖籍同爲「粵籍」而轉化爲相同的族群認
同，隨世代演進，後代漸改認同自己爲客家人。故〈羅氏博論〉中，概依此
概念下，都將廣東省籍計入臺灣客家人。

　　然而，也因爲「粵人認同」的理論下，羅氏也將可能仍認同自己是客家
人的「福建省汀州府籍」人，排除在臺灣客家人之外，因爲汀州府在清代屬
福建省轄，汀州人自是屬「閩籍」而非「粵籍」〔註122〕。但至少在桃竹苗一
帶，這並不符合目前語言學研究者呂嵩雁、李厚忠、徐雨薇等人的觀察，他
們調查出在桃、竹兩縣的客家庄內，還有若干客家人平時操「庄內通用腔」
客語（庄內通用腔，依每客庄內通用腔不同而不一），但在家中仍會講汀州永定腔客
語的例子，他們也認同自己也是客家人〔註123〕。

〔註120〕同前注。

〔註121〕羅烈師，〈臺灣客家之形成：以竹塹地區爲核心的觀察〉，頁260。

〔註122〕然而羅氏這種算法似乎不合臺灣歷史事實，本文已引清初覺羅滿保〈題義民
效力議效疏〉所載：「潮屬之鎮平、平遠、程鄉三縣，則又有汀州之人自爲守
望，不與漳、泉之人同夥相雜」概可觀之。覺羅滿保奏疏中說明「潮屬之鎮
平（雍正年間後屬嘉應直隸州）、平遠（同前）、程鄉（雍正年間後嘉應州直屬地，以上
皆講嘉應州各種腔調的客語）」與福建省汀州人「自爲守望」，因爲來臺的汀州人
講的雖也屬客語，但腔調不同於嘉應州，然而當面對臺灣強勢的「漳、泉之
人」時，兩州之客家人仍互相結合而「不與漳、泉之人」。可見清朝初年時，
汀州雖屬福建省轄，理論上與漳泉兩州人共爲同省人，但因汀州客語頗類嘉
應州客語，且在地域上彼此都同屬韓江流域，在大陸原鄉，汀州人與嘉應州
二地客家人彼此來往遠比汀州跟漳泉兩州人來得密切。這也可見蔡驊，《汀江
流域の地域文化と客家──漢族の多樣性と一體性に關する一考察》；或周雪
香，《明清閩粵邊客家地區的社會經濟變遷》（福州：福建人民出版社，2007
年8月）之研究。

〔註123〕呂嵩雁，〈桃園永定客家話語音的特點〉，曹逢甫・蔡美慧（編），《臺灣客家
語論文集》（臺北：文鶴出版社，1995），頁55～78；李厚忠，〈臺灣永定客
話研究〉（臺北：臺北市立師範學院應用語言文學研究所，2003；徐雨薇，〈瀕
臨絕跡的語言：楊梅秀才窩的永定客家話〉，「國立中央大學客家學院電子學
報」，60，2007/01/05，擷取網址：http://140.115.170.1/Hakkacollege/big5/network/
paper/paper60/05_17.html，擷取時間：2008.12.28。又徐雨薇，〈永定新舊移

此外筆者田野調查發現苗栗縣三灣鄉永和山「三元宮暨褒忠祀」一廟中，其右殿祭祀主神爲「皇恩粵汀褒忠義士之神位」。據筆者與廟中廖仁接等諸位耆老訪談，他們說：我們永和山的村民，當年也是隨新竹縣新埔枋寮義民一起出征的，而枋寮義民廟主祭的是「粵東」義士，他們永和山義民廟主祀的是「粵汀」義士，因爲他們這附近以前也有汀州客家人跟四縣腔客家人一起開墾，故「出征」時，是粵籍客家人與汀州客家人一同「出征」，所以該廟義民信仰主神就這麼祭拜。這些耆老也強調：「這就是我們永和山義民祀跟枋寮的不同之處」，這也是清代臺灣粵東客家人與福建汀州客家人關係密切之另一證。又據廖仁接等諸位耆老口述，永和山庄附近之汀州客家後裔，雖有些人還知道自己來自福建汀州，但都改講頭份、三灣的主流客腔，即四縣腔客語（以粵省嘉應州蕉嶺腔爲主）了。

而〈林正慧文〉則詳細討論了上述問題，林氏說明：

> 清代臺灣，省籍與方言兩條界線割裂出的四種省籍與方言人群的組合，即閩屬福佬（漳、泉）、閩屬客家（汀州）、粵屬福佬（潮州）、粵屬客家（嘉應州）〔註124〕。

林氏續曰：

> 清代臺灣史志中「客」所代表的人群意涵有兩種層次，即別於土著之客，及別於閩主而粵客。**其中別於閩主而粵客之「客」，其所代表的人群意涵，亦與後世所認知的客家不盡相同**。即使見諸於文獻中的「客」，有很大一部分就是後來我們認知的客家，但卻不應如此簡單地等同視之，**因爲清代臺灣史志中的「客」實含括了使用福佬方言的粵省潮州人**，**卻未包括**使用客方言的**閩省汀州府人**。

並續曰：

民之客家話比較──以楊梅鎮秀才窩與蘆竹鄉羊稠村爲例〉（桃園中壢：國立中央大學客家語文研究所，2008）。

〔註124〕林正慧，〈從客家族群之形塑看清代臺灣史志中之「客」──「客」之書寫與「客家」關係之探〉，頁48。不過，林正慧此語，仍須再精確定義，清代潮州府也有部分地區是客家人地區，如饒平縣北部、揭陽縣西部、惠來縣西北部、與大埔及豐順二縣（但今日，後二縣之改隸客家人爲主的梅州市，梅州市轄區前身即清代嘉應州），這些也當屬「粵屬客家」；又「粵屬客家」也不當僅指嘉應州，清代惠州府主要以海豐、陸豐二縣北方山區爲主，當地也有不少人移民來臺，今臺灣客家人稱此腔調客語爲「海陸腔」，故《1926年漢籍調查》資料，惠州籍別立一欄，多指此。

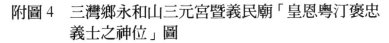

附圖4　三灣鄉永和山三元宮暨義民廟「皇恩粵汀褒忠
　　　　義士之神位」圖

資料來源：筆者訪談時自攝。

　　清代臺灣「客」與「非客」方言人群間的分類實情，由於與省籍界
線交錯，在追究上，或**應細緻到省級以下的州縣別或村鎮別的地域
意識中，才可區分出來**。往後對於清代臺灣漢人族群關係的相關研
究，若能避免逕以文獻上「客」之書寫等同於客家民系，及能跳脫
出「閩即福，粵即客」的迷思，應較能描繪出更貼近事實的歷史實
相及族群關係〔註125〕。

如上引林正慧文，可說相當清楚釐清了清代史料所述「客」與現在「客家」
的若干差異。簡言之，清代史料所述之「客」，多是指相對於閩省籍（主）之
外的粵省人士（客），而這便造成：一、已將事實上屬客家人的汀州籍人排除
在外，但學界人士使用史料時，仍當謹慎面對臺灣的汀州客家人問題；與二、

〔註125〕林正慧，〈從客家族群之形塑看清代臺灣史志中之「客」──「客」之書寫與
　　　　「客家」關係之探〉，頁50～51。

史料所見的「粤」或「客」，不盡然全指客家人，它可能包含了潮州府講各種潮汕腔的閩南語人。這些人在清代臺灣的泉、漳人眼中，同樣也歸類為「粤籍」而並非視同為「己族」，但實際上，他們因為操潮汕腔閩南語的語言事實，也未必能被在清代臺灣客家人眼中視為己族，於是可能造成一種被互相歸類的身分尷尬。針對這點，林氏也清楚說使用清代史料時，「或應細緻到省級以下的州縣別、或村鎮別的地域意識中，才可區分出來」〔註126〕，這是研究臺灣客家史時，相當值得注意的史觀方向。

又筆者曾針對 1926 年廣東潮州府籍漢人問題，在〈從 1926 年臺灣漢人籍貫調查資料看「臺灣客家傳統地域」〉一文中論述過，1926 年日本人對臺灣漢人祖籍調查時，還能記憶自己是「潮州籍」後裔的，可能多數是來自潮州籍的客家人後裔；其他潮州籍但講閩南語系的後裔，在清代治臺兩百年來至日本時代 1926 年為止，兩百多年間，很可能因為與漳泉人口音相近，故多半已遺忘自己身分是潮州人，而以為自己是福建省後裔〔註127〕。這些人在日本時代調查時，多數該都為日人記為福建省籍，因為早在 1905 年日本殖民政府準備對臺灣進行第一次國勢調查時（因日俄戰爭故沒實施，遲到 1920 年才真正實施），曾擬過以下準則：

問：元來廣東ノ種族ナリシモ福建種族ト雜婚シ年所ノ久シキ言語
　　風俗慣習等全然福建化シタルモノアリ此ノ種族ハ如何記入ス
　　ヘキヤ。

答：廣東人タル歷史ヲ有スルモ其ノ特徵存セス既ニ福建化シタル
　　モノハ之ヲ福建人トシテ調查スヘシ〔註128〕。

以下翻譯中文：

問：原來為「廣東種族」，然因與「福建種族」通婚，經年累月後，

〔註126〕林氏此語，當係指在觀察臺灣潮州人的族群問題時，應該精細到以縣市或鄉鎮或村里的空間單位，觀察臺灣不同地區的潮州後裔，尤其是「操各種潮汕腔閩南語」的族群，是否在臺灣的不同地區有不同的演變。亦即他們是否在某些地區是改變了身分認同，認為自己跟福建籍閩南人比較親近？又或是改為認同自己是客家人？筆者以為林氏此觀察角度，誠鞭策入裏。

〔註127〕張正田，〈從 1926 年臺灣漢人籍貫調查資料看「臺灣客家傳統地域」〉，頁 5.1～5.26。

〔註128〕〔日〕臺灣總督府臨時臺灣戶口調查部，《臨時臺灣戶口調查諸法規問答錄》（臺北：臺灣總督府臨時臺灣戶口調查部，國立臺灣大學總圖書館藏，無出版年代，但依書中內容判讀，很可能是 1905 下半年或 1906 左右），頁 58。

其語言、風俗、習慣等已經全然「福建化」的人，其「種族」
應如何記錄呢？

答：雖然他們也有廣東人的歷史，**然其特徵已不存在，既然已福建
化者，應將他們當作福建人來調查。**

由此可知，待 1920 年眞正做第一次國勢調查時該也準此，將已遺忘自己祖籍
爲廣東省、又已改操福建省漳、泉腔閩南語者，都記爲福建省籍人。源自廣
東省者當中，誰最可能遺忘自己源自祖籍？很可能就是潮州府「三陽之地」
原本操潮州腔閩南語者，他們只須轉換母語腔調，就很容易融入清代臺灣以
漳、泉人爲優勢族群的社會。這也就是爲何《1926 年漢籍調查》時，向爲清
代移民大鄉的潮州府，其在臺後裔人數，卻遠不如廣東省嘉應州裔與惠州府
裔那麼多之最重要因素之一〔註 129〕。也可依此反證《1926 年漢籍調查》中之
潮州府裔，很可能多數是還能操潮州各個客家腔調之潮州後裔，因他們當時
尚未忘記客家母語，所以日人才能將之計爲潮州府籍。故本文依筆者前引《臨
時臺灣戶口調查諸法規問答錄》文中分析觀點，將《1926 年漢籍調查》所調
查到的潮州裔資料，推論其等絕大多數是尚能操饒平或大埔腔客語的潮州
裔，也該記爲臺灣客家人。是故，《1926 年漢籍調查》中的廣東省東部嘉應、
惠州、潮州等三個府州漢人籍貫調查資料，概是藉此觀察清代臺灣客家人分
佈的最重要史料之一。又，該資料中的福建汀州客家人，基於歷史事實，也
該記入爲清代臺灣客家人之一種〔註 130〕。

是故，本文對清代臺灣的客家人稱呼，還是稱爲客家人，即因清代史料
中的「客」不能完全等於「客家」（如此會排除了汀州客家人），同樣「粵」也不
能完全代表「客家」（因爲會包含了潮州潮汕各腔福佬人），故仍統稱爲客家人。但
是，對枋寮義民廟祭祀圈中客家人，因爲該廟清代遺留史料中，仍常自稱爲
「粵人」，並強調「粵東」這符號，這或許是清代當地客家人，更排斥被閩南
人呼爲「客子」之蔑稱，所以採用「粵人」自稱。本文爲尊重該「竹」地區

〔註 129〕張正田，〈從 1926 年臺灣漢人籍貫調查資料看「臺灣客家傳統地域」〉，頁 5.1
～5.26。

〔註 130〕又筆者也認爲，今日臺灣客家人實當再包含來自閩南之詔安、平和等地來臺
之閩南客家人。但《1926 年漢籍調查》中，這些人都該被計入漳州府籍人數
中，因而無從釐清其與漳州閩南人的分別，故本文亦無法透過《1926 年漢籍
調查》資料，觀察清代「詔安客家人」的情況。又，清代臺灣的詔安客家人，
其到底是認同自己是客家人？還是認同自己是漳州人？目前可見之史料亦難
徵，本文亦不論之。

在清代時的客家歷史傳統，與相關研究成果〔註131〕，仍對該地區客家人，統稱爲「粵人」。

　　綜合以上，本文既然要從族群歷史地理的角度，檢視苗栗地區客、閩兩族群是否因歷史接觸不發達，導致本地區客家人不需要特別發展義民信仰來凸顯自己的客家人意識之假設，甚至原有客家意識歷經清代百餘年的苗栗開發史之後是否逐漸淡薄，就必須先從苗栗地區的族群歷史地理環境問題開始談起。這便是接下來第一、二章，開始考論「苗栗地區」族群歷史地理的故事。

〔註131〕羅烈師，〈臺灣客家之形成──以竹塹地區爲核心的觀察〉，頁 254～272。

第一章 「苗栗地區」的族群
分佈關係（上）

　　本章與下一章，主要是談「苗栗地區」的地理狀況與客閩、客原分佈，並將「苗栗地區」分為「清代中港堡區」、「後龍溪流域」〔註1〕、「西湖溪流域」等三個地區，而後龍溪流域又再分為「中下游」與「上游」兩地區詳論。故本章先談「清代中港堡區」與「後龍溪流域中下游」兩地區，至於「後龍溪流域上游」、「西湖溪流域」則待下章再談。首先談清代中港堡區的地理環境，與當地客家、閩南、原住民三族群的分佈。

第一節　清代中港堡區地理環境與族群分佈

　　竹苗一帶自然地形，多為臺灣的雪山山脈西側沖積扇，再經積年不斷受各條河川侵蝕，漸漸分割成數個不同的丘陵台地地形。數條河川隨著地勢蜿蜒穿梭其間，造成丘陵、山地與河谷東西向的平行排列，形成各種山川風貌〔註2〕。

〔註1〕清代時，後龍溪稱為「後壠溪」，其得名自今後龍（鎮），而本鎮在清代時稱為「後壠庄」。本文主述為清代，名稱使用上，實應與清代名稱相呼應，稱為「後壠溪」或「後壠庄」才對。但本文考量能與數年前學界進行的「四溪計畫」做學術上之相對話起見，也以今稱「後龍溪流域」為主要用法。所以本文仍統稱為後龍溪、後龍（鎮）。故除非特殊狀況，譬如須強調清代時的後壠溪或後壠庄時，要用古稱「後壠」外，本文大多統用今稱「後龍」一詞，以下皆同。

〔註2〕黃鼎松（主編）、賴典章・劉國賢（等編），《重修苗栗縣志・卷二・自然地理

清代中港堡區，隸屬淡水廳與後來新竹縣，直到光緒朝新設苗栗縣時，本區仍屬新竹縣轄之竹南一堡地。戰後民國 39 年(1950)時方屬今苗栗縣管轄。中港溪自上游往下，蜿蜒流過今南庄、三灣、頭份、竹南等四鄉鎮，除竹南外，另三鄉鎮多屬客家庄。

一、清代中港堡區地理環境

中港溪發源於南庄鄉鹿場大山北麓，至竹南鎮中港附近入海，全長約五十四公里。中港溪發源處共分兩支，一為源自南庄鄉鹿場大山，稱為鹿湖溪；另一發源處為源自南庄鄉加里山北麓之風美溪，雙雙北流，會合於鹿場臺地西緣，便稱為大東溪。大東溪北流，經東河村聚落後轉西流，再經南庄市街後，與源自南側八卦力山的南河會合，故自南庄以下此段始稱中港溪。後再蜿蜒西行至三灣鄉水頭屋附近，與源自新竹縣大隘地區的峨眉溪會合後，再蜿蜒西流，至造橋鄉與竹南鎮交界處再會合南側的南港溪，再西流於竹南中港注入臺灣海峽〔註3〕。

清代中港堡區，南北各有丘陵與山地為天然區域界線，分別與苗栗縣後龍溪流域、新竹縣市為界。北界之丘陵與山地，其形勢大致西起尖筆山（標高 102.45 公尺），東經著名的佛教聖地獅頭山（標高 492 公尺）、最東至鹿場大山（標高 2,616 公尺）附近等山群為一線丘陵與山地，本文稱此山系為「獅頭山系」〔註4〕。清代時，「獅頭山系」即為竹南一堡和竹塹堡（又稱竹北一堡）之天然界線〔註5〕。

本區南界、除西側竹南境內以中港溪為界外，至中港溪南側的南港溪起，多以南港溪為界，而南港溪就是切割造橋鄉丘陵地的一小河流，越往南港溪上流，丘陵的山勢也越陡峭，便是山地地形。本南側之丘陵東延至三灣鄉南

志》（苗栗：苗栗縣政府，2007），頁 5。

〔註 3〕 參考「內政部臺灣行政區域圖」網站，網址：http://taiwanarmap.moi.gov.tw/moi/
run.htm，擷取時間，2010/03/02；與黃鼎松（主編）、賴典章・劉國賢（等編），
《重修苗栗縣志・卷二・自然地理志》，頁 32〜33；再參考戶外生活出版社地
理臺灣資訊庫，《桃竹苗全覽百科地圖》（臺北：戶外生活出版社，2005）而
改寫。

〔註 4〕 參考「內政部臺灣行政區域圖」網站，網址：http://taiwanarmap.moi.gov.tw/moi/
run.htm，擷取時間，2010/03/02；與黃鼎松（主編）、賴典章・劉國賢（等編），
《重修苗栗縣志・卷二・自然地理志》，頁 1〜26 而改寫。

〔註 5〕 可參閱〔清〕陳朝龍，《新竹縣采訪冊》，卷一，〈竹塹堡總括〉與〈竹南堡總
括〉，頁 5〜7。

境，則有神桌山（標高792公尺），山勢再往東亦可延伸至鹿場大山〔註6〕。

由於本流域區山南北界，都有兩條東西向的丘陵與山地為天然界線，使中間的東西向中港溪切割河谷地形，其實也成為一相對獨立的次地理區域。但本區有下列四處為主要對外交通口處：一、北界「獅頭山系」的近海附近丘陵低凹處沿海邊狹長平原；二、北向經峨眉溪，可與「大隘地區」交通處；與三、南向經今造橋鄉附近丘陵地；以及四、南向往南北向之獅潭峽谷地，可往大湖汶水地區。

中港溪的上游地形，約在清代田尾庄（今南庄鄉田美村）往上游，就是由中港溪切割苗栗的關刀山脈以東山群，所形成的峽谷地形，越往上游越是山地地形，地勢也越是陡峭。至南庄，連切割峽谷低凹處都已均達海拔兩百公尺。南庄再往上游，即前述的東西向的大東河、與南北向的南河，也都是屬於河谷切割的峽谷地形〔註7〕，皆較不適於傳統農耕，但卻適合樟木生長。在清代，這裡幾乎是一大片樟樹林。而1869年由美國人John Wesley Hyatt發明出新材質賽璐璐（Celluloid），其原料即為樟腦及纖維素，可大量用於製作燈飾、梳子、玩具、筆盒等各種器具，乃至製作相機的底片，故樟腦為當時富有利潤之天然物資。此外，當時的樟腦亦是重要的醫藥原料，可提煉許多藥用品〔註8〕。是故當時這些樟樹林也成了中外人士眼中令人眼紅的大財富，也促使清代漢人、特別是客家人往內山開墾的最大拉力。

中港溪流域地質主要由中新世早期至晚期之厚層砂岩與砂頁層組成，但因本區岩層曾經受劇烈的構造運動影響，以致本區甚多摺皺地形與斷層。又因本區軟硬砂岩相間雜，河階台地地形越往西側越發達。又再經中港溪諸主、支流的沖刷，在本溪中游附近其間所形成的小盆地，頗益於農耕。在清代至日本時代，這些溪側小盆地，便成為頭份（清代稱頭分）市街以東諸小城鎮村

〔註6〕 參考「內政部臺灣行政區域圖」網站，網址：http://taiwanarmap.moi.gov.tw/moi/run.htm，擷取時間，2010/03/02改寫。

〔註7〕 本段參考黃鼎松（主編）、賴典章‧劉國賢（等編），《重修苗栗縣志‧卷二‧自然地理志》，頁11，〈南庄鄉〉；與梁召明（主持）‧陳運棟（總編纂），《三灣鄉志》（苗栗：三灣鄉公所，2005），頁172～180；與參考「內政部臺灣行政區域圖」網站，網址：http://taiwanarmap.moi.gov.tw/moi/run.htm，擷取時間，2010/03/02改寫。

〔註8〕 臺灣銀行經濟研究室（編），《臺灣之樟腦》（臺北：臺灣銀行經濟研究室，1952），頁27、28；〔日〕日本樟腦協會（編），《樟腦專賣史》（東京：日本專賣公社，1956），頁414～419；與廖英杰，〈日治時期客家人移民宜蘭的歷史背景〉，《宜蘭文獻雜誌》，71/72，2005.06，頁91～111。

落所在，如三灣、斗換坪、南庄等皆是。約自今頭份市街附近以西，便是中港溪下游沉積而成的竹南平原，地勢相對更平坦〔註9〕，較之中游更適合於農耕，清代晚期便形成中港街（閩庄）、頭分街（客庄）、田寮庄（客庄）等較大市街。其中的中港，早在清初康熙36年（1697）郁永河來臺時代，便已有記載原住民部落中港社〔註10〕。

二、清代中港堡區的客閩、客原族群關係

苗栗縣中港溪流域，也因下游諸街庄皆分佈於竹南平原上，客閩兩族群錯雜其間，大致以三角店（閩庄、今竹南市區）、田寮庄（客庄、今頭份鎮田寮里）為界，閩庄多偏西、客庄多偏東，彼此無自然山勢阻隔，故清代時本區客閩間族群關係亦相對緊張。本區最有名閩客械鬥事件〔註11〕，屬道光6年（1826）時爆發的大衝突。清代《彰化縣志・雜識志・兵燹》載：

> 先是（彰化縣）東螺保睦宜莊賊匪（閩籍）李通等，因竊（粵籍）黃文潤豬隻起釁，互相鬥狠。自是各處匪徒，乘機散布謠言，謂是閩、粵分類。莊民聞風蠢動，各處搬徙。匪徒乘勢，糾黨劫掠，集眾焚殺。……沿至大甲溪以北，淡屬閩、粵，亦皆分類焚殺〔註12〕。

又《福建通志臺灣府・雜錄・外紀・道光六年》載：

> 時臺民苦三灣「番割」為患，「番割」乃漢奸，能通番語、與生番貿易、入內山娶番婦者。有黃斗乃、黃武二、鄒阿壬、徐阿來、溫阿螯等盤踞三灣，為著名番割，往往散髮改裝，帶引生番，潛出劫掠。（閩浙總督孫）爾準密授機宜，令總兵陳化成、遊擊謝朝恩、謝建雍等分路而入。匪徒竄匿後山，峭壁懸崖，趾不容寸。將領等攀葛附籐而上，生擒黃斗乃、黃武二等二十餘人，置之法，臺人大快〔註13〕。

〔註9〕 黃鼎松（主編）、賴典章・劉國賢（等編），《重修苗栗縣志・卷二・自然地理志》，頁276～277。

〔註10〕 〔清〕郁永河，《裨海紀遊》（臺北：臺灣銀行經濟研究室・臺灣文獻叢刊第44種，1959），〈卷中〉，頁22：「二十五日……至中港社，午餐」。

〔註11〕 對於客閩兩族群械鬥歷史，學界一般習稱「閩客械鬥」，本文採用之。但因本文主要論述主角是清代臺灣客家，故論述二族群關係時，本文仍使用「客閩（族群）關係」、「客閩二族群」等用語。

〔註12〕 〔清〕周璽（主修），《彰化縣志》（南投：臺灣省文獻會，1999），卷十一，〈雜識志・兵燹〉，頁383。

〔註13〕 〔清〕陳壽祺（纂）・（戰後）臺灣銀行經濟研究室（編輯），《福建通志臺灣

　　由上二引文概知，清代彰化縣東螺堡有閩籍李通，因偷了粵籍黃文潤的豬隻而相互生仇恨，客閩兩族群各呼幫引派大械鬥，「集眾焚殺」，一時間兩族群恩怨蔓延所及，連當時淡水廳境都不可免。當時淡水廳境內的三灣（今苗栗縣三灣鄉），有粵籍人黃斗乃（又名黃祈英）等，與內山山地原住民（生番）交情良好，時謂黃斗乃等為「番割」，也藉機向閩籍人士「侵略」，最後竟勞動閩浙總督孫爾準渡海派兵剿滅。當時官軍攻略激戰之地，大致便在中港溪中上游區（今三灣、南庄兩鄉一帶），因前述上游區地勢峽谷地形之險略，高山與峽谷雜錯，「峭壁懸崖，趾不容寸」，加上本地山地原住民也助客家人，清朝當時是發動大兵「攀葛附籐」翻越山嶺，才能平定〔註14〕。

　　但依李文良研究指出，清代臺灣方志史料等文本之書寫，多操於閩籍人之手，故對粵籍人多有汙衊貶抑之處〔註15〕。又據大湖口羅景輝家中所藏有關當時閩粵械鬥的一份古文書中，卻反應出當時閩粵械鬥，是粵人受閩族壓迫所致〔註16〕，於是形成客閩兩族群，對一場械鬥、各自表述的現象。茲引這份由當時粵籍人羅華五主筆之古文書史料如下（以下簡稱〈羅華五文書〉〔註17〕）：

　　　　為懇懸日月以照全淡粵冤事，切冤非訴而不明……四月間，嘉、彰兩邑賊匪焚搶粵庄，聲言滅粵，煽及淡境。中港街（閩庄）頭人王大令……等，遂通上下匪黨，起「漳泉兄弟」旗號，子五月初五、初六、初七，疊攻打中港田寮粵庄三日……為時田寮人危在旦夕，自揣必亡。九日（閩人）又復來攻……此實勢不兩立，非粵人故為好勇而鬥狠也。十二日，淡北以上，漳、泉蜂然而起，數日之間攻破粵人七十余庄，被殺不計其數，所存新埔、九芎林〔註18〕堵禦而已。

〔註14〕黃斗乃（祈英）事件相關討論甚多，如前章所引胡家瑜‧林欣宜，〈南庄地區開發與賽夏族群邊界問題的再檢視〉，頁177～214。陳運棟，〈黃祈英與黃南球〉，頁73～104。林欣宜，〈樟腦產業下的地方與國家——以南庄地區為例〉等文。

〔註15〕李文良，〈清初臺灣方志的「客家」書寫與社會相〉，頁141～168。

〔註16〕根據黃榮洛氏考定，這份古文書應是反應這場道光6年的閩客械鬥事。詳黃榮洛，〈有關清代閩粵械鬥的一件民間古文書〉，《臺灣風物》，44：4（臺北），1990.12，頁139～143。本文採黃氏之觀點。

〔註17〕據黃榮洛先生前引文語、與筆者對黃先生口述時，其對筆者說法，羅華五為羅景輝的曾祖，亦為羅烈師之高祖父。

〔註18〕今新竹縣新埔、芎林兩鄉鎮。

而閩人反報地方官：「粤人有患窺伺塹城之意。」受屈何如也！
該文續曰：

> 吞宵一帶一十三庄，原係粤人被閩人所殺，今讀鈞示，謂粤人焚
> 殺閩人，任（閩人）誣秉之情，尤爲冤抑。……似此通淡滋擾，俱
> 係漳泉起事，而粤人實不得已而禦之者。……細查其故，通都大
> 邑盡屬閩人所居，列憲駐札多在其間，其所焚之粤庄（爲閩人）指
> 爲閩庄。……任從（閩人）誣訴，（粤人）難爲辯白。而粤人僻處山
> 隅，途路爲（閩人）其阻絕，（粤人）欲告一紙，誠不啻上天之難。
> 且衙役兵弁，閩人十居六七，爲之調停，其間雖如日月之明蔽于
> 雲霧，莫大之冤屈，覆以烏盆有由來矣。欣逢　制憲大人旌節遙
> 臨，明並日月，一視同仁……苟全粤之冤可白之時，雖死無恨，
> 泣血上叩〔註19〕。

由引文可知，〈羅華五文書〉是當時大湖口的羅華五，向當時清官府「制憲大
人」控訴在道光 6 年閩粤械鬥中，粤人盡被閩人所誣巇栽贓事。引文中所謂
「制憲」即「總督」的別稱，當時閩浙總督即孫爾準。這封文書可能是當羅
華五公聽聞孫爾準準備渡海親臨臺灣之際，希望能呈給前述孫爾準，寄望他
能「明並日月」，對臺灣的閩、粤兩族能「一視同仁」，能「全」粤人之在這
場械鬥下所受不明之冤。孫爾準渡臺後採用以下辦法：

> 乃用閩人捕閩、粤人捕粤法，化其分類之見，舉報義首，令將匪犯
> 自行縛送。及秋，亂平〔註20〕。

這顯示孫爾準以閩、粤各庄，各舉義首，各行拘捕自己庄內匪犯的方式，到
秋季才平亂。但是孫爾準最後「平亂」的最大鎖定目標，卻仍指粤籍的黃斗
乃勢力爲要犯，認定他勾結山地原住民、又膽敢自行「散髮」，是犯了當時
清廷政治上的大忌，故出大兵補之。不過究竟是「哪些人」告訴孫爾準說黃
斗乃有「散髮」這種「政治性大逆不道行爲」？又爲什麼孫爾準最後仍會「鎖
定」了「粤籍黃斗乃」勢力是罪魁禍首？因非關本文探討主旨，暫不予討論。

不過由〈羅華五文書〉可見臺灣粤人在孫爾準來臺前，對官方處理這場
械鬥立場的認知是感受冤屈的，即引文中所謂：「通都大邑盡屬閩人所居，

〔註19〕轉引自黃榮洛，〈有關清代閩粤械鬥的一件民間古文書〉，頁 141～143。以下
皆同。
〔註20〕〔清〕丁紹儀，《東瀛識略》（臺北：臺灣銀行經濟研究室‧臺灣文獻叢刊第 2
種，1957），卷七，〈兵燹志〉，頁 91。

列憲駐札多在其間」、「任從（閩人）誆訴，（粵人）難爲辯白」,「而粵人僻處
山隅，途路爲其（閩人）阻絕，（粵人）欲告一紙，誠不啻上天之難」、而且臺
灣衙門的役兵，「閩人十居六七」，阻梗其間，所以事件發生時，粵人往往受
到冤屈而未能申訴，因爲申訴也可能會被閩人佔多數衙役給擋住，實情可能
無法上達。〈羅華五文書〉中說，該年四月間，閩庄中港街頭人王大令等人，
帶頭先攻客庄，發起「漳泉兄弟」旗號，並於五月初大規模攻打內山客庄，
而中港堡之田寮庄（現頭份鎮田寮里）〔註21〕，即是最靠近中港街的客庄之一，
首遭其難，使得清代臺灣客家人不得不自衛反抗。然這種自衛反抗，卻反被
閩南人向官府汙指爲「粵人有患窺伺塹城之意」，冤屈更是難伸。又吞霄堡
（竹南三堡）境內十三個客庄本是被閩人所攻殺，也被閩人反過來誣指那些
是客家人所燒殺。可能因此，三灣黃斗乃等人，基於族群情感因素，不但動
員麾下群眾幫助己族自衛，也聯合熟識的山地原住民一起出兵反攻閩庄中港
街。但在官府眼中，這樣是事情越鬧越大，加上「任從（閩人）誆訴，（粵人）
難爲辯白。而粵人僻處山隅，途路爲（閩人）其阻絕」，且「（粵人）欲告一紙，
誠不啻上天之難。且衙役兵弁，閩人十居六七，爲之調停」。於是官府可能
因此被「閩人衙役」蒙蔽，故現存多數官方史料，對當時這場閩粵械鬥，都
直指粵人黃斗乃等「番割」竟敢散髮又勾結生番，誠是罪魁禍首。又或也許
因爲多數方志與官方史料多書於閩人之手，故〈羅華五文書〉所反映的「粵
人觀點」就被忽視了，現存多數官方史料也未見引述〈羅華五文書〉相關觀
點過。不過，三灣粵人黃斗乃的復仇行動確實也震驚當局，使清廷指派「閩
浙總督」這等方面大員，渡海親征黃斗乃勢力。而前引《福建通志臺灣府‧
雜錄‧外紀‧道光六年》條，也很情緒化地將官方平定粵人黃斗乃的黨羽事
件，書寫爲「臺人大快」。

　　本節暫將這場閩客械鬥的歷史過程，與各方論述史料，分述於以上，但
限於本文主旨與篇幅，暫不可能於此盡論該場械鬥其中是非眞相，但可藉此
看出中港溪下游的清代竹南平原，在空間上的客閩兩族族群矛盾。竹南平原
概今頭份、竹南兩鎮之地，面積不大，客閩兩族群居於其間，爲爭奪有限的
空間生存資源，諸如中港溪各主支流的農耕用水權，以及爭奪上游內山地區
豐富的樟腦資源，於是清代中港堡域區，客、閩兩族群矛盾甚大。這非僅道

〔註21〕清代史料說到今頭份鎮田寮地區時，常書爲「中港田寮」，這是指當時清代中
　　　　港堡之田寮庄，並非同時指中港街與田寮庄二街庄。詳見張正田，〈由清代《苗
　　　　栗縣志》看清末「苗栗堡」人的族群感與空間感〉，頁332。

光 6 年時發生這場劇烈的閩客械鬥，日後道光 13 年張丙案與咸豐 4 年（1854）時，本區也同樣數次閩客械鬥。上述諸次還是清代本區較大型且留於史載的械鬥，可見本區客閩關係之緊張。

附圖 1-1　中港溪下游中港街、田寮庄、頭份街地理位置圖

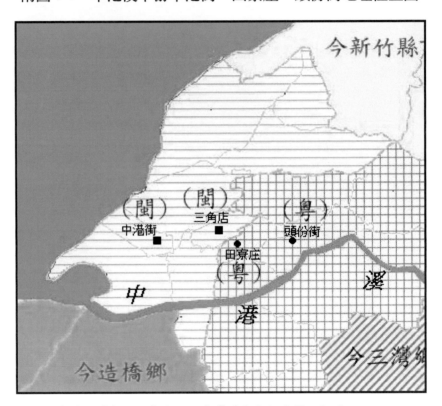

說明：1. 本圖依「中央研究院 GIS 臺灣歷史文化地圖」網站，
　　　　網址：http://thcts.ascc.net/kernel_ch.htm 擷取，再由筆者所轉製。
　　　2. 圖中橫線區為今竹南鎮轄區、方格區為今頭份鎮轄區。
　　　3. 圖中正方形標誌為中港溪下游重要閩庄、圓形標誌為重要粵庄（客庄）。

　　相對於客閩關係，本區的客原族群關係〔註 22〕矛盾較小。由上引黃斗乃事件來看，本區客族往往跟山地原住民（以賽夏族為主）採相互利用合作的立場略可觀之。又據伊能嘉矩田野調查所得，本區山地原住民族早在道光 6 年（1826）時，就接受漢人官方賜漢姓〔註 23〕，相對於「竹苗地區」其他地區、乃至整

────────────

〔註22〕此處主要指客家族群相對於山地原住民族（生番）間的族群關係。
〔註23〕〔日〕伊能嘉矩，《臺灣蕃政志》（臺北：臺灣總督府民政部殖產局，1904），

個桃竹苗地區的「山地原住民」而言，實頗具特殊性〔註24〕。依日本時代調查，他們接受清代官方賜以下漢姓：豆（趙）、朱、風（鄭、楓、東）、高、潘、錢、根、樟（章）、夏、蟹（解）、日、絲、苟、狐（胡）、蟬（詹）、獅、血、膜等諸姓。然據學者調查，現賽夏族中，獅、血、膜三姓已無後裔〔註25〕。又光緒朝時的南庄日阿拐，據說原本也是漢人，其幼時爲當地賽夏族頭目收養而具有原住民身分，成長後，爲南庄地區一帶大勢力，常領導族內原住民與中下游區的客家族群合作。關於清代中港堡區客原關係，據林欣宜研究分析，本區客原關係是「客家人與原住民合作，排斥閩南人士」，是「客家人在鞏固自己利益的前提下，強化了客家人與原住民的結盟〔註26〕。」雖林氏文主要是論述清代南庄地區的客原關係，但實則這包含了清代中港溪中上游區（三灣與南庄二鄉）的客原兩族群互動關係，故本文認同林氏觀點。

二、清代中港堡區的客閩分佈

由前小節所述，可知本區客閩關係頗緊張，若將客閩兩族群分佈空間視爲兩板塊互相「運動」的歷史過程，在屢次的大小械鬥中，兩大板塊因爲彼此互動競合形塑，確立了日後本區客閩分佈的空間界限。本小節以《1926 年漢籍調查》資料〔註27〕，對當時清代中港堡區各街庄（約當今之鄉鎮）政區層級空間的客閩分佈狀況做一考察；再依據大正 14 年（1925）《新竹州第五統計書》，依「大字」做細部的修正。按《新竹州統計書》有許多冊，有最早有大正 10 年之《新竹州第一統計書》，到最晚的昭和 14 年之《新竹州第十九統計

〔註24〕 頁 558～559。
〔註24〕 陳運棟（譯），〈賽夏族的起源〉，收入張瑞恭・陳運棟，《賽夏史話——矮靈祭》（桃園：華夏書坊，2000），頁 40。林欣宜，〈樟腦產業下的地方與國家———以南庄地區爲例〉，頁 47。
〔註25〕 林修澈，《賽夏族的名制》（臺北：唐山出版社，1997），頁 18～19，轉引自林欣宜，〈樟腦產業下的地方與國家——以南庄地區爲例〉，頁 47。又各姓氏之「（X）」，即「又姓」者，依「臺灣原住民族歷史語言文化大辭典網路版」網站，擷取網址：http://citing.hohayan.net.tw/citing_content.asp?id=2488&keyword=%A9m%A4%F3，擷取時間：2010/8/24，所增補。
〔註26〕 林欣宜，〈樟腦產業下的地方與國家——以南庄地區爲例〉，頁 54～55。
〔註27〕 〔日〕臺灣總督官房調查課（編），《臺灣在籍漢民族鄉貫別調查》。又有陳漢光根據前引史料的中譯文改寫本，詳陳漢光，〈日據時期臺灣漢族祖籍調查〉，頁 85～104。以下以《1926 年漢籍調查》爲準，至於陳漢文之本，已非原始史料，傳抄或有錯誤（筆者便發現該本的「潮州郡高樹鄉」項目，數字便抄錯，其將該鄉之「嘉應州籍」人數，由原本的 3,700 人，錯抄成 12,700 人），僅能供參考。

書》。本章取用《新竹州第五統計書》爲基準資料，主要原因是其年份與《1926
年漢籍調查》時間最接近，以便相佐證用之。

在使用《1926 年漢籍調查》與《新竹州第五統計書》時，當注意以下：

一、《1926 年漢籍調查》以日本時代街庄爲空間單位，對漢人籍貫調查精
細到府州級，故凡廣東籍的嘉應州、潮州府、惠州府三欄人數，可計入臺灣
客家人數；又福建省汀州府欄人數，也當計入臺灣客家人。二、《新竹州第五
統計書》雖精細到以大字爲空間，但其統計州內各大字內漢人的籍貫，卻以
省級單位的福建、廣東兩省做區別，其空間區分雖比《1926 年漢籍調查》精
細，但籍貫區分卻不如《1926 年漢籍調查》詳細。故《新竹州第五統計書》
中的閩、粵兩籍人數，因其將汀州籍客家人也計入閩籍，故判讀此資料時要
謹慎，尤其在客、閩兩庄交接地附近大字，或被客庄各大字包圍中的一、二
大字內，竟出現閩籍比粵籍多時，都不一定表示的當地閩籍人就必是操閩南
語的人，也可能是汀州客家人散居住於附近客庄，卻被記爲閩籍。

茲先將《1926 年漢籍調查》中竹南、頭分、三灣、南庄等四街庄客閩分
佈空間列如下表：

表 1-1　1926 年「清代中港堡區」各街庄客家人口比例表

1926 年街庄名／今（鄉鎮名）	本文所估 1926 年臺灣客家人所佔比例（%）〔註28〕	1926 年在臺廣東籍漢人所佔比例（%）
竹南庄／（竹南鎮）	3.60	3.60
頭分庄／（頭份鎮）	86.23	83.83
三灣庄／（三灣鄉）	100.00	100.00
南　庄／（南庄鄉）	98.94	98.94

資料來源：《1926 年漢籍調查》，頁 14～15。

由上表可知，中港溪下游（竹南平原）西側的竹南庄爲閩南人爲主之庄，
中港溪下游東側的頭分庄，與偏中游之三灣庄、偏上游之南庄，都爲客家人
爲主之庄，客、閩分佈是閩於西；客於東。

再將《新竹州第五統計書》的粵、閩籍貫資料，依大字別作表如下：

〔註28〕即「廣東籍」加上「汀州籍」總人數。

表 1-2　1925 年「清代中港堡區」各大字廣東籍人口比例表

今鄉鎮名	1925 年大字名	在臺廣東籍人數	「臺灣人人口」數〔註29〕	在臺廣東籍人所佔比例（%）〔註30〕
竹南鎮	竹南	238	1,238	*19.22*
	中港	16	4,047	*0.49*
	公館子	53	448	*11.83*
	海口	3	1,811	*0.17*
	崎頂	26	847	*3.07*
	營盤邊	8	2,057	*0.39*
	大埔	148	1,555	*9.52*
	口公館	45	421	*10.69*
	鹽館前	19	1,251	*1.52*
頭份鎮	頭分	2,946	3,615	81.49
	田寮	1,528	1,662	91.94
	蟠桃	1,931	1,993	96.89
	興隆	1,074	1,328	80.87
	斗換坪	1,064	1,243	85.60
	珊珠湖	1,512	1,592	94.97
	尖山下	1,380	1,748	78.95
	濫坑	882	940	93.83
	東興	1,702	1,719	99.01
	蘆竹湳	170	973	*17.47*
	（頭分）（1921）〔註31〕	（2,649）	（2,870）	（92.30）
	（土牛）（1921）	（31）	（550）	（5.64）

〔註29〕原《新竹州第五統計書・現住人口》表中「現住人口數」，是「內地人（日本人）」＋「本島人（福建＋廣東＋其他漢人＋生蕃＋熟蕃）」＋「朝鮮人」＋「外國人（支那人（中國大陸人）＋支那以外外國人）」。現本表將「福建」＋「廣東」＋「生、熟蕃」＋「支那人」＝「臺灣人人口」數，故不計內地人、朝鮮人、與其他外國人。

〔註30〕本欄數字，廣東籍人數少於 50%者（即福建籍多於 50%者），以斜體字表之，以便區別。又，不能排除有汀州籍客家人被記為福建籍的可能性。

〔註31〕因 1921 年時頭分庄尚有「土牛」大字，其在 1926 年《新竹州第五統計書》中已見被併入「頭分」大字。然依頭份義民廟服務數十年之耆老連紅總幹事說法：今頭份義民祭祀圈含今頭份鎮各里，但唯有土牛里與蘆竹里例外，因為此二里本就是 Hoklo 庄，當地 Hoklo 人向來不拜義民爺，故此兩里不在頭份義民廟祭祀圈內。是故本欄依《新竹州第一統計書》，頁 42～43，加列 1921 年時「土牛」大字與「頭分」大字相關資料，以觀察日本時代土牛的在臺廣東籍人與閩南籍人各自所佔比例。

三灣鄉	三灣	1,162	1,174	98.98
	北埔	444	451	98.45
	崁頂寮	692	713	97.05
	銅鑼圈	575	591	97.29
	內灣	787	805	97.76
	下坪林	365	365	100.00
	大河底	1,619	1,663	97.35
	永和山	1,273	1,280	99.45
	大坪林	755	771	97.92
南庄鄉	員林	1,155	1,182	97.72
	大南埔	644	656	98.17
	四灣	1,181	1,195	98.83
	田尾	1,665	1,712	97.25
	南庄	1,546	1,726	89.57
	北獅里興	3,178	3,715	85.55

資料來源：《新竹州第五統計書》，〈戶口‧現住人口〉，頁42～43。

　　再將「表3-2」之廣東人比例，置於頭分與竹南兩庄的「大字空間地圖」上，以觀閩、粵兩籍人空間分佈（見「附圖1-2」），並以黑色粗線，標出將閩、粵兩籍按大字空間之分佈界線。

　　由上表可知，客、閩分佈空間，概同於頭分、竹南兩庄之行政界線，但有唯二例外，一是1925年頭分庄「蘆竹湳」大字，即今頭份鎮蘆竹里，1925年時其福建籍人數遠多於廣東籍，粵籍人僅佔17.54%，此大字恰在頭分、竹南兩庄之界線邊緣；另一則是1921年的頭分庄「土牛」大字，即今頭份鎮土牛里，1921年時其福建籍人數也遠多於廣東籍，粵籍人僅佔5.64%，且本大字是唯一被頭份地區眾粵庄包圍的閩庄。由上表來看，「蘆竹湳」、「土牛」是整個頭分庄唯二閩籍比粵籍人比例多許多倍的大字，「蘆竹湳」之「閩粵比」為4.7：1；「土牛」之「閩粵比」高達16.74：1。

　　此外，由《新竹州第五統計書》資料，來看清代中港堡區的日本時代四街庄中各大字粵籍人比率分佈狀況，可發現：

附圖 1-2　頭分、竹南兩庄各大字閩粵籍比例分佈空間圖

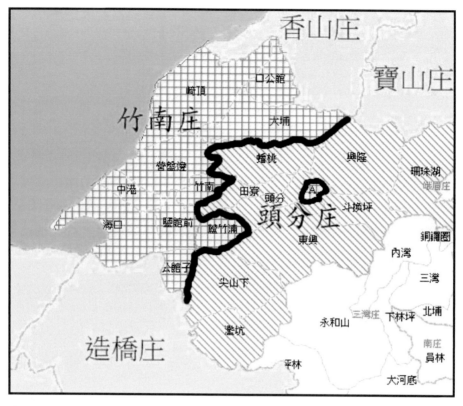

說明：1. 同「附圖 1-1」說明之第 1 點。

　　　2.「A」處為 1921 年土牛大字。

　　　3. 三灣、南庄各大字之廣東籍比例皆大於 80%，其分佈圖茲省略。

　　　一、除三灣庄外，「街庄役場所在地之大字」的閩粵比例，是較庄內其他大字相對接近些。譬如竹南庄役場所在的「竹南」大字（大正 9 年（1920）前稱「三角店」）〔註32〕，廣東籍比率已佔 19.22%，有粵人 238 人，是全竹南庄中最高者；頭分庄役場所在的「頭分」大字，廣東籍比率是 81.49%，有閩籍人 660 人。這似乎顯示中港溪下游竹南平原兩街庄所在大字，都是該街庄集中工商貿易之優勢區，可能因此吸引其他族群的人來移居。不過，在 1921 年「頭分」大字時尚未合併「土牛」大字前，其廣東籍比率也高達 92.3%。同樣在南庄役場所在的「南庄」大字，雖粵籍人比率也高達 89.57%，但卻是庄內僅次於「北獅里興」大字第二最低者，同樣也有閩籍 161 人雜居其間，或也因此

〔註32〕臺灣省苗栗縣文獻委員會，《（戰後初）苗栗縣志》，卷一，〈地理志〉，頁 77。

現象使然。

二、除上點之外，其餘客閩比例相對接近些之大字，大都在頭分、竹南兩庄交界附近。若以各大字最優勢族群所佔比率小於 90% 者，有頭分庄的「興隆（粵 80.87%）」、「尖山下（粵 78.95%）」、「斗換坪（粵 85.60%）」、與前已述閩籍較多的「蘆竹湳」。「興隆」和「尖山下」，都是在頭分、竹南兩庄交界附近。唯一例外的是「斗換坪」，其偏進東側內陸，卻閩籍比率略高，懷疑是：（一）、「斗換坪」中可能雜居了若干汀州客家人〔註33〕，使閩籍比例拉高；此外是（二）、「斗換坪」鄰近以閩人為主的「土牛」，或可能有若干「土牛」閩籍人雜居「斗換坪」，也會降低「斗換坪」粵人比率。至於竹南庄則有「公館子（粵 11.83%、即閩 88.17%）」、「口公館（粵 10.69%、即閩 89.31%）」。「公館子」也確實在兩庄交界附近，符合觀察結果。但「口公館」則貌似偏西側，似非在兩庄交界處，實則觀之竹南庄「大埔」大字，其廣東籍比例雖未達 10%〔註34〕，然廣東籍人數也達 148 人之多，為竹南庄內粵籍人數第二多之大字，所以可將「口公館」、「大埔」整區，都視為竹南與頭分接鄰邊緣地區，故仍以閩庄為主，但雜居一定比率的粵籍人。

三、由大字看竹南平原客閩分佈空間，大致可謂涇渭分明。「附圖 1-2」圖中竹南庄與頭分庄交界附近的粗黑線，除 1921 年的「土牛」大字是個孤立於客庄中之「閩庄島」外，可見該粗黑線明顯隔開客閩兩庄之分佈。其中「蘆

〔註33〕筆者在林吉銘「漂泊之格」部落格，發現該部落格主林吉銘氏在其部落格上，刊登自己本出身於斗煥坪牛欄湖，也是汀州永定縣客家後裔，見林吉銘氏所貼，〈永邑祖考茂前公裔孫河應暨和麟公派下系文〉載：「（我林氏）祖籍福建省汀州府永定縣金豐里奧杳村山下。」，引自「漂泊之格」部落格，擷取網址：http://tw.myblog.yahoo.com/fish-toro/article?mid=14&next=12&l=f&fid=8，擷取時間：2009/8/5。但此一家族個案尚不足以討論整個斗煥坪，到底有多少汀州客家後裔，茲注於此，僅供參考，並待學界日後更進一步做田調挖掘。又「林吉銘」為筆者與其以 email 聯絡時，其所署之名。又今頭份、三灣一帶該有不少汀州客家後裔，清代這附近的汀州人，也當與附近廣東人一起合作以義民身分出征，否則三灣鄉永和山「三元宮暨褒忠祠」一廟中，其義民爺牌位，就不會特別書為「皇恩粵汀褒忠義士之神位」，該廟者老廖仁接先生也不會特別跟筆者強調此特殊之處，該是明證。但《1926 年漢籍調查》中竟記載三灣庄 100% 都是粵籍人而無閩籍人，這至少與筆者在三灣鄉永和山田調結果有若干出入，疑《1926 年漢籍調查》資料有誤。《1926 年漢籍調查》資料，也有羅烈師氏懷疑過其中的中壢庄調查資料有問題，詳羅烈師，〈臺灣客家之形成：以竹塹地區為核心的觀察〉，頁 63。

〔註34〕但「大埔」大字之廣東籍比率也近達 9.52%。

竹湳」大字的地理位置，往東伸入頭分、田寮附近整片客庄中，狀似突兀。
可能因此，1921 年時「蘆竹湳」大字仍被日本殖民政府併入以客家人爲主的
頭分庄，而非劃到以閩人爲主的竹南庄。竹南平原中各大字內最高族群在該
大字內所佔的比率，幾乎都各達 80%以上。顯示竹南平原中，除土牛庄這個
「閩庄島」外，客閩兩族群板塊，在 1925 年時分野很明顯。又 1921 年「土
牛」大字人口僅 550 人，是全頭分庄人口最少者，可能因人口太少，因此後
被併到「頭分」大字，也使 1925 年的「頭分」大字之廣東人比率降低到 81.49%。

　　四、在南庄的六個大字中，山地原住民（「生蕃」）比率偏高的，就是最西
側偏山區的「北獅里興」大字，山地原住民人數多達 480 人，不但是庄內最
多，也是全部清代中港堡區四庄中，山地原住民人數最多者，其使本大字粵
人比例降至全庄最低，僅 85.55%，應是因爲本大字西鄰「蕃界」，造成山地原
住民雜居其中使然。

第二節　後龍溪流域中、下游地理環境與族群分佈

　　後龍溪爲中港溪南方之另一大東西向河流，其發源自前述鹿場大山的西
側苗栗泰安鄉境，由山地蜿蜒流至大湖鄉與獅潭鄉交界的汶水地區，與南側
的大湖溪、北側的桂竹林溪合流後才稱後龍溪〔註 35〕。此時後龍溪切割穿越
了今苗栗縣地勢最爲險要的「八角崠、關刀山山脈」，將此山脈切割爲二，以
北稱「八角崠山脈」，以南稱「關刀山山脈」（以下皆合稱爲「關刀山脈」）。本山
脈也是日本時代「苗栗郡」與「大湖郡」天然界線，高度概五〇〇至九〇〇公
尺之間，最高峰爲關刀山，標高八九九公尺〔註 36〕。本文也以此山脈以東爲
後龍溪上游，以西爲後龍溪中、下游，本節則主述則爲後者流段區域。

一、後龍溪流域中、下游地理環境

　　後龍溪切割「關刀山脈」，形成著名的「牛鬪口峽谷」，本峽谷東開口爲
今汶水社區附近，西開口爲今公館鄉上福基，峽谷夾於兩大山之間，地勢險
要。日本時代，由清代著名拓殖家黃南球家族集資成立「苗栗輕鐵株式會社」，

〔註35〕黃碧忠（主持）・吳兆玉（總編纂），《大湖鄉誌》（苗栗大湖：大湖鄉公所，
　　　　1999），頁 85。又大湖與桂竹林兩溪情況，詳下章之介紹。
〔註36〕「內政部臺灣行政區域圖」網站，網址：http://taiwanarmap.moi.gov.tw/moi/
　　　　run.htm，擷取時間，2010/03/02。

開輕便鐵道通於其中〔註37〕；戰後不久，則改闢省道六號蜿蜒峽谷之間，兩側高山聳立。遠望峽谷出口，則可見兩側陡峭山勢有如兩頭巨大雄牛猛鬥其間，這也是「牛鬥口」得名之由來〔註38〕。

附圖 1-3　後龍溪中游「中心埔」、「七十分」舊兩河道位置圖

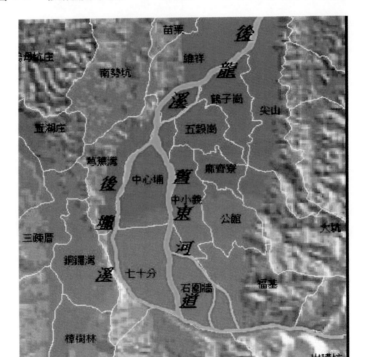

說明：同「附圖 1-1」說明之第 1 點。

（一）後龍溪中游「頭段」地區

後龍溪出福基後，水勢由牛鬥口峽谷激流突入平地，因流速減緩而砂石淤積，故呈現亂流狀態進入苗栗平原，溪流也因此常改道。在日本時代大正 2

〔註37〕黃卓權，《跨時代的臺灣貨殖家──黃南球先生年譜（1840～1919）》，頁 310
～315 記載，原本輕便鐵道由苗栗至今公館鄉福基，日本大正 2 年即 1913 年
時計畫施工延長到今大湖鄉南湖，此段延長線至 1914 年時歷時一年竣工。至
此，苗栗至南湖的輕鐵，總長 25.6 公里。

〔註38〕邱文光（主持）‧呂榮泉（主編），《苗栗縣地名探源》（苗栗：苗栗縣地名探
源編輯委員會，1981），頁 203。

年（1913）石圍墻堤防未興建前，主河道在「石圍墻」庄附近分流，東側的河道在「七十分」庄與「中心埔」庄東側；而西側之今河道，當時尚只是後龍溪兩條分流主河道之一，不過 1904 年《臺灣堡圖》中也將西側河道稱爲「後壠溪」。

「中心埔」的得名，來自於清代時，「中心埔」庄是雜夾在後龍溪東、西兩主道間的「河中心埔个地（河埔地）」〔註 39〕。後來日本人再建福基堤防，後龍溪舊東主道之水才完全西移入今道〔註 40〕，而舊東道在今日，只萎縮成一小水溝。此圳溝，前段稱爲「河東圳」、後段稱爲「東河」，由名稱來看，其之所以稱爲「東」，即是相對於西側之主河道。但在行政區劃上，上述的改道，卻造成今日看起來很怪的一政區空間錯亂現象，即東舊道以西的「中心埔」、與「七十分」，今日看起來卻在後龍溪主河道以東，該屬苗栗平原一部分，即該屬公館鄉才對，但其在行政區劃上竟隸屬西湖溪流域的銅鑼庄，故「中心埔」、「七十分」，今日合稱爲「銅鑼鄉」的「中平村」，爲何如此？因爲今日銅鑼、公館兩鄉鄉鎮界，即以前大正 9 年時所劃之街庄界，故依當年舊東側河道爲銅鑼、公館兩庄之界，也甚至合理。但今日後龍溪主道已西移，舊東河道萎縮爲一小圳溝〔註 41〕，未能理解這段歷史變遷者，常會以「中平村爲何隸屬銅鑼鄉？」而怪之〔註 42〕。然本文將「中心埔」、「七十分」，仍視作後龍溪中下游本區域之一部份，不因其今隸屬銅鑼鄉，而將「中心埔」、「七十分」，當做西湖溪流域一部份，故於此節論述。又見施添福〈清代臺灣北部內山的地域社會及其區域化：以苗栗內山的雞隆溪流域爲例〉一文研究成果來

〔註 39〕 邱文光（主持）‧呂榮泉（主編），《苗栗縣地名探源》，頁 160。
〔註 40〕 黃鼎松（主編）、賴典章‧劉國賢（等編），《重修苗栗縣志‧卷二‧自然地理志》，頁 49～50。
〔註 41〕 以上可參閱 1904 年所製：〔日〕臺灣總督府臨時臺灣土地調查局，《臺灣堡圖》，頁 96，〈隘藔腳〉、與頁 101，〈福興圖〉；以及 1921～1928 年間所製：〔日〕大日本帝國陸地測量部，《臺灣地形圖》（臺北：遠流出版社復刻本，1999），頁 51，〈苗栗圖〉、與頁 55，〈大湖圖〉，參考四圖中本段後龍溪河道變化。
〔註 42〕 今日連接銅鑼鄉市街中心，與中平村之間，有「中平大橋」以繫之，交通已很便利。然此橋爲前苗栗縣謝金汀縣長所倡建，民國 73 年（1984）12 月竣工（黃鼎松（主編）、宋國英（編纂），《重修苗栗縣志‧卷十三‧交通志》（苗栗：苗栗縣政府，2005），頁 43）。在這之前，兩地來往，實甚不便。家父張耀桂告訴筆者，以前中平村所選出的銅鑼鄉民代表，要往銅鑼鄉治開會時，竟得由中平村搭公車東出，先至公館鄉治，再轉公車往北至苗栗市，後再轉公車往東南向，才能到銅鑼鄉治，這樣一趟公車路程要轉三趟公車，大概需花費約兩、三小時，若來回，則大約至少要四、五小時，曠日廢時，非常不便。

看，「中心埔」與「七十分」，在清代時與今銅鑼鄉境之「芎蕉灣（今朝陽村）」合組隘防為「芎中七隘」，後與又今公館鄉之「石圍墻」、以及同為今銅鑼鄉境「雞隆」，合組為「芎中七石隆興五聯庄」〔註43〕，這聯庄的東界，明顯是以舊東河道為界。日本時代似乎以此，認為「中心埔」、「七十分」歷史傳承下來之生活圈較屬西側的「銅鑼灣」那邊，所以大正9年時把「中心埔」、「七十分」都劃為新設的「銅鑼庄」。

後龍溪出福基之處，為本溪中游上段附近，本文稱之「頭段」，即石圍墻至「中心埔」、「七十分」這一帶。前已述「中心埔庄」得名自「兩河壩中心的埔个地」，其位於兩河道中間沙埔地之偏北側。「中心埔庄」在道光中葉鄭用錫修《淡水廳志稿‧街里志》時尚未見庄名〔註44〕，可能是漏載，也可能是尚未成一明顯之庄頭。然見乾隆55年（1790）閩浙總督伍拉納之〈閩浙總督伍拉納奏為籌議臺灣新設屯所分撥埔地事宜摺〉已載：

> 此外如淡水廳屬之芎蕉灣、蛤仔市、**中心埔**、銅鑼圈等處，除歸屯溢額按等征租外，其原丈田園面租，係前議充公歸番未定之業，今以田面大租歸屯充餉………

> 乾隆五十五年九月二十八日具奏〔註45〕。

由這份奏摺史料，可知中心埔早在當時即為一地名，但似難判定其是後壠堡（即竹南二堡或苗栗堡）轄下之一獨立庄名。然在同治10年（1871）陳培桂等人修纂《淡水廳志》時，在該《志》的〈隘寮志〉、〈橋渡志〉、〈屯租志〉，已可見「中心埔」之庄名，也可判讀出其是後壠堡轄下之一獨立庄頭〔註46〕。

〔註43〕 施添福，〈清代臺灣北部內山的地域社會及其區域化：以苗栗內山的雞隆溪流域為例〉，頁189～242。然雞隆溪雖屬後龍溪之支流。但對於當地人的空間感來講，雞隆溪流域的「新、老兩雞隆」大字區域，因隔著黃泥崎陡坡、與後龍溪河面，與苗栗平原對峙，故其反而相對與銅鑼地區的生活空間較接近。不過在清代，雞隆溪流域洽為後龍溪中游與西湖溪中游兩區之中介區，本地的歷史對兩流域的歷史發展過程都息息相關，故雞隆溪流域至於後龍溪或西湖溪部分以談之皆可。但為避免本章篇幅過大起見，本文將雞隆溪流域，併入下章西湖溪流域中游的銅鑼地區發展史一起談（詳後章）。

〔註44〕 〔清〕鄭用錫，《淡水廳志稿》（南投：臺灣省文獻委員會，1998），卷一，〈街里志‧廳城南後壠堡〉，頁51～52。

〔註45〕 臺灣銀行經濟研究室（編），《臺案彙錄甲集》（臺北：臺灣銀行經濟研究室‧臺灣文獻研究叢刊第31種，1959），頁6。

〔註46〕 〔清〕陳培桂（等纂），《淡水廳志》，卷三，〈建置志‧隘寮志〉，頁47：「芎中七隘，官隘。在後壠埔（按：當「堡」字之誤）芎蕉灣、**中心埔**、七十分**三莊**

但怪異的是，該《志》的〈街里志〉卻漏載之〔註47〕。至於光緒年間的《清苗栗縣志・村莊志》，則有明文提及之〔註48〕。

　　另外「七十分庄」也是這片河中心埔地的一部份，其位於偏南側。七十分庄最早在道光中葉鄭用錫《淡水廳志稿・街里志》已見記載〔註49〕。又《淡水廳志稿・鍾瑞生列傳》：

　　　　鍾瑞生，後壠七十分莊人，籍鎮平，與劉維紀、謝尚杞里居相近。

　　　　乾隆五十一年，林逆（爽文）倡亂，瑞生同維紀，尚杞，合後壠一十

　　　　八莊鳩資，招集義民二千五百人，在地設堆起義〔註50〕。

由上引文明載鍾瑞生是後壠堡七十分庄之人，可見後龍溪「頭段」這片河中間沙洲地，無論是「中心埔」或「七十分」，兩者之一最晚在乾隆朝的五○年代，已經成粵人拓殖成功之庄。

　　後龍溪出「中心埔」往北，到達大正9年以後劃歸銅鑼鄉之「芎蕉灣」大字，改往東北向行。「芎蕉灣」大字也是屬後龍溪流域中游，卻劃歸銅鑼庄的第三例，故本文將之歸於此節。後龍溪舊東道在本大字南境，就與西道合流，也因其東境屬後龍溪流域，西境卻已越過「黃泥崎・紅崩崗」〔註51〕而達銅鑼臺地，離西湖溪流域的「三座屋」並不太遠，故嚴格來說芎蕉灣並非屬「七十分」、「中心埔」等兩河中間的「埔个地」的自然地理區塊。不過前已述，清代後期漢人拓墾史上已經出現「芎中七石隆興」五聯庄的整體人文地域概念，故有可能因之，大正9年時，日本政府將芎蕉灣，與中心埔、七十分一起劃歸入銅鑼庄。

　　之內」，顯示中心埔當時已成為後壠堡轄下之一庄；《同書》，卷三，〈建置志・橋渡志〉，頁71載：「龜山頭渡，廳南五十二里**後壠堡中心埔**下，乾隆四十六年設。」亦同之：又《同書》，卷四，〈賦役志・屯租志〉，頁98載：「近查明屯田水沖無徵穀額………銅鑼灣、蛤仔市、大坑口、**中心埔**、芎蕉灣、七十份等莊五百四十餘石零。」亦可證之。

〔註47〕〔清〕陳培桂（等纂），《淡水廳志》，卷三，〈建置志・街里志・城南後壠堡〉，頁63。

〔註48〕〔清〕沈茂蔭，《臺灣省苗栗縣志》，卷三，〈建置志・村莊志〉，頁38：「中心埔莊，在縣治之南，距城十里。」

〔註49〕〔清〕鄭用錫，《淡水廳志稿》，卷一，〈街里志・廳城南後壠堡〉，頁51。

〔註50〕〔清〕鄭用錫，《淡水廳志稿》，卷一，〈義民列傳・鍾瑞生列傳〉，頁70。

〔註51〕當地人對銅鑼台地東境，與苗栗平原西境接壤的「一大片陡坡」之俗稱。見臺灣省文獻委員會，《苗栗縣鄉土史料》，頁24。又「崩崗」為客語，即懸崖之意。

　　後龍溪自出福基後，至後龍鎮的出海口爲止，大致成一「倒 S 型」，故苗栗平原也大致成一「倒 S 型」狀，先西出福基，後漸亂流往西北、再漸轉往北，至頭屋鄉在漸往西北、復轉往西，蜿蜒入海。苗栗平原內部景觀是階地，每一階地高度都是由南向北逐步降低，證明都是後龍溪古代河道的遺留。故苗栗平原內河階台地與沖積平原，清代以來被漢人開墾，早已良田阡陌，百餘年來農業發展也使苗栗工商茂盛〔註52〕，爲日本時代「苗栗郡」中最肥沃之地。而苗栗平原南北長達約十五公里、東西寬約三到四・五公里〔註53〕的「倒 S 型」狀南北向大平原，也概是鳳山、頭前、中港、後龍、西湖五溪中，唯一呈現南北相向大平原的特色地形，因爲前述三溪所沖積的兩大平原<u>（即竹塹平原跟竹南平原）</u>都是東西向平原；西湖溪也同是呈南北向，但平地狹小，多數是溪谷河間小盆地。唯有後龍溪有較大面積的南北向苗栗平原，並附有豐饒土地以孕育苗栗這個市鎮〔註54〕，是爲一特色。

（一）後龍溪中游「尾段」地區

　　後龍溪在今頭屋鄉匯合老田寮溪支流後，蜿蜒數公里至後龍溪的中、下游交接處，即爲今後龍鎮「豐富里（俗稱北勢）」、「新民里（俗稱新港）」與「校椅里（俗稱校椅壢、校寄壢）」之地，日本時代大正 9 年（1920）後則爲後龍庄之「二張犁庄」大字與「新港庄」大字，今苗栗人習稱爲「北勢」地區，然本文統稱起見，仍稱之爲「後龍溪中游之『尾段』」（或稱之爲「尾段」）。由 1904 年《臺灣堡圖》相關附圖來看，後龍溪自出牛鬪口的福基口到此，整段中流都是漫流狀態，河床寬廣，主流不定而或有分流。但尤其在「尾段」，因當時主河道分爲南北兩道，北稱北勢溪，《臺灣堡圖》中「新港庄」大字內，史上著名的平地原住民道卡斯族之「新港社」（細部更分爲東、西兩社，但本文仍統稱之爲「新港社」），即在此溪北岸；至於南道，舊時則稱之「崩山河」〔註55〕。但

〔註52〕本段參考黃鼎松（主編）、賴典章・劉國賢（等編），《重修苗栗縣志・卷二・自然地理志》，頁 49～50、280 等資料改寫。

〔註53〕黃鼎松（主編）、賴典章・劉國賢（等編），《重修苗栗縣志・卷二・自然地理志》，頁 49。

〔註54〕清代旅臺客家人吳子光曾稱：「（咸豐初）貓（裏）爲淡南一邨鎮，人煙稠密，頗具城邑規模，四方騷人遊屐至者，月無虛日。」意即咸豐年間（1850～1861）「苗栗（貓裏）」已經是當時整個淡水廳南側的一大村鎮，非常富饒，吸引「淡南」四方風流士子湧入。見〔清〕吳子光，《臺灣紀事》，頁 60。

〔註55〕《清苗栗縣志》作「彌山河」，見〔清〕沈茂蔭，《臺灣省苗栗縣志》，卷二，〈封域志・山川〉，頁 29。

因日本時代曾整治，後來後龍溪遂改以崩山河為後龍溪主道，至今，北勢溪則已萎縮為一小溪流。也因此，今苗栗中壯一代，有部分人甚至已遺忘了崩山河這個地名詞彙，而直接稱之為後龍溪，而僅將北勢溪當作一小圳溝〔註56〕。但清代，新港社所瀕臨之北勢溪，仍是本段後龍溪兩主道之一，水流量大，該有一定程度的航運功能〔註57〕。

比較後龍溪中游的「頭段」與「尾段」，可發現都有較明顯的河道分為二流之現象。但「尾段」的兩河中間沙埔地，直至日本時代，除了「東側」端埔地，已形成以客家人為主的「二張犁庄」外，廣闊的「西側」埔地，至今仍多是一片田園地，因而分別附屬於「二張犁庄」、「新港庄」、「後龍庄」等諸大字間〔註58〕。為何在此須將夾於北勢溪與崩山河南北間的這片沙埔地，分為「東側」與「西側」分述之？因為北勢溪在此，幾乎是成「M型」的彎曲流動，即北勢溪中間有一小段是往南內凹、又再往西北流，使河間沙埔地也概可分為東、西兩大塊，故分稱之。而「M型」的下凹處、未達崩山河之間的狹窄地，日本時代統治政府蓋了山線鐵路穿越其中，並設了「後瓏驛（火車站）」，1922年因海線鐵路通車也設了後瓏驛，遂改稱「北勢驛」，戰後民國56年（1967）應地方要求，改為「豐富車站」〔註59〕，本文因之，也將此「M型」下凹處稱為「豐富」。由1904年《臺灣堡圖》來看，當時「豐富」尚多荒野與田地，為越往東，近「二張犁」處，才有民居〔註60〕。但今日「豐富」因火車站交通便利而已形成一小街巷聚落，然苗栗人仍俗稱為「北勢」，今日「豐富」小莊內，以「火車路」（山線鐵路）為界，客、閩多雜居於此，客家人多居火車路之東、閩則多於西。

〔註56〕譬如筆者曾詢日本時代昭和6年（民國20，1931）出生之家父張耀桂，已不知「崩山河」此詞彙；然復詢於生於大正11年（1922）的筆者姑丈，也是苗栗市人的何永基先生，則知此詞彙，亦能明確說出此河段在哪。

〔註57〕胡家瑜氏表示：「新港社聚落原本位於……北勢溪……上；據說早期船運可達此處，具有豐富的漁、鹽和航運等水利資源。不過，由於後龍溪常因上游沖流而下的土砂破壞河道造成水患，日本時代大規模進行後龍圳幹線的開鑿……也使得現今新港社的位置遠離河岸水畔。」見胡家瑜，〈從古文書看道卡斯新港社〉，胡家瑜（主編），《道卡斯新港社古文書》，頁17～43；頁22。

〔註58〕〔日〕臺灣總督府臨時臺灣土地調查局，《臺灣堡圖》，頁94，〈造橋圖〉。

〔註59〕黃鼎松（主編）、宋國英（編纂），《重修苗栗縣志‧卷十三‧交通志》，頁146～147。

〔註60〕〔日〕臺灣總督府臨時臺灣土地調查局，《臺灣堡圖》，頁95，〈苗栗圖〉。

附圖 1-4　後龍溪中下游交接區舊兩河道與「新港」位置圖

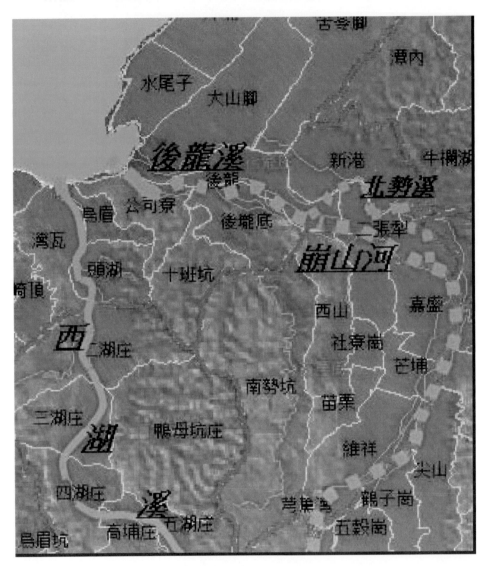

說明：1. 同「附圖 1-1」說明之第 1 點。

2. 圖中東側與北側**藍色粗虛線**為後龍溪道，至二張犁分為南北兩河道。
北河道「北勢溪」幾呈「M 型」。「新港社」在「M 型」之左高峰頂
端附近。

3. 圖中西側藍色實線為西湖溪，非本節所談之地區，僅標出以便識別。

又北勢溪北岸，乾隆年間似曾有以粵籍人為主的勢力嘗試開墾。見〈乾
隆 49 年（1784）後壠社業主通事貓老尉與佃人為開鑿水圳立合約字〉：

立合約字業主通事^{貓老尉}，今因社下**廣興庄**糧田水圳下面，近在大河圳面，餘地界限，同^尉已業毗連，賸與漢人耕種，年多日久，開近界址。其圳**被洪水沖廢**，禾苗遭稿，佃人僱工開鑿水圳。^尉時不在家，子孫出來阻當，不許佃人開鑿水圳。……業主上念田課、下虧佃人……任從佃人開鑿水圳灌漑田租。倘有日後**被洪水沖壞**圳底，其長短排前四丈，仍幫貼埔銀壹圓，定例為實。其餘壙闊，任從佃人開鑿。倘若**沙石流壞**水圳一丈半丈，任從佃人開鑿，^尉不得異言生端幫貼等情。其埔園圳面邊議存埔式丈，切勿犁鋤可抵沙石，毋致沙坑流下水圳。其業主退賣此埔他人，照依合約，永為定例。此係二比甘願，兩無逼勒，口恐無憑，立合約式紙，各一紙存照

在場公親

排錢每尺以一十四康熙錢為準

知見　道生　末子末　阿毛　武葛

男

婿　賴錫瓚　彭雲化

乾隆肆拾玖年陸月　　日五合約　凌伯壽

　*印一：理番分府唐給後壠社副通事貓老尉戳記〔註61〕

上引文中「貓老尉」是「新港社」當時的重要人物，生卒年不詳，傳說也紛異，但從古文書來看，其活躍於乾嘉兩朝，並向清廷「歸化」，獲賜劉姓，其三子劉道生、劉速生（「番」名「末仔末」）、劉進生（「番」名「烏毛」或「阿毛」）更早就接受漢文教育，能用流利漢文作代筆人〔註62〕。一般而言，清代前半

〔註61〕引自胡家瑜（主編），《道卡斯新港社古文書》，頁132～133，〈合約字第三九〉，文書編號T222。

〔註62〕胡家瑜，〈從古文書看道卡斯新港社〉，頁26～27。又，中港社熟番劉氏後裔歷代都頗傑出，今苗栗縣長劉政鴻，即新港社番貓老尉（劉氏）家族之後裔。家父張耀桂認識劉政鴻之父與兄，並告訴筆者，「劉屋人」因位於客、閩交界地的新港，至少劉政鴻之父、兄二人，昔與家父商店中購物時，皆能操流利的客、閩兩種語言。

期，至少後龍至苗栗一帶漢人開墾，都須向業戶貓老尉批准〔註 63〕，所以道卡斯族的新港劉家，可說是本區的番頭家大租戶。引文的戳記中，貓老尉銜頭為「後壠社副通事」，這是因為約乾隆四○年代前後，「後壠社群」的後壠、中港、新港、貓狸四社之上，新設了四社的「總通事」和「副通事」，總括四社之事，其下四社原先自有的「土目」權力逐漸降低，但都由當地平地原住民擔任之〔註 64〕。故雖貓老尉銜頭為「後壠社副通事」，然實際上他仍是自己的番社「新港社」的真正權力者，而新港社本身的「土目」，當時則交由貓老尉自己的兒子來做〔註 65〕。

引文中佃人彭雲化等，是新港社附近的「廣興庄」人，跟貓老尉家族贌耕之田埔，已幾乎鄰接貓老尉家族自己的產業。彭家所租耕的這片田園，「近在大河圳」，但因為引水圳溝被洪水沖毀，「禾苗遭稿」，彭雲化等人趁貓老尉不在家時，偷偷僱人再開挖新圳溝。但如此必會破壞到貓老尉家族的產業，於是貓老尉家族「子孫出來阻擋」，遂釀成糾紛。後來兩造和談後，貓老尉家族肯讓佃人彭雲化等開鑿新圳溝，遂立此據。由以上可看出來，一：由庄名是叫做「廣興庄」、加上彭姓又是客家大姓，依《苗栗縣彭姓宗親會成立十周年會刊》載，彭雲化乃苗栗「彭祥瑤公嘗」之苗栗彭屋人來臺祖，源自廣東省惠州府陸豐縣五雲洞彭祥瑤之姪〔註 66〕，故其為確定是粵籍客家人無疑。所以這批開墾勢力乃由當時客家人為主的開墾勢力；二：知見人都是貓老尉的子、婿，分別是其三子道生、速生（即「末仔末」）、進生（即「阿毛」），與女婿武葛，可能都是引文中「子孫出來阻當」時之當事人等。再接下來可問，引文中「廣興庄」在哪？引文中寫著廣興庄所墾這片田園就在「新港社」的「社下」，也毗鄰貓老尉產業，當是距新港不遠。但今日這一帶根本沒有廣興之地名，爬梳史料，也暫未見本區記載有廣興庄。然見《臺灣堡圖》在新港東社西南方、與新港溪社正南方不遠處，卻恰有一名為「福興」

〔註63〕臺灣省苗栗縣文獻委員會，《（戰後初）苗栗縣志》，〈卷三·政事志地政篇〉，頁 10。

〔註64〕胡家瑜，〈從古文書看道卡斯新港社〉，頁 29。

〔註65〕詳〈乾隆五十三年新港社土目進生控佃人楊旺成等投詞〉，收入胡家瑜（主編），《道卡斯新港社古文書》，頁 160，〈呈文字第五三〉，文書編號 T215。

〔註66〕彭鈺明，〈彭朝寶公嘗之回顧與展望〉，《苗栗縣彭姓宗親會成立十周年特刊》（苗栗：苗栗縣彭姓宗親會，2002），頁 92～93。彭雲生乃彭祥瑤之姪，見《苗栗縣彭姓宗親會成立十周年會刊》，頁 16，又頁 162 彭氏族譜載：「（彭祥瑤公之五兄彭）祥周：……子九人，長雲化」。

之小庄頭〔註67〕，故乾隆年間所謂「廣興庄」很可能係指此。但「福興」二字，通常是閩籍人所墾地之慣用地名，為何1784年的「廣興庄」之名，到約一百三十年後的《臺灣堡圖》時代，竟會改為「福興」？這很可能與前述道光6年（1826）閩客大械鬥有關，當時「海外線」〔註68〕閩人勢力已攻佔新港社溪南境的柳樹灣庄〔註69〕，故鄰近的「廣興庄」也該被閩人占領，並被閩人改名為「福興」。不過由此亦可見，「海外線」閩人勢力，畢竟沒有越過「番頭家」新港社平地原住民勢力，故該社以東，直至1926年日本人調查時，還是講客家話的客庄勢力（詳後）。

　　若引文中「廣興」即是《堡圖》中「福興」的話，則前引地圖所見「福興庄」，其南側就是北勢溪，若連在北勢溪之北的舊廣興庄莊園，都難免常被洪水沖毀，或有河中沙石沖流入圳溝水之虞，更何況夾在北勢溪與南側崩山河之間的西側沙埔地，耕耘之難度恐更大。

　　「尾段」一帶夾於北勢溪與崩山河之間的「西側」沙洲地，終究未能成一庄頭，而「東側」沙埔又已有一客庄「二張犁」，加上新港社又位於以客家人為主的苗栗平原、與以閩南人為主的後龍平原之間。且新港社西側不遠，即有一小庄頭曰「後壁厝」，由地名可知其是閩庄，因為若是客人庄必用客語來讀之，則會寫成「後尾屋」或「後背屋」。復因「新港社」一帶往東北向，即是俗稱「大山」或「山子頂」的「北大肚山系」之北支〔註70〕，均高概在一百公尺上下，由新港向北入此山處，坡度甚陡，俗有「牛屎嶺」之稱（《清苗栗縣志》作「牛屎凸山」）〔註71〕，即是連放牛入山吃草，連在牛爬這段山坡時，都陡峭得會讓牛群拼出拉屎的力氣，使陡坡上牛屎遍地。故這段山地，也使東西兩部分來往相對不便。是故，「新港社」位於「溪北山南」、「客東閩西」的地理空間位置，在後龍溪流域的族群分佈空間上，就具有相當重要的空間樞紐位置。這個地理上的樞紐位置，因為前述河間沙埔地之西側沙洲，終究未能成為一小庄，反使北勢溪北的平地原住民的之新港社，恰巧成為本流域

〔註67〕〔日〕臺灣總督府臨時臺灣土地調查局，《臺灣堡圖》，頁94，〈造橋圖〉。

〔註68〕苗栗客語詞彙，即指今「海線」。

〔註69〕轉引自黃榮洛，〈有關清代閩粵械鬥的一件民間古文書〉，頁139～143：「子六月初九日，初十、十一等日，攻破粵莊後壠底、兩張犁柳樹灣、頭湖、二湖」。

〔註70〕本文將「北大肚山系」由後龍溪切口，分為「南支」與「北支」，以下皆同。

〔註71〕〔清〕沈茂蔭，《臺灣省苗栗縣志》，卷二，〈封域志‧山川〉，頁27。案：「牛屎凸」應做「牛屎四」，即「牛屎窩」之意。

客閩兩大族群間之樞紐位置，也隔開了客、閩兩族群。

　　至於後龍溪下流的今後龍鎮部分，大致上都是該溪沿海沖積平原，在後龍平原上，又南納入源於今苗栗市南勢地區（客庄）的南勢溪。早在清初郁永河來臺時代，後龍平原便已有原住民部落「後壠社」的記載〔註 72〕，顯示原住民也在後龍溪下游這片平原早有聚落。

附圖 1-5　新港社形勢樞紐位置示意概圖

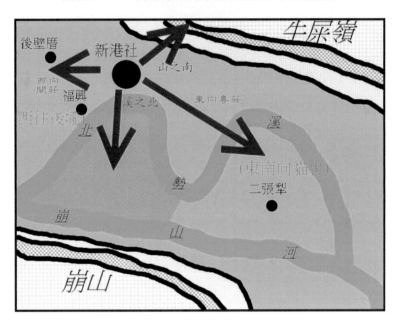

說明：本圖為示意概圖，筆者自製。

（三）造橋丘陵地區

　　造橋地區境內多丘陵地，為中港溪、後龍溪、與沿海線諸小溪的分水嶺，其西側為「北大肚山系北支」，均高約在一百公尺上下，為今海線後龍鎮北境諸小溪的發源山，水多西向或北向流入臺灣海峽。本山系以「乳姑山」最有名，今為財團開墾為「香格里拉樂園」。

　　本山系以西地勢，若以日本時代大字而言，概屬「淡文湖」與「潭內」兩大字範圍，即今造橋鄉談文村、朝陽村與龍昇村。「北大肚山系北支」以西的山腳下起，地勢越往西越趨平緩，緩入後龍平原。在「潭內」庄（今龍昇村），

〔註72〕〔清〕郁永河，《裨海紀遊》，〈卷中〉，頁 21：「二十四日，過吞霄社、新港仔社，至後壠社」。

有今名為「大潭」或「龍昇湖」之美麗湖泊，在清代，它稱為「馬陵潭」，《清苗栗縣志》選為當時苗栗縣八景之一，美名之為「馬陵小海」。清代苗栗縣客家宿儒曾肇禎有詩曰：

> 馬陵地脈尾閭通，萬頃洪濤入眼中。四面山光浮蜃市，千尋水壑寄鮫宮。氣吞鴣嶂青林濕，波浸魚潭綠草豐。若得蓬瀛佳景茂，探奇應自有仙翁〔註73〕。

「北大肚山系北支」山系以東之造橋丘陵地，為「牛欄湖」、「造橋」、「赤崎子」、「大桃坪」四大字，為客庄。除「牛欄湖」之水系多流向後龍溪而真正屬後龍溪流域外，其餘三大字概都屬南港溪水系。但因造橋丘陵區人文風習較類似後龍溪流域，加上清後期光緒朝「新苗分縣」時，造橋一帶，也隸屬以後龍溪流域為主的「苗栗堡」轄下，故本文將今造橋鄉全境都置於此節談之。「北大肚山系北支」以東，亦多為丘陵地，各村落則多散集於各溪水間狹小谷地或丘陵中小盆地中，客家話稱這些山間小盆地為「窩」，即是「凹下去之地」之意。故本區許多小地名中，有許多名為「窩」者，如「阿八窩」、「茶瓜窩」、「阿義窩」、「干珍窩」、「桃仔窩」、「蚊帳窩」、「打鐵窩」、「麻竹窩」……等即是，多為本丘陵間之小村落，亦多為客庄。故這些形容下凹之地的地名，並不見於「北大肚山系北支」以西海線閩庄（但見於海線客庄，譬如通霄的楓樹窩等）。另又有名「坑」者，客語中亦是同義，故造橋丘陵中也有地名如「東坑」、「西坑」、「鹹菜坑」、「九芎坑」、「二寮坑」……等。由此類地名之密集，亦可見本區地形特色，即皆丘陵地、聚落多散於下凹小盆地中。故《（戰後初）苗栗縣志》載：「（造橋鄉）境內丘陵起伏，平原很少，河流岸旁峽谷和丘陵間之低地為農業發達區〔註74〕。」大抵描述出該區地貌。

二、後龍流域中、下游的客閩原分佈

　　茲將《1926 年漢籍調查》中後龍溪中下游五街庄客閩分佈空間列如下表〔註75〕：

〔註73〕　〔清〕沈茂蔭，《臺灣省苗栗縣志》，卷十五，〈藝文志·馬陵小海〉，頁245。
又曾氏本詩通篇盡押「東韻」，竟能不與音近之「冬韻」或「鍾韻」通押，因為四縣、海陸兩腔客語中，若不計開合來看，東冬鍾三韻幾乎同音，多讀為-uŋ，可見曾氏寫詩造詣，誠兼具詠景、詠詩、詠韻之美。
〔註74〕　臺灣省苗栗縣文獻委員會，《（戰後初）苗栗縣志》，卷一，〈地理志〉，頁77。
〔註75〕　受《1926 年漢籍調查》資料僅及「街庄」等級所限，本表無法計入當時銅鑼

表 1-3　1926 年「後龍溪中下游流域區」各街庄客家人口比例表

1926 年街庄名／今（鄉鎮名）	本文所佔 1926 年臺灣客家人〔註76〕所佔比例（%）	1926 年在臺廣東籍漢人所佔比例（%）
苗栗街／（苗栗市）	92.99	92.99
頭屋庄／（頭屋鄉）	98.44	98.44
公館庄／（公館鄉）	94.44	92.36
造橋庄／（造橋鄉）	66.67	64.81
後龍庄／（後龍鎮）	11.50	11.50

資料來源：《1926 年漢籍調查》，頁 14～15。

　　由上表可知，閩籍人多集中在下游的後龍庄；造橋庄約有三分之二是客家人，概因該庄海線之「淡文湖」與「潭內」兩閩庄大字也佔全造橋庄約三分之一之閩南人。其於中游三街庄之苗栗、公館、頭屋，超過 90%以上是客家人。至於公館庄與造橋庄，本文所佔客家人比例，略高於粵籍人比例，是因為兩庄境內有汀州客家人口使然。

　　再將《新竹州第五統計書》中本區的粵、閩、平地原住民（熟番）籍貫資料，依大字別作表如下：

表 1-4　1925 年「後龍溪中下游流域區」各大字粵、閩、「熟蕃」人口比例表〔註77〕

今鄉鎮名	1925 年大字名	在臺廣東籍人數	「臺灣人人口」數	在臺廣東籍人所佔比例（%）	在臺福建籍人所佔比例（%）	「熟蕃」人所佔比例（%）
苗栗市	苗栗	4,456	5,546	80.35	17.06	0.32
	芒埔	1,197	1,227	97.56	1.30	0.33
	維祥	1,155	1,223	94.44	5.23	0.00
	嘉盛	1,339	1,361	98.38	1.62	0.07
	西山	1,218	1,319	92.34	7.66	0.00
	社寮崗	1,163	1,416	82.13	17.63	0.56
	田寮	1,270	1,282	99.06	0.86	0.23
	南勢坑	2,486	2,592	95.91	4.07	0.42

　　　　庄之「中心埔」與「七十分」以及「芎蕉灣」三大字之客家人數。

〔註76〕即「廣東籍」加上「汀州籍」總人數。

〔註77〕本表「『臺灣人人口』數」計算與「在臺廣東籍人所佔比例」表示方式，同「表3-2」。同樣，不能排除有汀州籍客家人被記為福建籍的可能性。

頭屋鄉	頭屋	1,551	1,593	97.36	1.76	0.06
	二岡坪	1,387	1,480	93.72	0.74	5.47
	枋寮坑	591	603	98.01	1.49	0.50
	仁隆	827	872	94.84	5.16	0.00
	外獅潭	1,122	1,129	99.38	0.53	0.09
	老田寮	826	869	95.05	4.83	0.00
公館鄉	公館	2,048	2,119	96.65	2.74	0.00
	麻齊寮	797	826	96.49	2.66	0.00
	中小義	978	987	99.09	0.81	0.00
	福基	2,029	2,198	92.31	7.42	0.00
	大坑	1,208	1,225	98.61	0.98	0.00
	出礦坑	796	849	93.76	5.89	0.00
	石圍牆	971	1,024	94.82	4.39	0.00
	五穀崗	1,211	1,229	98.54	1.30	0.00
	尖山	2,337	2,354	99.28	0.72	0.00
	南河	1,033	1,051	98.29	1.14	0.00
	北河	1,077	1,084	99.35	0.65	0.00
	鶴子崗	1,255	1,257	99.84	0.00	0.00
（銅鑼鄉之1部）	中心埔	793	796	99.62	0.38	0.00
	七十分	297	297	100.00	0.00	0.00
	苩蕉灣	580	589	98.47	1.53	0.00
造橋鄉	造橋	1,332	1,455	91.55	7.97	0.34
	赤崎子	782	810	96.54	3.46	0.00
	大桃坪	863	863	100.00	0.00	0.00
	牛欄湖	577	717	80.47	5.44	13.95
	淡文湖	7	1,407	0.50	92.89	6.61
	潭內	83	612	13.56	77.12	9.31

後龍鎮(後龍溪流域諸大字)	後龍	59	4,221	1.40	98.06	0.47
	大山腳	49	1,197	4.09	94.82	1.09
	外埔	9	1,933	0.47	99.53	0.00
〔註78〕	水尾子	10	1,300	0.77	99.15	0.08
	苦苓腳	21	2,005	1.05	98.85	0.10
	二張犁	417	712	58.57	40.59	0.70
	新港	486	3,561	13.65	58.58	27.66
	公司寮	82	910	9.01	78.90	11.65
	後壟底	128	641	19.97	79.72	0.16
	十班坑	344	584	58.90	31.68	9.42
(參考資料：以下為西湖溪流域的後龍庄五大字)						
(後龍鎮)(西湖溪流域5大字)	(烏眉)	9	267	3.37	96.63	0.00
	(崎頂)	24	515	4.66	95.34	0.00
	(過港)	150	936	16.03	83.44	0.43
	(灣瓦)	180	618	29.13	70.87	0.00
	(頭湖)	348	618	56.31	40.78	2.91

資料來源：《新竹州第五統計書》，〈戶口‧現住人口〉，頁42～47。

再將「表1-4」之廣東人比例，置於後龍、造橋、苗栗、頭屋、公館五街庄，以及「中心埔」、「七十分」兩大字的「大字空間地圖」上，以觀粵、閩兩籍人空間分佈（見「附圖1-6」），並以黑色粗線標出將粵、閩兩籍按大字空間之分佈界線。由上引圖可知，這條黑色粗線北段，就是「北大肚山系北支」，亦即「淡文湖」、「潭內」與東側「造橋」、「牛欄湖」之天然界線，這也成為造橋丘陵區的粵、閩兩版塊之界線。黑色粗線過「新港」後，越過「尾段」兩河中間的「西側」田埔地，再越過崩山河，即進入當時苗栗街北、西側之「崩山──西山」一線山地。這一線山地也一直往南延伸到今三義鄉的火焰山，為「北大肚山系南支」，而本流域中游段客、閩界線，也大致沿此山系往南延伸。譬如「後壟底」為後龍平原東側之小平原，已居於本山系之西，也以閩人居多。但也有唯一例外，即是山系以西的「十班坑」，它是個開口北向

〔註78〕本欄主要列出後龍溪流域諸大字，故同為後龍庄但屬西湖溪流域及以南之「烏眉」、「崎頂」、「過港」、「灣瓦」、「頭湖」等五大字，皆列入後章「西湖溪流域地理環境與客閩分佈空間」計之。但本表後幾欄仍將此五大字之資料列出，大字名以括號「(頭湖)」表之，以供參考整個「後龍庄」的「閩庄」分佈情形。

往今後龍市區之坑口，往客庄大鎮苗栗反而交通相對不便，須繞過以閩人為主的後壠底，但「十班坑」卻以粵籍人居多。為何如此？該與前述道光 6 年閩客械鬥，「海外線」閩人勢力攻佔了「後壠底」有關（詳後），所以「十班坑」變成在「北大肚山系」西側相對孤立的「客家方言島」。

以上是就日本時代對臺灣人「種族別」調查資料，所作的客、閩、平地原住民空間分佈之解析。

（一）新港社「居住空間」分佈與客原關係

「十班坑」得名即來自新港社原住民頭目劉什班，相傳此坑為劉什班之土地，故名之〔註79〕。據胡家瑜研究，劉什班為前述貓老尉之第二子劉速生（番名末仔末）之子侄輩，日本時代初期伊能嘉矩的調查，則以為什班就是末仔末之子，不管何為眞，至少顯示劉什班是貓老尉的孫子輩。劉什班該比較活躍於道光年間，道光 9 年（1829）被新港社眾人推舉為新港社土目〔註80〕，估計客家人可能是道光年前後入墾十班坑。又見〈道光三年十一月竹南二保新港社番劉什班等人呈控林光本違例霸墾該社牛埔〉：

> 具呈轅下：竹南二保新港社番劉什班、買萵^{阿桂}等爲違例霸墾，叩　天拘訊法究事。緣^班等<u>該社毗連地方</u>，原有<u>祖遺埔地</u>一大墩，合社留爲牧牛草場、又兼係出入樵採耕種總路徑口，自創社以來，不准社番翻犁掘挖，傷該社龍脈……約禁森嚴，歷傳數代無異。突遭豪惡林光本（等漢人眾勢力）……將該社牛埔橫行霸佔，開墾水田<u>約有數甲</u>……〔註81〕。

由引文可見，新港社劉什班當時在「該社毗連地方」，擁有以往祖先遺留下來「一大墩（一整片）」的土地，也就是貓老尉家族的遺留之祖地，當時歸劉

〔註79〕邱文光（主持）・呂榮泉（主編），《苗栗縣地名探源》，頁 88。

〔註80〕新港社劉家世系表考證見胡家瑜，〈從古文書看道卡斯新港社〉，頁 17～43，頁 27，本文中引述伊能嘉矩說法亦轉引於此。劉什班活躍時間，見胡家瑜（主編），《道卡斯新港社古文書》，〈壹、古文書年代表〉，頁 203 處。劉什班在道光 9 年被推爲土目，見〈道光九年後壠新港社眾番貴生等呈舉什班頂辦陳璋生土目缺額〉，收入胡家瑜（主編），《道卡斯新港社古文書》，頁 182～183，〈呈文字第六六〉，文書編號 T213。

〔註81〕〈道光三年十一月竹南二保新港社番劉什班等人呈控林光本違例霸墾該社牛埔〉，收入胡家瑜（主編），《道卡斯新港社古文書》，頁 174～175，〈呈文字第六二〉，文書編號 T086。

什班所有，卻爲漢人林光本持強霸墾，所墾出水田面積達數甲之廣。但是這片至少能墾爲數甲以上田地之地在哪呢？是否就在鄰近於新港社、現今的「什班坑」呢？畢竟鄰近新港社之四鄰街庄地頗多，雖什班坑之地名即因劉什班而來，但要直接證明上引文中這片爲林光本霸墾土地就是什班坑，證據力似尚不足。然而若能解開林光本究竟是閩人或是客家人，或許能得到答案。因爲，什班坑是後龍溪下游區唯一鄰近眾閩庄之客庄，若能證明林光本是客家人，那就能證明上引這片爲林光本偷墾的土地，就是現今什班坑了。又見〈道光四年新港社土目南茅呈控林光本黨凶匪毆殺屯番鍾官福事〉記載：

> 具呈轅下：新港社土目南茅，爲党擄毆殺斃命乞驗究償事。緣林光本（霸佔祖業，略）……不能到案。蒙　理番憲簽差（手下官差等人，略）……親撥屯番（劉什班、鍾官福等數人，略）……協差拏解林光本，於二月廿七日押到<u>銅鑼灣庄</u>，被林光本匪党數十猛习銃截脫去……（林光本逃脫後又聯合黨羽攻新港社，殺死<u>鍾官福</u>，略）……〔註82〕。

由引文可見本文書是前引文書故事的後續發展，兩件文書連起來看，就是漢人林光本勢力未經新港社頭目劉家同意，就霸墾了劉什班所屬佔地數甲以上的未墾祖遺埔地，故劉什班具名上告衙門緝拿林光本，北路理番同知也差派官差，聯合新港社劉什班（本就是去年原告）、鍾官福等人去抓林氏。

但林光本黨羽巢穴在哪？引文中的「於二月廿七日押到<u>銅鑼灣庄</u>」即解謎關鍵。清代的銅鑼灣庄（今銅鑼鄉市中心）爲西湖溪流域中游最大庄，是連結該溪上游大庄三叉庄（今三義鄉）、下游的頭、二、三、四、五湖等庄（約今西湖鄉）、與北向貓裏街（今苗栗市）的交通要衝之地。劉什班抓到林光本後，理當會先返新港社對社民「做交代」，若會經過銅鑼灣庄的話，就表示劉什班是「北返」，顯示林光本巢穴，必在銅鑼灣以南的西湖溪中上游某處。而西湖溪中上游，都是客庄（詳後章），所以林光本必是客家人；又若劉什班等人抓到林光本後，是直接南往當時北路理番同知所在的鹿港報到，那顯示林光本等黨與老巢，不就在北向的今苗栗市，就是在東向的今公館鄉一帶，或是西北向的今西湖鄉附近，上述三地都是客庄，若要南往鹿港，也必須南經銅鑼灣庄，

〔註82〕〈道光四年新港社土目南茅呈控林光本黨凶匪毆殺屯番鍾官福事〉，收入胡家瑜（主編），《道卡斯新港社古文書》，頁178～179，〈呈文字第六四〉，文書編號T221。

同樣也可證林光本等是客家人。故不論哪種可能性，前述謎題都可解開，即林光本就是客家人，所霸墾的劉什班所屬「祖遺地」，非常可能就是日本時代以客家人居多的「什班坑」。

附圖1-6　後龍溪中下游地區各大字閩粵籍比例分佈空間圖

說明：1. 同「附圖1-1」說明之第1點。
　　　2. 非本地區之其他地方，皆塗以土黃色以區別之。
　　　3. 本地區山線客庄之大字，以藍色斜線表之；海線閩庄之大字，以紅色十字圖形表之。
　　　4. 「新港」大字之「平地原住民」比率達27.66%，為本地區「平地原住民」比率最高者，雖其閩籍人比率已達58.58%，並因之塗以紅色十字圖形，但仍以粉紅色線框出、並間雜以綠斜十字線表之，以示當地人文特性。即本大字轄區前身，有相當部分為「新港社」平地原住民住地。

由「表1-4」，參酌《新竹州第五統計書》原表，可發現後龍溪中下游流域區五街庄各大字粵、閩、「熟蕃」三籍人比例分佈狀況，概有以下情況：一、

本區沒有山地原住民，主要是因為地形形勢上，本區居於「關刀山脈以西」，要直到清代後期，關刀山脈以東之後龍溪上游區，才為吳定新兄弟、黃南球等人往東拓殖，故山地原住民勢力才清末到日本時代，大量萎縮到「蕃界」附近。是故查日本時代的《新竹州第五統計書》原表，本區竟見不到一個山地原住民。二、至於平地原住民方面，最主要就居於「新港」大字內的「新港社」中，使「新港」大字的平地原住民比例達 27.66%（人數有 985 名），這比例不但是本區平地原住民在各大字所佔比例最高者，也使其在「新港」大字中，成為最大的少數族群。三、平地原住民所佔人口比例第二高的，是「新港」大字東北向的「牛欄湖」大字，其平地原住民比例達 13.95%（人數有 100 名）；比例第三高是「新港」大字西向的「公司寮」，其平地原住民比例達 11.65%（人數有 106 名）；第四高者為西南向的「十班坑」，達 9.42%（人數有 55 名）；第五高者為東北向偏西的「潭內」，達 9.31%（人數有 57 名）；第六高為潭內北向的「淡文湖」，達 6.61%（人數有 93 名）。以上六個大字，同時也都是各本區平地原住民，除了遠在頭屋庄的「二岡坪」大字外〔註 83〕，人口數有超過五十名者。至於其餘眾多大字，若有平地原住民人口，皆無超過五十人，顯示該大字中，可能已無明顯的平地原住民部落。

　　若將此六大字內平地原住民人口加總，共得計 1,396 人，絕大部分該是新港社人，可將六大字中每大字平地原住民人口除之，算得人口比例如下表：

表 1-5　「新港社」附近六大字平地原住民人口佔該族群總人口比例表

大　字　名	平地原住民人口數	六大字內平地原住民人口佔該族群總人口之比例（%）
新港	985	70.56
牛欄湖	100	7.16
公司寮	106	7.59
十班坑	55	3.94
潭內	57	4.08
淡文湖	93	6.66
總計	1,396	100.00

〔註83〕頭屋庄「二岡坪」大字的平地原住民有 81 名，但其是貓閣社（舊稱「貓裏社」）而非新港社的平地原住民，他們概是道光年間從貓閣社移往該處之移民。詳臺灣省苗栗縣文獻委員會，《（戰後初）苗栗縣志》，〈卷二‧經濟志農業篇〉，頁 115。或郭慈欣，〈清代苗栗地區的開發與漢人社會的建立〉，頁 28。

　　由上表知，新港社所在的新港大字，仍是本六大字平地原住民的核心區，有 70.56% 比例的平地原住民居此。其餘五個大字，都不到 10%。其中超過 5% 者有三個，依多寡序是「公司寮」、「牛欄湖」、「淡文湖」；剩下不到 5% 者，依多寡序是「潭內」、「十班坑」。

附圖 1-7　新港附近平地原住民分佈空間

說明：1. 同「附圖 1-1」說明之第 1 點。

　　　2. 新港社以<u>粉紅色底、白色虛點圖</u>表之，其餘平地原住民超過 5%，以<u>粉紅交叉線圖</u>表之；未達 5% 者，以<u>粉紅直線圖</u>表之。

　　　3. 山線<u>客家庄</u>之大字，以<u>黃色</u>表之；海線<u>閩庄</u>之大字，以<u>綠色</u>表之。

　　本文將上表製成「附圖 1-7」，由圖觀之，若就平地原住民所佔比例之空間分佈來看，平地原住民幾乎以新港社所在的新港大字爲中心，在鄰近大字散開分佈，成爲一個以新港社爲核心的平地原住民居住空間。

　　這裏所謂的「新港族群居住空間」，只是指日本時代調查資料所顯示的新港族人居住分佈空間，它並不等於清代時新港社能眞正收取「番大租」、擁有租地權力土地（地權）之「經濟空間」，後者，是指清代新港社擁有土地權力能瞨給漢人的土地，其當然遠不止此，它擴及苗栗平原或至本流域扣除「貓閣

社」所能掌控之外的整個「熟番保留區」〔註 84〕，甚至連屯番養贍埔地也算
在內的話，新港社在苳蕉灣、乃至中港溪流域的三灣都有之〔註 85〕。但本處
所謂「新港族群生活空間」，僅是指新港社人居住分佈空間。由「附圖 1-7」
觀之，除新港社人所在的本大字外，新港社平地原住民分佈超過 5%者，東北
側有後來屬客莊的「牛欄湖」；與在北方、後來成為閩庄的「淡文湖」；西則
有「公司寮」；不及 5%者，西南有後來成為客庄的「十班坑」；北有後來成為
閩庄的「潭內」。由此分佈，可以觀察出日本大正年間「新港族群居住空間」，
是以「新港」大字為核心區外，又已經分為東北（含新港等四大字）、西南（十
班坑、公司寮）兩大片。至於夾於兩大片中間的「後龍」、「後壟底」兩大字偏
東側，在地圖上看來，已為漢人的「多數優勢」所斷。但同為新港社居住空
間的族人，遠在清代早期漢人未大量入墾淡水廳本區域前，有可能這樣分離
為「東北」、「西南」兩大片嗎？推論早在清初時，新港社民的居住空間該遠
比此六庄還大，至少不太可能分割為圖上這兩大片。譬如「後龍」與「後壟
底」兩大字偏東側這片地，也許早先也被新港社人視為傳統「祖遺地」，其間
或散居不少新港社人。如此，也能跟前引〈道光三年十一月竹南二保新港社
番劉什班等人呈控林光本違例霸墾該社牛埔〉史料中，新港社劉什班會堅持
「什班坑」這片祖遺埔地，是與新港社「毗鄰」的土地做相呼應。亦即，「後
龍」跟「後壟底」兩大字偏東境，清代早期可能散居若干新港社民，使「附
圖 1-7」看來分為東北、西南兩大片的新港社民居住空間，在清代早期其實是
連成一大片完整的「『大』新港居住空間」。但後來客、閩漢人紛紛入墾後龍
溪流域，向新港社贌耕田埔的歷史過程中，似乎居於東北、西南的兩大片中
間的土地移住了不少向新港社贌耕的漢人，隨歷史演進後，這地方的平地原
住民也逐漸減少，或遷移到新港社內、或新港四周的附近地。其中新港社人
將「後壟底」附近地，贌給漢人租耕史料如下：

> 立給杜賣契：新港社土目貓老尉、甲頭歹均、什班、武葛，合番佛
> 抵等，今有新港社屬下埔山一帶，東至西山莊背山腳為界，西至打

〔註 84〕「熟番保留區」概念可見施添福，〈清代臺灣竹塹地區的土牛溝和區域發展
　　　──一個歷史地理學的研究〉，《臺灣風物》，40：4（臺北），頁 1～68。；
　　　柯志明，《番頭家──清代臺灣族群政治與熟番地權》，頁 1～32；頁 279～
　　　354；或頁 268 圖等討論。

〔註 85〕可參柯志明，《番頭家──清代臺灣族群政治與熟番地權》，頁 262，「屯番養
　　　贍埔地配置圖（乾隆五十五年）」之研究成果。

那叭後壠番埔山分水為界，南至雷公山貓閣番埔地為界，北至田寮
尾牛路為界，四至分明……因公項乏用，情願托中引就於西山、中
興、大田三莊人鍾鳴鳳、鍾方鐘、藍振漢、謝喬文、謝元表、謝振
乾、羅岳鳳、徐登倫等，出首承買為牛埔，當日三面議定，時值出
劍銀七十七員正……此埔地係（貓老）尉新港社所屬遺下祖業，與別
社並無干涉，亦無上手來歷不明等情。如有此情，（貓老）尉一力抵
擋，不干銀主之事……

　　批明：銀照契七十七員足訖，再照，行。

　　乾隆四十一年（丙申）二月　　日〔註86〕。

上引史料為乾隆 41 年（1771）新港社當時還是貓老尉當權時，將社下的「下埔
山」一帶租給漢人耕種之契約。當時這片下埔山之地今在何處？由田契中四
至便清楚可知之。它東至「西山莊背山腳」，即今苗栗市文山里（俗仍稱西山）
的「北大肚山南支」（此山今俗仍稱西山）西側的山腳下，今概為苗栗市新川里
（俗稱下南勢坑、更西則為麻園坑，今兩地都屬苗栗市，皆客庄）東境。其西至為「打
那叭後壠番埔山分水為界」，也就是打那叭溪（即西湖溪）流域下游與後龍溪流
域下游的分水嶺為界，此即「公司寮」與「烏眉」兩大字中的分水嶺。其南
至為「雷公山貓閣番埔地為界」，雷公山即在今西湖溪流域的西湖鄉龍洞村（日
本時代為「鴨母坑」大字南側），《清苗栗縣志》則作「雷公崁山：（苗栗縣縣）城西
八里」〔註87〕，今仍俗稱為「雷公崁」〔註88〕，附近下凹處則俗名為「雷公
坑」。看樣子當時鴨母坑雷公崁或雷公坑附近有貓閣社的埔地，故以此為南
至。其北至「田寮尾牛路為界」，田寮即「田寮」大字，「田寮尾」則在「田
寮」大字北側近崩山河處，今為苗栗市福安里，仍俗稱為田寮尾。「田寮尾」
向為清代聯絡今苗栗市境內與新港一帶之衝要〔註89〕，今有「北勢大橋」在
焉，清至少道光年後間則設有「崩山河」渡口〔註90〕，故乾隆年間當時，近

〔註86〕臺灣銀行經濟研究室（編），《清代臺灣大租調查書》（臺北：臺灣銀行經濟研
究室，1963），〈第三章・番大租・第二節・番社給墾字（六）・乾隆四十一年
二月〉，頁 367。
〔註87〕〔清〕沈茂蔭，《臺灣省苗栗縣志》，卷二，〈封域志・山川〉，頁 26。
〔註88〕邱文光（主持）・呂榮泉（主編），《苗栗縣地名探源》，頁 178。
〔註89〕〔清〕沈茂蔭，《臺灣省苗栗縣志》，卷二，〈封域志・道路・縣北道路〉，頁
19〜20：「縣城由北門三里至大田莊（俗名田寮），分為二岐：一由大田莊二
里至員潭仔，四里至牛屎凹，三里至乳姑嶺」。
〔註90〕〔清〕沈茂蔭，《臺灣省苗栗縣志》，卷三，〈建置志・橋渡・渡〉，頁 19〜20：

崩山河處的田寮尾有牛路亦屬正常。

由以上四至看起來，這片乾隆 41 年贌給漢人的土地相當大，該有日本時代的「西山（偏北境）」、「南勢坑（北側）」（以上皆今苗栗市境）、「鴨母坑（偏東側，今西湖鄉境）」、「公司寮」、「後壟底」、「十班坑（北境）」（以上皆今後龍鎮境）諸個大字境內，這片廣大土地，新港社貓老尉竟租給漢人為「牛埔」，也就是放牛吃草的埔地，想必精於農耕技術的漢人不會這麼天真，會真把這麼廣大之地只當放牛吃草之地。尤其「後壟底」至麻園坑、下南勢坑這一帶，為一整片小平原地形，由今苗栗市南勢山區，蜿蜒北向流下山的南勢溪與麻園坑溪，雙雙合注入其間，溪水極為充裕，可能在乾隆 41 年不久後，就逐漸為精於農耕技術的漢人墾為漢莊。

但這些承租之漢人究竟是客是閩？由契約來看該是客家人。上引史料中很清楚說明承租人都是「西山、中興（即社寮崗）、大田（即田寮）〔註91〕」人來看，都是今苗栗市的「北苗」至西山一帶人，皆客庄也；且承租人中的「鍾鳴鳳、鍾方鐘、藍振漢、謝喬文、謝元表、謝振乾」等六名，其中鍾姓向為客家大姓，藍姓多為福建客家汀州大姓，粵東客庄亦有不少藍姓，謝姓也是乾隆年間入墾苗栗平原的大姓，今苗栗市內仍有名列古蹟之「謝屋祠堂（謝家祠堂）」祭祀該姓先祖。故可知這確是乾隆年間「北苗」一帶客家移墾勢力向新港社劉氏所租。那引文中所標出的四至範圍內，譬如「後壟底」等理論上該是客庄。然就《新竹州第五統計書》資料來看，到日本時代時，「公司寮」與「後壟底」已變成閩庄了。之所以如此變化，很可能與清道光 6 年（1826）閩客大械鬥，造成本區域客、閩兩板塊略有變動有關。見〈羅華五文書〉記載：

> （五月）十二日，淡北以上，漳、泉蜂然而起，數日之間攻破粵人七十余莊……奈巢匪陳保琳、林東等勾因上下匪黨數千，子六月初九日，初十、十一等日，攻破<u>粵莊後壟底</u>、兩張犁、<u>柳樹灣</u>、頭湖、二湖、三湖、打呢叭……〔註92〕。

由引文知，直至道光年間，「後壟底」仍是「粵莊」，但該因此次或後來數次

「崩山河渡：在大田莊尾崩山下，距縣北五里，道光三十年，莊民捐設。」。

〔註91〕〔清〕沈茂蔭，《臺灣省苗栗縣志》，卷三，〈建置志・村莊・苗栗堡〉，頁 36～37：「中興莊（俗名社寮崗）：在縣治之北，距城一里，附郭……大田莊（俗名田寮）：在縣治之北，距城三里。」

〔註92〕轉引自黃榮洛，〈有關清代閩粵械鬥的一件民間古文書〉，頁 139～143。

閩客械鬥後，「後壠底」逐漸爲閩人所據〔註93〕。

至於「後龍」大字偏東側，就是前已述夾在北勢溪與崩山河中間的「西側」埔地，其直至日本時代大正 9 年（1920）之前都未能成一庄，可能也爲新港社人視爲傳統居住空間一部分。然以 1906 年《臺灣堡圖》來看，實際上這片沙埔地該連新港社人都頗少，因爲地圖上可見本區幾乎無明顯庄頭，只是租給漢人耕作之田埔地。

綜合以上，大致可還原出新港社人在清代初期時的居住空間，是以新港社爲核心區，爲新港社人「居住性空間」，而其外向四方放射擴散居住者，也是完整的一整片，而非分爲兩大片之地〔註94〕。其向四方放射之地，概東北及於牛欄湖、東及二張犁、西至後壠底、公司寮一帶、北達潭內與淡文湖。其中間如「附圖1-7」所切斷之空間，多數也原爲新港社人租給客家人之埔地，新港社人坐擁「番大租」時，該仍將此處視爲自己產業或自己的居住空間之

〔註93〕據筆者實地田野調查訪問「後龍底（即日本時代「後壠底」，今日該庄門牌皆改書「後龍底」）」當地人，他們表示：「我們『後龍底』是 Hoklo 庄，西側之『十班坑』則多『客人』，東側之『麻園坑』、『下南勢坑』也是客庄。」至今，「後龍底」與「十班坑」同爲後龍鎮「龍坑里」，但當地人能清楚分別：「我們後龍底這幾鄰是 Hoklo 人，他們十班坑那幾鄰是客家人比較多。」又，「後壠底」與今苗栗市境内的「麻園坑」、「下南勢坑」，竟恰巧以「麻園坑溪」、「南勢溪」爲界，客、閩兩庄在此以河爲界，境界分明，此二河至今也是苗栗市與後龍鎮之西側分界線。筆者懷疑，道光年間在此數次閩客械鬥後，客、閩兩族群在此勢力，是隔河對峙，互相防範，兩河以西的後壠底，則已落入閩人之手。但筆者詢之當地人，似都無此記憶，故尚待更進一步挖掘資料以證之。

又，以上所引乾隆41年田契中「西山、中興、大田」三庄人向新港社所「承租」之地點，都在「北大肚山南支」以西。換言之，上述這些地點都在今苗栗市「西山」之天然山勢以西，道光年間當時數次閩客械鬥，在崩山河以南，閩人勢力實很難越過「西山」這個天然山勢以東；在崩山河以北，則有新港社「番頭家」與眾「番屯丁」在焉，閩人或投鼠忌器，不敢動輒越過之。

〔註94〕此處「居住性空間」說法，是借用潘朝陽氏「宗教性神聖空間」理論。潘氏以爲，人以宗教／思想之核心的廟宇，爲其宗教／思想的神聖空間核心，其四向散出的空間，則是其宗教／思想之擴及空間。詳潘朝陽，〈臺灣傳統漢文化區域構成及其空間性——以貓裏區域爲例的文化歷史地理詮釋〉，頁 215～354。或潘朝陽，〈苗栗嘉盛庄村廟的空間配置及其内涵〉，頁 247～275；與潘朝陽，〈石圍墻莊的建莊及其神聖空間〉，《第一屆臺灣本土文化學術研討會論文集》（臺北：臺灣師大人文教育中心，1995），頁 623～636 等文。本文借用者，並無關其宗教／思想的空間理論論述，而是借用其空間理論表述時的「核心／四方」之空間概念。

一，只是將之租給漢人耕放之地。而恰巧地是，新港社「居住性空間」以東及以南，概都恰巧是客庄，可能是新港社番頭家在租地給漢人耕種時〔註95〕，或有意或無心插柳的歷史結果，使得本流域之客、閩、平地原住民，各有生活空間，「各取所需」〔註96〕。

最後對新港社的歷史，以胡家瑜研究成果做一結束：

> 至清末和日本統治時期，逐漸走向「民番齊一制」，平埔族各社改爲與漢人完全相同的行政系統，「頭人」的勢力不在。此改革也使得平埔族各社群內原有的權力結構發生很大的變化，原已逐漸減弱的「我群」意識更加快速流失。此外，1903 年（明治 36 年）日本政府發布**大租權整理律令後，以公債收回平埔各社的大租權**，對各社也造成極大的經濟影響；新港社當時收領了二萬元公債，但不久據日本官方的調查，「他們鮮少將公債當作基本財產而思前顧後，大部分都花掉了〔註97〕。」

由胡氏研究成果，便可知自日本政府發布「大租權整理律令」後，清代以來百餘年間新港社坐收「番大租」的權力不在，這個平地原住民的社群，經濟權力在日本時代即急速萎縮，族群意識也快速流失。而它在歷史空間作爲後龍溪流域區客閩空間分佈的樞紐點上之意義，也隨之逐漸消失。使本區客閩族群接觸，在日本時代、甚至乃至戰後，比較清代兩百多年間，都是漢人之間族群衝突關係已相對不太明顯的時代（戰後的「本省／外省」族群關係例外），加上日本時代以來，交通工具逐步「現代化」，連有形的「北大肚山」也逐漸可用現代交通技術鑿通後，本區客、閩接觸才逐漸相對地，增加更多機會與空間。

〔註95〕可參考顏俊雄（劉俊雄），〈後龍圢仔客家聚落的史料整理〉一文，其在頁 7 處，再參考〔日〕臨時臺灣土地調查局（編），《臨時臺灣土地調查局第一回事業報告》（臺北：臨時臺灣土地調查局，1902），頁 233 之〈土地申告書‧苗栗廳苗栗一堡新港庄校寄埧〉，發現後龍「圢仔」附近（大約本文「二張犁」、「新港」大字交界一帶）當地居民「口糧額」（顏氏認爲此即「番租額」）高達所有租穀數額之 93％後，所做的推論語：「番租（口糧）的比例佔的相當高，我們大膽的推測本地漢人的開墾本地過程，一直到日據初期的土地調查，漢人（閩南、客家）都要向鄰近新港社繳交一定租額。」

〔註96〕兹借用羅烈師，〈臺灣客家之形成──以竹塹地區爲核心的觀察〉，頁 177～180 的說法。

〔註97〕胡家瑜，〈從古文書看道卡斯新港社〉，頁 31。

（一）新港居中間，客閩各兩邊──後龍溪中下游區客閩分佈空間分析

居於後龍溪本段流域區偏東側的各客庄，據「表3-4」來看，除「新港」大字附近的客莊大字外，廣東人比例幾乎都超過 90%以上；而新港偏西側的海線閩莊，同樣除新港附近大字外，閩人比例超過 90%的閩庄大字，其數目跟所有閩庄比起來，卻相對不多。茲一一分析如下，首先論客庄部分：

後龍溪本段區在新港東側的各客家庄大字，客家人口比例高過 90%的大字共計三○個，佔全三十五個客庄大字的 85.71%之高，只有五個大字是粵人比例低於 90%。其分別是新港附近的「牛欄湖（粵人 80.47%）」、「二張犁（粵人 58.57%）」、「十班坑（粵人 58.90%）」等三個大字；與日本時代苗栗街的「苗栗（粵人 80.35%）」、「社寮崗（粵人 81.67%）」兩大字。

首先論新港附近三大字，「牛欄湖」位於造橋丘陵區南側，山多田少，本大字閩人僅佔 5.44%，其他 13.95%都是平地原住民，似顯示閩人不甚願意來此丘陵區耕居；處於平原地帶的「二張犁」則是閩人佔 40.59%，平地原住民不到 1%，顯示此地閩人勢力也不弱；「十班坑」則閩人佔 31.68%，平地原住民佔 9.42%，粵閩比為 1.86：1，可看出廣東人在此仍占相當優勢。

今苗栗市境內，唯二的「苗栗（閩人 17.06%）」、「社寮崗（閩人 17.63%）」兩大字，即是清代以來今苗栗市地區最「鬧熱」的「南苗」、「北苗」之兩個市中心。前引吳子光《臺灣紀事》曾謂：「（咸豐初）貓（裏）為淡南一鄧鎮，人煙稠密，頗具城邑規模」〔註98〕，當時貓裏街即指今俗稱之「南苗」，即今苗栗市的市中心；而「北苗」社寮崗，更是乾隆以來的老街，擁有兩百多年歷史的苗栗義民廟即座落於此，是今苗栗市地區第二「鬧熱」的副市區。故日本時代時，此二大字概是後龍溪中游段最繁華之處，工商發達，自也吸引許多閩南籍人士到此落籍。而且閩人分別在相距有段距離的「南苗」、「北苗」內，分佈比例竟差不多，顯示此二地中，能讓閩籍人士移居此的社會結構空間，也大致吻合。唯此二大字內，平地原住民比例仍非常低。

相對起來，位於後龍溪下游段的後龍庄中，最熱鬧的「後龍」大字，廣東籍人比例便頗少，市街幾乎盡是閩籍人，佔 98.06%之超強。於此再述一次「竹南二堡」的經濟重心東移的演進史，以先辨別清代時後壠與苗栗兩地的經濟地位扭轉歷史過程。概自清初雍正 9 年（1731），朝廷真正將「刑名錢穀」

〔註98〕〔清〕吳子光，《臺灣紀事》，頁 60。

等控制地方權力，由彰化縣衙手上移交予淡水廳衙後，淡水廳也眞正成爲全臺灣島上五個縣級政區〔註99〕之一。淡水廳的政區空間確立，對於作爲當時轄下竹南二堡的發展，當有其正面推力。該堡一開始即以當時「漢人所能及之」的後壠溪流域中下游做爲劃界空間，該堡空間的經濟核心，就是清初時的後壠街。而約早在雍、乾、嘉之際，漢人勢力大抵難超越整個苗栗平原，且當時苗栗平原上的「社寮崗」與「貓裏」兩地都是以客家人爲多數之新拓墾土地，早期的熱鬧程度，自不比擁有先天港口優勢的「後壠」。故此時的竹南二堡，是以「後壠」爲核心，東南向也暫時難以往東切入關刀山脈的劃界空間。故此時期的史料上，一般多將「竹南二堡」又稱爲「後壠堡」。但後來隨著漢人勢力不斷「以隘東墾」，該堡的界線空間也不斷隨之擴大，約在咸、道、同、光之際，藏諸內山如樟腦與未開發之田埔等龐大利益，吸引更多漢人出資組隘，往內山武力拓墾，隘線也不斷東移，山地原住民也不斷被逼退入更深山中，使漢人不斷入侵原住民的傳統領域，**也使漢人眼中所能「認知」到的後壠溪流域，遠比清初時的認知還來得長、來得大**〔註100〕。所以「後壠堡」的劃界空間也不斷成長擴大，尤其咸、同之際，位於中游的苗栗（貓裏），也逐漸成爲漢人掠奪內山資源後，往出海口後壠或中港等港口運輸時之重要

〔註99〕臺灣、鳳山、諸羅、彰化等四縣與淡水廳，共五個縣級政區，若加上外島的澎湖廳則爲六個，俱屬臺灣府管轄。

〔註100〕請詳清代歷次所修相關臺灣後壠溪之方志資料中，對後壠溪「發源處」的描述演變、與中上流新支流的不斷發現，這代表了清代漢人逐漸往內山探索時，對當時後壠溪流域的「認知空間」不斷改變。如早在臺灣銀行經濟研究室（編），《清一統志臺灣府》（臺北：臺灣銀行經濟研究室，1960），頁20：「後壠溪：在彰化縣北，**發源於貓裏山**，西流至後壠港入海。」；到了〔清〕陳壽祺（纂）・（戰後）臺灣銀行經濟研究室（編輯），《福建通志臺灣府・山川志》，錄自《重纂福建通志・卷十五・淡水廳》，頁84：「後壠溪在廳治南四十五里，**源出內潭**，徑貓裏山**會貓裏社水、嘉志閣山水**，經彌嵌山下至街子尾。」可見漢人當時所認知的**後龍溪源頭**，**不但從貓裏往東延伸**至「內潭」、也多認知了兩個支流；又（清・乾隆本）尹士俍（纂修）・李祖基（點校），《臺灣志略・中卷》（北京：九州出版社，2003），頁70，載：「其水源之發於**貓裏內山併嘉志閣內山者**，總會於後壠溪。」；至〔清〕鄭用錫，《淡水廳志稿・卷一・山川志》，頁9，載：「後壠溪，源出**內西潭**，至海豐莊，會蛤仔市、貓裏、嘉志閣諸水，經崩嵌山下，至街仔尾分而爲二。」；到了〔清〕陳培桂（等纂），《淡水廳志・卷二・封域志・山川》，頁38，載：「後壠溪……其源出**內西潭**，至海豐莊，**會蛤仔市、貓裏、嘉志閣諸水**，經彌嵌山下，至街仔尾分而爲二。」，後至光緒朝《清苗栗縣志・卷二・封域志・山川》，頁29，時，已説明當時後壠溪「**源出大湖內山番界**」，中間流域各支流也敍之極詳，茲不累敍。

轉運站，苗栗平原上的客家庄，也不斷如雨後春筍般越來越多。這或許就是光緒朝時，劉銘傳決定要在「淡南之地」設新縣，竟捨有百餘年歷史之久的後壠街，而傾向選擇苗栗平原中，正處於新興狀態的貓裏街作為新縣治之原因〔註101〕。最後，同樣是「竹南二堡」，到清後期時已逐漸不稱為「後壠堡」，而改稱「苗栗堡」之原因了。

日本時代「後龍」大字，該是與「苗栗」、「社寮崗」兩大字般，都是關刀山脈以東後龍溪流域中下游鼎足為三的三個大街，但為何閩庄的「後龍」粵人那麼少，而客庄的「苗栗」、「社寮崗」中閩人卻相對較多？即因為清代後期的咸、同、光之際，乃至日本時代大正9年後的「苗栗街」，都相對地在本流域中是最充滿商機之地，使閩南人也願意來這個人生地不熟、又語言不太能通的客庄苗栗，冒險追求商機與未來。但商機最多者，在「苗栗街」何處？自然在「南苗」的貓裏與「北苗」的社寮崗；而當時的「後龍」，卻已是開始逐漸沒落的老街，連客家人也少往之做商賣生意。故「表3-4」的「苗栗」、「社寮崗」、「後龍」三大字之粵閩比例數字，其實可反映出上述這個經濟重心扭轉之歷史過程。

至於後龍溪下游諸閩庄，有「後龍」、「淡文湖」、「大山腳」等六閩庄的閩人比偏高於90%，但只佔本溪流域所有十個閩庄數的60%，比率偏低〔註102〕。原因該在閩庄「中心街」的「後龍」大字，本身太過接近「新港社」與「北大肚山系」，一則使本流域閩人勢力相對較難以越之；二則在新港社四周，平地原住民跟粵人也佔若干優勢，使「公司寮」等四個閩庄中，混居了不少比率的粵人跟平地原住民，降低了閩人在這四個閩庄的人口比例。

相對於客庄方面，後龍溪流域中下游段中，粵人比例超過90%者高達有三○個，佔本溪流域中下游地所有三十五個客庄大字的85.71%之高，已明顯可見本流域中游段，客家人佔區域族群優勢。

大正9年以後所謂的「大字」，其實大多數都是沿襲自此年之前的「日本時代前期」之漢人「街庄」，而後者，又多半沿襲自清代的漢人「街庄」，所以三者之間都有「歷史沿革地理」的傳承關係。本區在大正9年後的三十五

〔註101〕黃國峰，〈清代苗栗地區街庄組織與社會變遷〉，頁126～127。
〔註102〕即令加上今後龍鎮的西湖溪流域之「頭湖」等五大字，則整個後龍庄之閩庄數達十四個，閩人比高於90%者也增加至八個，也只佔整個十四個閩庄的57.14%，比率更是降低。

個客庄大字數目，當然不可能完全同於清代之數，但隨著苗栗平原不斷被客家人爲主的勢力開發，客家街莊數字自是隨時代演進而分化增加。所以早在清代中葉特別是乾隆朝，整個苗栗平原上的客家人庄數目當然不可能這麼多，但可參酌前引道光中葉鄭用錫《淡水廳志稿‧鍾瑞生列傳》史料：

> 鍾瑞生，後壠七十分莊人，籍（廣東省嘉應州）鎮平（縣）〔註 103〕，
> 與劉維紀、謝尚杞里居相近。乾隆五十一年，林逆（爽文）倡亂，瑞
> 生同維紀，尚杞，合後壠一十八莊鳩資，招集義民二千五百人，在
> 地設堆起義〔註 104〕。

這史料看起來是鍾瑞生等人，先募集了「後壠堡」某處十八個庄的錢，再以錢招募了義民二千五百人討林爽文。這是關於乾隆 51 年，鍾瑞生等人發起苗栗義民討林爽文叛亂事的最原始史料，相較於後修之陳培桂《淡水廳志‧鍾瑞生列傳》，有些許文字不同。《淡水廳志‧鍾瑞生列傳》載：

> 鍾瑞生，後壠七十分莊人，籍鎮平，與劉維紀、謝尚杞里居相近。
> 林爽文亂，瑞生同維紀，尚杞，招集後壠一十八莊義民二千五百人，
> 在地設堆……（節「鄭稿」）〔註 105〕。

本段史料說明《淡水廳志‧鍾瑞生列傳》原就是刪節了「鄭（用錫）稿」所改纂，但問題就在這刪修之間，兩句話意思就已不太一樣。前段《淡水廳志稿‧鍾瑞生列傳》是說鍾瑞生爲廣東人，在「後壠堡」內「鳩資」在先，等募到款項後，再招募義民。那，鍾瑞生等人募資的對象，究竟是當時整個後壠堡「有十八個庄」、他們都「不分閩庄、客庄」地向他們「募錢」了？還是鍾瑞生等人只向後壠堡內苗栗平原附近的「十八個客庄」募錢而已？《鄭稿》本身已經語焉不詳，但後修的陳培桂《淡水廳志》刪改過《鄭稿》後，所呈現的意思卻是：「鍾瑞生等人在林爽文之亂時，直接招集了後壠堡內十八個庄的二千五百人起兵」，如此更語焉不詳，且似隱含鍾瑞生等人在兵難燃眉時臨時起兵之意。那，按《陳志》意思，鍾瑞生很可能只能就近招募到苗栗平原的兵力就出兵了，那不是間接反證了乾隆末年時的苗栗平原上只有十八個庄，而且可能都是與鍾瑞生等同省籍客庄？然按史學方法，原始史料之《鄭稿》當最可信，可惜《鄭稿》此段對此就語焉不詳，無法交代清楚究竟是當時整

〔註 103〕清代廣東省嘉應州鎮平縣，即今廣東省梅州市蕉嶺縣。
〔註 104〕〔清〕鄭用錫，《淡水廳志稿》，卷一，〈義民列傳‧鍾瑞生列傳〉，頁 70。
〔註 105〕〔清〕陳培桂（等纂），《淡水廳志》，卷九下，〈義民列傳‧鍾瑞生列傳〉，頁 275。

個「後壠堡」有十八個庄？還是隱指鍾瑞生等人，在兵亂之時，只能就近就苗栗平原上十八個客庄募款？但即令保守估計用後者解釋，也可見自乾隆末期時，苗栗平原可能已有十八個庄（也可能如前項解釋般並沒有那麼多），演變到日本時代大正 9 年以後，單單在苗栗平原就已有三十五個「大字」。這不但反應出從乾隆 51 年到大正 9 年的約一百三十四年間，整個苗栗平原的快速拓墾過程，同時也反應出：一、苗栗平原與後龍溪本身的「倒 S 型」的地型與形狀，使後龍溪水利經過人為的水利開鑿後，能發揮到最大，所以富裕的水利與地利使能產生的農產量也提高，可養活更多的農耕漢人；與二、約咸、同、光朝以後的內山樟腦利益，先後經過黃南球等隘墾大戶往內山武力拓殖，使內山樟腦等豐富資源，不斷透過苗栗平原特別是貓裏街做為中繼轉運站，做兩岸與國際外銷，其豐沛的利潤，也因此養活了苗栗平原上更多以工商業為主的漢人，特別是客家人。所以，本平原上街庄數目也越分化越多，更吸引了同是粵省籍的同鄉人一起冒險拓墾，或是在苗栗平原上落地生根，也使清代中葉以後，在各族群「各取所需」的歷史氛圍下，客家人在本流域中的苗栗平原，佔了更多的族群優勢。

然清代時本流域本段以苗栗平原為主要生活地的客家人，由上所述，是在空間上以「北大肚山系」與「新港社居住空間」，為與海線閩人的相對隔離地。但在時間上，苗栗的客家人早在乾隆 53 年（1788）林爽文事變平定後若干年，就嘗試向外族群展現對自己族群權益做增取的動作。這可能因為鍾瑞生帶領在地客家人，幫助朝廷平定事變，使當地客家人有功勳、有氣勢之餘，也開始嘗試對外族群，做生活空間紐帶上的一個切割動作，以免被外族群所欺所擾。見〈乾隆六十年後壠社業戶道生通事嘉玉等與眾佃新置租斗立合約字〉載：

> 立合約字：後壠社業戶道生、通事嘉玉、眾佃謝鳳藩、劉維元等情。因後壠一帶佃田，經前業戶馬力合歡呈請 前憲成頒給租斗，遵照豎立石斗於後壠公館，凡佃供租，悉照此斗，遵行歷久無異。邇來竟有無知之輩，妄將石斗非此杵米之彼杵灰故，按此斗較諸當年建設之日寬大數合，弊將胡底。又因業戶遞傳租斗，加大以變前規。爰請業戶道生、通事嘉玉前來，全佃書立合約，仍照前業戶原給照舊租斗供輸。即日，業、佃照舊斗式面，置租斗貳拾個，每莊各值此斗貳個為符。今復新置石斗壹座，**豎立社蓁崗**（原文如此，即社寮

崗），**永爲定規**。日後業、佃永不得更張改制……。

藍登山

在場見　鄉保李德賢　陳　賜

彭雲士

曾祥伯

鄉目　葉滔　　　　吳允星

書約　張盛仁　　　**謝喬玉**

業戶（印一）　　**謝鳳藩**

乾隆六十年四月初十日　立合約　後壠社　　　佃人　劉維元

通事（印二）　　**藍振漢**

徐統三

劉國興

朱福生

李纘英　　　　賴悅才

*印一：理番分府給後壠等社業戶道生長行記
*印二：理番分府給後壠等社總通事嘉玉長行戳記〔註106〕

引文中眾佃中的謝鳳藩，即是前章介紹過在林爽文事變後，發起興建苗栗義
民廟之倡議人；藍振漢則是前引《清代臺灣大租調查書‧番大租‧番社給墾
字（六）‧乾隆四十一年二月》買賣「西山背腳以西、雷公山以北」的田契中
「西山、社寮崗、田寮」一帶有力當事人之一；而該引文中又有謝喬文者，
該是本引文中謝喬玉之兄弟輩同族人。由本引文概可看出，這些「眾佃」，都
是當時社寮崗一帶的有力客家墾戶。其中謝鳳藩不但在乾隆60年前倡議興建
苗栗義民廟，也在此年也跟平地原住民的「番頭家」簽本合約書。本引文說，
以往社寮崗一帶客家人要向平地原住民繳納「番租」時，都要前往位於後壠
的「番社公館」繳納，而以往繳納時，都按前任「番頭家」馬力合歡所製作
的「標準石斗」爲度量標準。當乾隆60年時，後壠社的「業戶」，就是前述
新港社「貓老尉」的長子「劉道生」，至於後、中、新、貓四社總通事，則是
一位叫做「嘉玉」的平地原住民掌權。但此時社寮崗客家人，懷疑這個位於
「後壠社番公館」的「標準石斗」，曾被某些「無知之輩」動過手腳，標準石

───────────────

〔註106〕〈乾隆六十年後壠社業戶道生通事嘉玉等與眾佃新置租斗立合約字〉，收入胡
　　　　家瑜（主編），《道卡斯新港社古文書》，頁138～139，〈合約字第四二〉，文
　　　　書編號T228。

斗中竟多了數合（按：一斗有一百合）。按佃人每年繳穀租時往往都爲數達數百、千斗以上之穀，當「每標準石斗」可能多了數合的話，那對這些客家租戶來講絕對是重大損失。本文件中都沒說這些客家人懷疑了究竟是誰動過手腳，然而「公館」既然是平地原住民「番頭家」開的，地點又位於以閩人爲主的後壠，若當年馬力合歡所設的「標準石斗」被動過手腳，究竟是誰動的、或是哪個族群的人動的手腳？似乎也不太可能查清究明。於是這些苗栗客家人，索性與跟平地原住民的「番頭家」們重立合約，也重製新的「標準斗」廿個，平均發給眾客莊各兩個，更新製一個「新的標準石斗」，並「永置於社寮崗」中。

換言之，這個合約本身就是顯示本區客家人對外族群充滿不信任感，連「新的標準石斗」都要「永置於社寮崗」，而不再放到閩庄後壠中的平地原住民之「番頭家公館」中。這份合約，也顯示乾隆 60 年時，社寮崗一帶客家人，在當時清代臺灣社會中，普遍存在「非我族類、其心必異」的族群競爭緊張氛圍下，嘗試去與外族群做生活空間紐帶上的一個切割動作，以免被外族群所欺。而這個「嘗試」動作，對本流域中的客家人，至少代表了兩個歷史意義：

一、苗栗平原上的客家人，在幫助朝廷平定林爽文事變後，「族群氣勢與自信心」較以往來得強，也敢於爭取自己的權益。

二、以苗栗平原爲主要居住空間的客家人，在此時開始在經濟生產力上該已經有一定的規模，不然前述鍾瑞生等「粵人」該無發動 2,500 名義民之財力與後勤動員力，而這種區域社會生產力的提升，當會增加自己的族群優勢與自信心，也才可能勇於爭取自己的權益。因爲如果不具備上述兩者的話，恐怕苗栗客家人想跟「番頭家」劉道生等人重新談條件時，「番頭家」們也不一定想理會。故乾隆 60 年苗栗客家人這嘗試對外族群做生活空間紐帶上的一個切割「動作」，也代表了日後清代中後期時，苗栗平原上客家人越來越佔區域族群優勢的歷史先驅意義。

第二章 「苗栗地區」的族群分佈關係（下）

本章主要是談「西湖溪流域區」與「後龍溪流域上游」的地理狀況，與客閩、客原之分佈。首先談西湖溪流域地理環境與客閩分佈。

第一節 西湖溪流域區地理環境與族群分佈

西湖溪是戰後才有的稱法，因爲西湖溪得名來自「西湖鄉」，而西湖鄉名稱卻是民國44年（1955）才由原先「四湖鄉」（日本時代大正9年後則爲四湖庄）改名而來〔註1〕，其後到民國49年，本溪才稱爲西湖溪，之前稱爲「打哪叭溪」。「打哪叭溪」原是清代用閩南語音譯自臺灣原住民語之舊稱，所以又有「打呢叭溪」〔註2〕、「打那拔溪」〔註3〕、「打哪扒溪」〔註4〕、「礁荖叭溪」〔註5〕……等多種音譯寫法，今當地仍多俗稱爲「打哪叭溪」。翻諸清代史料，

〔註1〕 臺灣省苗栗縣文獻委員會，《（戰後初）苗栗縣志》，卷一，〈地理志〉，頁75。
〔註2〕 轉引自黃榮洛，〈有關清代閩粵械鬥的一件民間古文書〉，頁139～143：「攻破粵莊後壠底……頭湖、二湖、三湖、打呢叭……」。
〔註3〕 〔清〕姚瑩，《東槎紀略》（臺北：臺灣銀行經濟研究室，臺灣文獻叢刊第7種，1957），卷三，〈臺北道里記〉，頁89：「烏梅崎毗連打那拔，有溪。七里，後壠，民居街市稠密，館舍甚整潔。」
〔註4〕 〔清〕陳培桂（等纂），《淡水廳志》，卷三，〈建置志・城池志〉，頁45：「後壠城堡，在打哪扒溪北。」
〔註5〕 〔清〕劉良璧・錢洙・范昌治（纂修），《重修福建臺灣府志》，卷三，〈山川志・彰化縣〉，頁67：「礁荖叭溪：源發祐武乃山。出南日、礁荖叭二山之南爲礁荖叭港，西入於海。」又〔清〕陳培桂（等纂），《淡水廳志》，卷二，〈封域志・

— 99 —

亦大多用「打哪叭溪」等音譯稱法，但目前僅發現《清苗栗縣志》有一則史料，稱此溪爲「四湖溪」〔註6〕。在清代，因本溪有前述「打哪叭」、「打哪扒」等許多種稱法，這些音譯自道卡斯族原住民語的稱法，用漢字書寫時並不統一，故戰後的臺灣省政府於民國49年下令更名爲「西湖溪」，即是今稱〔註7〕。本文爲統一起見，對舊稱，一律稱爲「打哪叭溪」；對新稱，則稱西湖溪，除非特殊狀況用舊稱外，大多用新稱。

一、西湖溪流域地理環境

本溪源自今三義鄉〔註8〕的雙連潭深山處，該處爲關刀山脈西麓，流到今三義市區後，與另一支流水尾溪會合。水尾溪源自祭凸山（又名拐子湖山）〔註9〕，標高約五四九公尺。此時兩條溪流在今三義市區會合爲西湖溪，水勢成三叉之口，這也就是三義舊名「三叉庄」地名之由來〔註10〕。此際西湖溪順延「北大肚山系」，蜿蜒北向流，沿途經斷層地帶過銅鑼鄉〔註11〕後，轉西北向入西湖鄉〔註12〕，至後龍鎮南側〔註13〕的公司寮西南側烏眉一帶西

山川志〉，頁30：「打那叭山，一名礁荖叭山」。按「礁」字只有閩南語音近於「打」，用客語念絕對不同音。今宜蘭縣礁溪鄉用閩南語仍讀似「ta-kei」，故證此詞「打哪叭」、「礁荖叭」等詞，是用閩南語音譯自臺灣道卡斯族原住民語。

〔註6〕 〔清〕沈茂蔭，《臺灣省苗栗縣志》，卷三，〈建置志·水利志〉，頁53：「三湖西圳：距（苗栗）縣西一十三里，其水於四湖溪引入，灌田五十六甲。」

〔註7〕 黃鼎松（主編）、賴典章·劉國賢（等編），《重修苗栗縣志·卷二·自然地理志》，頁288。

〔註8〕 即日本時代大正9年（1920）後之三叉庄，本文以此政區空間，又稱本段西湖溪爲「西湖溪上游區」。

〔註9〕 拐子（本字可能是「蛙仔」或「蜗仔」），客語「青蛙」之意。拐子湖以西約六百公尺，有一地名曰「分水崠」（客語，即分水嶺之意），爲今三義鄉西湖溪流域之南端，亦爲西湖溪與大安溪兩流域之分水嶺。過此「分水崠」以南，即日本時代大字名「拐子湖」之南境（俗稱「伯公坑」）與「鯉魚潭」、「魚藤坪」三地，雖爲大安溪流域，但因其人文風習接近今三義市區地，亦大多爲四縣腔客語區，故併入西湖溪流域區一起談。

〔註10〕 黃鼎松（主編）、賴典章·劉國賢（等編），《重修苗栗縣志·卷二·自然地理志》，頁287～288。

〔註11〕 即日本時代大正9年（1920）銅鑼庄，本文以此政區空間，又稱本段西湖溪爲「西湖溪中游區」。

〔註12〕 即日本時代大正9年四湖庄，本文以此政區空間，又稱本段西湖溪爲「西湖溪下游客家區」，其含日本時代後龍庄之「頭湖」大字，因「頭湖」亦爲客庄（詳後）。

出臺灣海峽。在今三義、銅鑼兩鄉，本溪之沿岸河谷平原，為當地農業集中區域，二鄉之城鎮街庄多分佈於此。尤在中游地段的今銅鑼鄉地，沿岸河階平原地形發達，土腴水沛，沃野平鋪，為今銅鑼鄉的農業集中區，該鄉聚落亦多集中於此〔註14〕。至今西湖鄉地的下游段時，受限於當地地勢山嶽起伏，僅本溪與支流的切割河谷有狹小平地，農業則多梯田，水源算是缺乏。西湖溪在西湖鄉此段，由於是本溪切割「北大肚山系」後所形成的下凹河谷型地形，客語中常稱山中可耕種小盆地為「窩湖」，於是有頭湖、二湖、三湖、四湖、五湖等地名之出現〔註15〕。至於在西湖鄉東、西兩面，皆有高達約二〇〇到三〇〇公尺左右之山勢，是故西湖鄉地勢可謂「丘陵橫亙」；到下游閩南庄區段時，則突入狹短的海岸沖積平原，與後龍溪下游段，同為今後龍鎮之兩大沖積平原，農業興盛〔註16〕。

西湖溪流域兩側山勢，隨著本溪往北流般，大致上越往北則越低矮。前述西湖溪西側的「北大肚山系」最南側，為標高 597 公尺之火焰山，整座山偏南面地質脆弱，終年落石不斷，寸草不生，為今苗栗與臺中兩縣市交界處最觸目的景觀。再往北為約 520 公尺之大坪頂山，再往北有約 472.9 公尺之大坑尾山（以上皆在三義鄉西界），再往北為標高約 460 公尺之三義、銅鑼、通霄三鄉鎮之界山，再往北為約 386.9 公尺之「挑（核）鹽古道」頂點〔註17〕。此道不遠處又有名「虎頭崁古道」者，在清代為橫越「北大肚山系」，連絡山線的銅鑼灣、與海線的吞霄兩大庄之要道。清代晚期客家名儒曾肇楨曾欲修護之，並撰「修虎頭崁路記」形容其山勢陡峭與修路之難：

〔註13〕 本溪在今後龍鎮（扣除日本時代的「頭湖」大字）之段甚短，概僅有日本時代「灣瓦」、「烏眉」兩大字之地，本文稱此段西湖溪為「西湖溪下游閩南區」。
〔註14〕 黃芳椿（主持）·黃鼎松（總纂），《銅鑼鄉誌》（苗栗銅鑼：銅鑼鄉公所，1998），頁 60。
〔註15〕 黃鼎松（主編）、賴典章·劉國賢（等編），《重修苗栗縣志·卷二·自然地理志》，頁 288。
〔註16〕 據臺灣省苗栗縣文獻委員會，《（戰後初）苗栗縣志》，〈卷一·地理志〉，頁 50、74～76 等資料改寫。但因農業水利技術不斷進步，故近年重修之《重修苗栗縣志》，則做西湖鄉的西湖溪段景觀為：「如今（西湖溪）沿岸阡陌縱橫，綠野平疇，農業發達，聚落廣布。」詳黃鼎松（主編）、賴典章·劉國賢（等編），《重修苗栗縣志·卷二·自然地理志》，頁 15。
〔註17〕 本段參考黃鼎松（主編）、賴典章·劉國賢（等編），《重修苗栗縣志·卷二·自然地理志》，頁 72；與「內政部臺灣行政區域圖」網站，網址：http://taiwanarmap.moi.gov.tw/moi/run.htm，擷取時間，2010/03/02 之相關附近各鄉鎮地圖而改寫。

附圖 2-1　西湖溪下游地勢圖

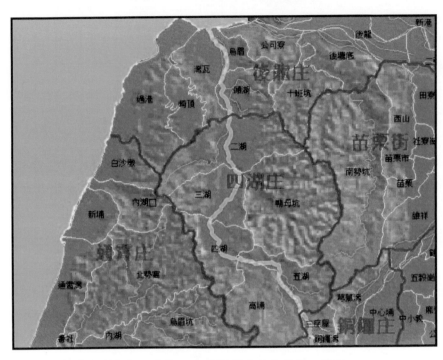

說明：1. 本圖依「中央研究院 GIS 臺灣歷史文化地圖」網站，
　　　　網址：http://thcts.ascc.net/kernel_ch.htm 擷取，再由筆者所轉製。
　　　2. 圖中較粗淺藍線爲西湖溪主幹，紅色線爲大正 9 年後之街庄界，並書
　　　　街庄之名以便閱讀。

嘗思匹夫受餓，莫不觸目而嗟來。行客沉淵，鮮不舉手而援溺。況
千萬人往來之路，值六七里巉巖之區，而忍任行人之疾苦，不亟爲
之修葺哉？

粵稽蜀道危險，闢自五丁。而劍閣雲連，猶得修其棧道。茲虎頭崁
一路，實無異陰平摩天之嶺。自下而仰，其巓幾與碧霄相接；自上
而俯，其麓則與滄海同深。曲折紆回，崟崎無極；而崔嵬小逕，有
一失足而即墜諸深壑者，險亦絕矣。前賢思媧皇鍊石補天之功，借
此術以補地。雖山從人面，幸不聞有《鷓鴣行不得》之歌！奈歷年
已久，風雨消磨。蟫隙崎途所疊之石，剝落欹側。而鳩鳴滑滑，寸
步難移。此不斂貲而重修，陟彼高岡，能保奔走之無恙耶？

因邀同善士鳩工督責，要使磐石鞏固，得於萬年往來之安。雖不敢

自矜爲功，而越此地者咸樂稱善曰：「此蓋某村某善士之再造也」，

　　則千古不朽矣。是爲記〔註18〕。

文中記載虎頭崁山勢之險與修此道之難，曾氏將此道譬若《三國演義》小說中陰平道之險地「摩天嶺」〔註19〕；又說「自下而仰，其巔幾與碧霄相接；自上而俯，其麓則與滄海同深」，行於其間，有「一失足而即墜諸深壑」之虞，故曰「險亦絕矣」。

「北大肚山系」自虎頭崁山再往北，爲標高約314公尺的隆興崎山（又稱狼勾崎山），再往北爲約321.6公尺之虎頭崁主山（以上爲今銅鑼鄉地西界），再往北至今西湖、苗栗、銅鑼三鄉鎮市界，即今西湖鄉地極南界，自此山勢爲受西湖溪切割而形成低凹地，即爲今西湖鄉境內的峽谷地（西湖溪下游區）。再往北爲苗栗市與西湖鄉交界山，即標高約 204 公尺之八甲山，再往北，沿途有八甲山道，爲苗栗與西湖兩鄉市界線，都在兩百公尺上下，在北至標高約214公尺之「風爐缺」。至此，山勢復受後龍溪支流南勢溪切割影響，山勢分爲東西二翼：風爐缺到南勢溪坑以東之東翼，爲苗栗市當地俗稱之「福星山（標高約151公尺）〔註20〕——西山」一線山地，其中「西山」一帶的最高峰爲標高約152公尺之營頭頂山，再往北即爲前章已述後龍溪南側之「崩山」；風爐缺到南勢溪坑以西之西翼，則爲苗栗市與後龍鎮之交界線山勢之一，其東側有受麻園溪切割而形成下凹的麻園坑地。然西翼山勢過此下凹坑地後復高起，直至「崩山」〔註21〕。

<hr>

〔註18〕（清末日初）蔡振豐，《苑裏志》（臺北：臺灣銀行經濟研究室·臺灣文獻叢刊第48種，1959），下卷，〈文徵·修虎頭崁路記〉，頁102。至於客家名儒曾肇楨事，可見《苑裏志》，下卷，〈先正列傳·曾肇楨列傳〉，頁76：「曾肇楨，字藎臣。**原籍廣東，銅鑼灣人**。**移居通霄街**。青年入泮，習教讀業，循循善誘，篤厚無是非，**通霄斯文由茲始**。讀書成就者，多出其門，人皆以老先生重之。」；《清苗栗縣志》又載其父曾在江，本籍廣東嘉應州人，見〔清〕沈茂蔭，《臺灣省苗栗縣志》，卷十六，〈志餘·紀人〉，頁250。

又臺灣漢人在日本時代初期（明治時代爲止）所做之書或方志，本文將作者人名前標時代爲「（清末日初）」，以和同時期日本人日文史料區別之，以下皆同。

〔註19〕典出（明）羅貫中（原著）·饒彬（校訂），《三國演義》（臺北：三民書局，1989），第一百十七回，〈鄧士載偷渡陰平·諸葛瞻戰死綿竹〉，頁 734～737橋段。

〔註20〕福星山或稱將軍山，前者是戰後的改名，後者是日本時代殖民政府的命名。因清代時本名貓裏山，近幾年經苗栗縣政府改回貓裏山。

〔註21〕以上參考黃鼎松（主編）、賴典章·劉國賢（等編），《重修苗栗縣志·卷二·自然地理志》，頁 45～49；與「內政部臺灣行政區域圖」網站，網址：

附圖 2-2　西湖溪中、上游地勢圖

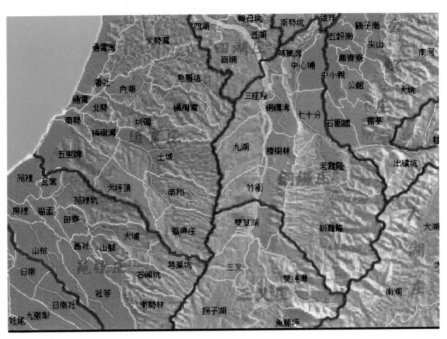

說明：同「附圖2-1」說明之第 1、2 點。

　　西湖溪流域區東側山地為關刀山脈，亦呈南北走向，由南往北在過了鯉魚潭溪後山勢始陡峭。鯉魚潭溪此段切割關刀山脈後凹口，為俗名「三櫃坑」之地，海拔才約 210 公尺，但北向到本山脈最高峰關刀山時，海拔已達約 899公尺，其間直線距離竟才約 1.4 公里，高度落差竟陡升約 690 公尺之劇，可見本段關刀山脈山勢之陡峭。北向至關刀山後，經雲洞山（約 842 公尺）〔註22〕，以上俱在三義鄉東側）。從雲洞山開始，關刀山脈受老雞籠溪切割影響，山勢又分叉出「西翼」山系，其山勢將至於後小節「老雞隆溪流域地理環境」中分述之。於此續介紹老雞籠溪流域「東翼」的關刀山脈主支之山勢。

　　關刀山脈主支從雲洞山北向，到百二份山（約 856.3 公尺）、又到鹿仔望山（約 795 公尺）後山勢略降，到十分崠山時海拔降至約 602.7 公尺，後在北向，山勢復升，至打榷崠山時，海拔已升至約 681.9 公尺，再北至雞隆山，海拔又升至約 727.4 公尺。故十分崠為本段關刀山脈山勢中的一小埡口，清代到日本

---

http://taiwanarmap.moi.gov.tw/moi/run.htm，擷取時間，2010/03/02 之相關附近各鄉鎮地圖而改寫。

〔註22〕雲洞山旁，今有「雲洞山莊」，為今三義，銅鑼、大湖三鄉之分界地。

時代即有連絡東側之大湖與西側之銅鑼老雞籠流域的古道。自雞隆山再往北至約 636 公尺八燕山，自此往北，因受後龍溪長期切割影響，關刀山脈被該溪切爲東、中、西三小支。東支經苟蕉坑山（約 662.8 公尺）、化人公山（約 502.7 公尺）、再至尖山（約 506.5 公尺），到尖山後，山勢陡降到今獅潭鄉與大湖鄉交界之「汶水」。此東支，爲今公館鄉與大湖鄉交界。西支，則山勢較低，爲今公館鄉與銅鑼鄉老雞籠溪流域之交界。切割開東、西兩支之間的後龍溪，夾於關刀山與八角崠兩山脈之中，即爲前章所述之「牛鬪口峽谷」。而清代後期以來以盛產天然氣、石油之「出礦坑」，即夾在東、西兩支山勢之間。至於中支，則由八燕山往北直透到峽谷中，穿過「出礦坑」，陡峭山勢直落入後龍溪「牛鬪口峽谷」中〔註23〕。

二、老雞隆溪流域地理環境

老雞隆溪（又稱「老雞籠溪」，本文依《清苗栗縣志》，統一用「老雞隆溪」）流域在人文地理上屬於後龍與西湖兩溪之中介區，本文便將老雞隆溪流域置於本章，與西湖溪流域區一起談。

老雞隆溪源自關刀山脈主稜線的西側，流經鹿湖，匯合從東面來的另一支流，向北方蜿蜒，流經「老雞隆」與「新雞隆」（今銅鑼鄉盛隆、興隆、新隆三村）後，從「七十分」（今銅鑼鄉中平村）的左翼注入後龍溪。本溪其實是南北向的關刀山脈中軟弱的岩層發育而出之河流，而本溪又持續切割這塊軟弱岩層，因果循環，故整個老雞隆溪的流向（南北向），幾乎與南北向關刀山脈的山勢平行，整個流域都可算是關刀山脈之一下凹部份。也因之造成本溪的河道短，流域小，隨四周高聳山勢中有蜿蜒曲流現象，故本溪的河流切蝕現象可謂發達，河道兩側的河階地形，比高可達五至六公尺。但這些河階台地也有利於漢人來此拓墾。故據鄉里傳說早在乾隆年間，有廣東吳潮光率領吳、彭兩姓人來本流域拓墾，爲西湖溪中游的今銅鑼鄉境中，幾個早期開發的地區之一〔註24〕。本溪切割關刀山系後，便造成東、西兩翼，都有南北向的山系。在「東翼」者，仍是關刀山系主支，其山勢在前小節已述之；在「西

〔註23〕以上兩段參考黃鼎松（主編）、賴典章‧劉國賢（等編），《重修苗栗縣志‧卷二‧自然地理志》，頁 35～45、63 等資料；與「內政部臺灣行政區域圖」網站，網址：http://taiwanarmap.moi.gov.tw/moi/run.htm，擷取時間，2010/03/02 之相關附近各鄉鎮地圖而改寫。

〔註24〕本段依據黃芳椿（主持）‧黃鼎松（總纂），《銅鑼鄉誌》，頁 60～61 改寫。

翼」者,即為關刀山系西支,亦是南北向山系,其中以清代客家名士吳子光所居的「雙峰山」最為知名,故本文稱此「西翼」山系為「雙峰山山系」。「雙峰山山系」雖僅是關刀山脈往西側之一分支,但卻是隔開西湖溪流域與（後龍溪的支流）老雞隆溪流域的重要山系。

附圖 2-3　老雞隆溪流域地勢與新、老雞隆圖

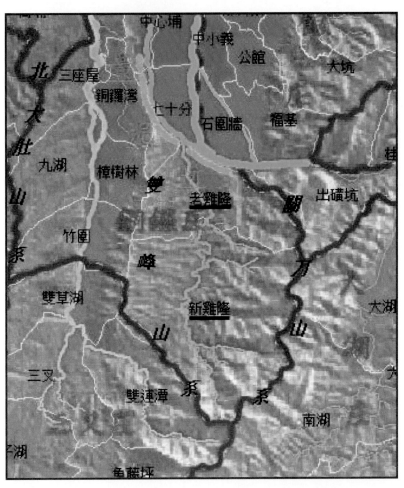

說明：本圖依「中央研究院 GIS 臺灣歷史文化地圖」網站,網址：
http://thcts.ascc.net/kernel_ch.htm 擷取,再由筆者所轉製。

　　關刀山脈「西翼」的「雙峰山系」山勢,約從關刀山脈的雲洞山開始西北向,至標高約 567 公尺的三角山（松樹江山）後轉北向。經標高約 538 公尺的雙峰山後,山系之山勢逐漸降低,北至員屯山,標高尚剩約 339 公尺,然

後山勢陡降，直插入清代後壠溪「西段」河道中。故夾在雙峰山系與後壠溪西段河道中間，有一長段頗為陡峭的「黃泥崎」。顧名思義，「黃泥崎」是為「後壠溪西段」切割雙峰山系山勢後，所形成的一長段看來大多為黃泥巴、且十分陡峭的陡坡（見「附圖 2-3」）。然略平行於黃泥崎之上，有段清代銅鑼灣庄聯絡老雞隆溪流域之舊道，為當時連絡兩地之要道，今則整闢為苗栗縣的119縣道〔註25〕。整塊雙峰山系的山塊，標高約三到五百公尺，主峰雙峰山，在清代號稱「雙峰凌霄」，當時被列為「苗栗八景」之一〔註26〕。清代臺灣客家名儒吳子光即住在雙峰山下，築「雙峰草堂」，並做〈雙峰草堂記〉兩篇。其中之一篇曾說：

> 雙峰屹然崛起於萬山之中，顧影無儔。今海舟將入後壠港，遠望兩峰，如席帽隱隱出天末，漸近漸露真面目者，即此峰也。峰左右皆互鄉俗，尚武功、利夸詐，有齊桓創霸遺風。耗土之人醜，固異太平之人仁〔註27〕。

這段引文清楚說明清代雙峰山附近兩個意象。前段是說在清代，自海邊的後壠港坐船入港，竟可遠望到西湖溪中游的雙峰山，有如草帽般「隱隱出天末」，可見此山之高聳。後段則是說當吳子光之時，雙峰山的東西兩側，也就是西側的「銅鑼灣──樟樹林」附近；與東側的「老雞隆河」流域，都是處於漢人（以客家人居多）拓殖開發的狀態，所以兩邊風習都很相近，都是「尚武功、

〔註25〕本段參考黃鼎松（主編）、賴典章·劉國賢（等編），《重修苗栗縣志·卷二·自然地理志》，頁 35～45、63 等資料；與「內政部臺灣行政區域圖」網站，網址：http://taiwanarmap.moi.gov.tw/moi/run.htm，擷取時間，2010/03/02 之相關附近各鄉鎮地圖而改寫。又苗119縣道為古道，早見〔清〕吳子光，《臺灣紀事》，卷一，〈紀諸山形勝〉，頁 1～3 便記載：

> 銅鑼灣，有聚落，人煙稠密，約有數百家，宮廟市肆皆具。至此分路二：一由街西南行五里至樟樹林……（沿西湖溪往今三義鄉地，略）；一由街東行八里至老雞籠莊，有小村，溪水環繞，左右人煙百餘家，書塾設焉。雖山徑蹊間，然路頗平坦，可以通輦馬者止此。又六里至彭家莊，莊傍山，以竹圍之，沿岸斷澗無數，支以獨木橋，卻之，則絕往來路。路旁皆荊棘叢刺、石角攫挐，止容一二輩鱗次行耳。過此數里為新雞籠莊，人煙漸稀疏，皆茅房。地忽凸忽凹，且多「之」字路。怪禽聲類鬼、暗樹影疑人，畫家所不到也。然毒霧頑雲，籠罩嶺頭無虛日，彷彿浪泊間風味矣……又十數里為大湖，有小村落……更多深淵邃谷，天施地設之險隘……直以生番作比鄰。

〔註26〕黃芳椿（主持）·黃鼎松（總纂），《銅鑼鄉誌》，頁 22。
〔註27〕〔清〕沈茂蔭，《臺灣省苗栗縣志》，卷十五，〈文藝志·吳子光·雙峰草堂記（二）〉，頁 226～227。

利夸詐」的粗曠風氣。當時吳子光居於其中，感嘆當地有「齊桓公開創霸業」時的重商重武遺風，其社會秩序也有異於中國大陸中，相對「太平」地區的儒家文教社會。

　　故若就地理形勢而言，清代老雞隆溪流域，東西南三面都有大山保護，北面隔著後壠溪可峙河以霸，河邊又有頗陡高之懸崖「黃泥崎」可擋來犯敵勢，使其本身就是個易守難攻的大山寨。老雞隆河流域非僅咸、同年間的吳子光，曾感歎民風剽悍，直到光緒初，「土匪」勢力甚多。故光緒初期，本地有客家人吳阿來勢力，曾驚動官府動大兵圍剿〔註 28〕；又苗栗鄉里父老所傳聞，清代「捧柄賊」出來苗栗平原與西湖溪流域的燒殺擄掠傳說記憶中，其「捧柄賊」根據地也在此〔註 29〕。故《銅鑼鄉誌》載吳阿來事件時，形容其

〔註 28〕　〔清〕沈茂蔭，《臺灣省苗栗縣志》，卷八，〈祥異考・兵燹附考〉，頁 135：
　　　　　光緒二年（1876）七月二十二日庚辰，淡水廳同知陳星聚、遊擊樂文祥生擒雞籠山土寇吳阿來，斬之。
　　　　　初，吳阿來及其弟富，素聚匪徒邱阿郎等肆毒居民，幾無暇日。因擄蕭羌桔死，臺灣道夏獻綸飭地方官勤辦在案，未經舉行。於光緒二年閏五月間，<u>吳阿富率匪徒擄掠居民，被芎、中、七莊鄉勇銃斃；而吳阿來遂起匪徒攻芎、中、七三莊不克</u>，還而斷絕水源。<u>三莊人赴淡水廳告急</u>，同知陳星聚委大甲司許其棻勘驗。甫至雞籠山，吳阿來率匪圍之；大甲司走脫，奔告遊擊樂文祥，因會營到地勤辦。六月間，進兵雞籠山，相拒十餘日，擒獲匪黨邱阿郎，斬之；吳阿來仍復堅其營壘。會天霖雨，匪徒多受病；至七日，擒獲吳阿來；械至竹塹，斬於市曹。由是，雞籠山平。
　　　　　自康熙迄於光緒，臺地之兵燹頗多；<u>而有關苗邑者則最少</u>。同治以上，略節「廳志」存之；<u>光緒以來，惟有二年雞籠山之役而已</u>。
　　　　　由引文可知，「吳阿來事件」是一場苗栗當地客家人與客家人的矛盾衝突，是老雞隆溪流域諸庄吳氏勢力，與當時「芎、中、七聯庄」勢力的矛盾。在《銅鑼鄉誌》中，黃鼎松曾著〈光緒二年的吳阿來事件〉一文，為此事件做深入分析，見黃芳椿（主持）・黃鼎松（總纂），《銅鑼鄉誌》，頁 90～94。
〔註 29〕　據家父張耀桂告知，因「捧柄賊」騷擾苗栗平原與西湖溪流域的遺禍記憶，直到日本時代初期，先祖父　張福智公自銅鑼灣老家移居苗栗街居住，蓋「新居」時，　先祖父仍在四周壁上留「銃孔（槍眼）」，以防「捧柄賊」再度入侵時可自衛。且非但筆者老家一間，附近鄰居亦多如此於壁上置槍眼，此乃家父幼時親見之舊景。可惜昭和 10 年（民國 20 年，1935）苗栗關刀山大地震時，此舊屋已全毀，加上日本時代中期臺灣治安漸好，故　先祖父後又蓋筆者老家現居時，壁上當然也不再見槍眼了。
　　　　　又「捧柄賊」四縣腔客語音為「tsung11 piang55 ts'et5」，「捧」字本意為撞擊之意，四縣腔客語中，也可行意為「以拳揍人」或「人到處亂闖」之意。柄，用以握也。捧柄，指數人握著柄將門捧破。故「捧柄賊」之意為：「一群握著柄棍，將百姓之宅門捧破，以隨意搶劫之匪賊」也。又黃榮洛以為該做「『捧

作戰優勢爲：

> 吳阿來在地利上又佔優勢。因爲（老雞籠溪流域）山地險阻，在作戰
> 上進可以攻，退可以守，敗可以（於鄰近山區）逃匿；因此吳阿來方
> 面常佔上風〔註30〕。

這段紀錄大致也反映出現今當地人，對清代吳阿來勢力能憑地理形勢固守的歷史記憶。

　　以上，西湖溪流域跟老雞隆溪流域，本文合稱爲西湖溪流域區。以下續述西湖溪流域區的漢人拓殖過程。

三、西湖溪流域區的漢人拓殖

　　西湖溪流域漢人拓殖甚早，首先先介紹該溪下游區拓殖史。

（一）西湖溪下游區

　　清代早期，西湖溪下游出海口附近爲沖積平原，並以閩南人居多，且住有平地原住民「烏眉社」的部落，即清代「烏眉庄」與日本時代「烏眉」大字的地名來源。「烏眉社」屬道卡斯族，或因漢化很深的影響，其歷史資料不多，剩下爲數不多的族人後裔亦多散遷。茲引潘英海研究：「從道卡斯族人的居住環境著眼，西湖溪近海一帶是其最適合生存的地方」、但是「清治時期卻沒有在各類文獻看到烏眉社的記載」，爾後「（約乾隆年間後）從歷史舞台消失」〔註31〕等語，對曇花一現的烏眉社做一介紹。

　　清代對西湖溪開墾是過程「由海入山」，由本溪「下游閩南區」開始有漢人勢力拓殖，在清初康熙年間蔣毓英編纂的《臺灣府志・諸羅縣山》與《臺灣府志・諸羅縣水道》只記載爲「後籠溪」（即「後壠溪」另種寫法），卻不見打哪叭山或打哪叭溪（或音近之其他山川）的記載〔註32〕，可見當時漢人認知中，尚未知道有本區的山水地理環境。後到康熙53年（1714）任職諸羅縣（今嘉義

柄』賊」，見黃榮洛，《臺灣客家詞彙・傳說・俗諺由來文集》（新竹：新竹縣文化局，2005），頁40～41。

〔註30〕黃芳椿（主持）・黃鼎松（總纂），《銅鑼鄉誌》，頁91。

〔註31〕潘英海，〈後壠社群的田野調查〉，收入陳水木・潘英海（編），《道卡斯後壠社群古文書輯》（苗栗：苗栗縣文化局，2002），頁24～56；頁32。

〔註32〕〔清〕蔣毓英（纂），《臺灣府志》（南投：臺灣省文獻委員會，1993），卷之二，〈敘山・諸羅縣山〉，頁19～20；卷之三，〈敘川・諸羅縣水道〉，頁26～29。

縣）知縣周鍾瑄所主修《諸羅縣志》時，已開始認知到有此溪，並有「礁荖叭溪，發源於祐武乃山」與「礁荖叭山（在後瓏社前水口）〔註33〕。」之記載，顯示當時漢人已開始認知到此溪，並說此溪是源自「祐武乃山」而非「打哪拔山」。然修於雍正末乾隆初的尹士俍〔註34〕《臺灣志略》對此溪仍記曰：「其水源之發於打哪拔內山者，曰打哪拔溪〔註35〕。」顯然尹氏當時對本溪源自何處亦無法確定。到乾隆6年（1741）劉良璧主持《重修福建臺灣府志》時，已有前引「礁荖叭山」跟「礁荖叭溪」的記載，也確知「礁荖叭山」是「近」於「海」邊的山，「礁荖叭溪」實是發源於更內山的祐武乃山〔註36〕。至乾隆12年范咸等人所重修之《重修臺灣府志》亦記載爲「礁荖叭山」，方位也較清楚地標出是「（淡水）廳治東南五十五里，亦名打那拔山」；亦載有「礁荖叭溪」〔註37〕。乾隆29年的《續修臺灣府志》也記載大同小異〔註38〕，可見要到康熙末至乾隆初時，漢人對本溪流域的認知才逐漸清楚。

漢人對本溪地域認知的逐漸清楚，當與漢人在此溪下游往上游拓墾歷程有關。根據民國86年（1997）所修之《西湖鄉誌》記載，相傳早在康熙年間，已有廣東省陸豐縣人羅仁發開始在西湖溪下游，今西湖鄉二湖村的土牛溝附近拓墾〔註39〕。不過因此文係出於羅家私修族譜資料；且康熙年間北臺灣的漢人足跡尚少，尤其本區乃至竹南二堡、三堡一帶，大多還是原住民出沒之地，故此資料說法的拓殖年代，究竟有沒有那麼早，甚是可疑。此可見清初

〔註33〕〔清〕周鍾瑄（主修）·陳夢林（總纂），《諸羅縣志》（臺北：臺灣銀行經濟研究室·臺灣文獻叢刊第141種，1962），卷一，〈封域志·山川志〉，頁9；頁14。

〔註34〕〔清〕劉良璧·錢洙·范昌治（纂修），《重修福建臺灣府志》，卷十三，〈職官一（文職）·巡分臺灣道〉，頁133：「尹士俍：山東濟寧人，監生。雍正十三年（1735）任，著有《臺灣志略》。乾隆四年任滿，補湖南郴襄道。」

〔註35〕〔清〕尹士俍（纂修）·李祖基（點校），《臺灣志略》，中卷，〈山川景物〉，頁70。

〔註36〕〔清〕劉良璧·錢洙·范昌治（纂修），《重修福建臺灣府志》，卷三，〈山川志·彰化縣〉，頁63：「礁荖叭山，小峰錯落，近海。在宛裏山北。」；又頁67：「礁荖叭溪：源發祐武乃山。出南日、礁荖叭二山之南爲礁荖叭港，西入於海。」

〔註37〕〔清〕范咸·六十七（纂修），《重修臺灣府志》，卷一，〈封域志·山川志·淡水廳〉，頁27；頁31。

〔註38〕〔清〕余文儀，《續修臺灣府志》（臺北：臺灣銀行經濟研究室·臺灣文獻叢刊第121種，1962），卷一，〈封域志·山川志·淡水廳〉，頁28；頁32～33。

〔註39〕〈羅屋私藏族譜〉，轉引自古木賢（主持）·陳運棟（總編），《西湖鄉誌》（苗栗：西湖鄉公所，1997），〈第十一篇，人物·拓殖〉，頁626。

康熙 36 年（1697）郁永河《裨海紀遊》中記載：

> 二十三日，余念二舶，遂叱馭行。行二十里，至溪所，眾番爲戴行
> 李，沒水而過；復扶余車浮渡，雖僅免沒溺，實濡水而出也。渡凡
> 三溪，率相越不半里；已渡過大甲社（即崩山）、雙寮社，至宛里社
> 宿。自渡溪後，御車番人貌益陋，變胸背雕青爲豹文。無男女，悉
> 翦髮覆額，作頭陀狀，規樹皮爲冠；番婦穴耳爲五孔，以海螺文貝
> 嵌入爲飾，捷走先男子。經過番社皆空室，求一勺水不可得；得見
> 一人，輒喜。自此以北，大概略同。
>
> 二十四日，過吞霄社、新港仔社，至後壠社〔註40〕。

這裡是說郁永河經過日後之大甲堡、吞霄堡一帶事。文中可見當時郁永河在
西湖溪之南的大甲堡、吞霄堡，已住有許多原住民，又這些原住民多「斷髮
紋身」，風俗大異於中國，故郁永河入此「異域」，越發有驚懼之心。到第二
天當他經過吞霄社再北往後壠社之間的西湖溪下游區時，也沒有認知到此區
另外有「烏眉社」或「打哪叭溪」，可見當時本區即令有「烏眉社」，也可能
是個小的原住民聚落，故並沒有讓驚懼中的郁永河「認知」到有此社存在。
所以當康熙年間，本區有漢人入墾之可能性極乎其微。且《西湖鄉誌》說羅
仁發是康熙年間到西湖附近的土牛溝附近開墾，但土牛溝乃日後乾隆年間才
設置來隔絕漢人與原住民的人爲界線，康熙年間尚無之。由此看來，羅仁發
開墾之年代更不可能是早在康熙年間。

　　《西湖鄉誌》中記載首位來今西湖鄉地之拓殖者即前述之羅仁發，然已
如前述其拓殖年代該沒那麼早；其次又記載第二位拓殖者古蘭祥，《西湖鄉誌》
說「據《古氏族譜》載：雍正年間，古永祥、古蘭祥兄弟入墾今苗栗通霄，
古蘭祥後裔移墾苗栗西湖」，然《西湖鄉誌》在該文後又曰：「經查本鄉各村
已無古蘭祥後裔居住〔註41〕。」似乎可見古氏兄弟在清初入墾鄰近今苗栗縣
通霄鎮是真，但古屋人士究竟有沒有在雍正年間，就入墾今西湖鄉地，也值
存疑；其次再載邱逢萬，但《西湖鄉誌》卻未言明邱屋人士究竟是何時拓墾
西湖；其次再載傅如左，已是到了乾隆初年，才來今西湖鄉地拓殖；其次再
載郭振維、黎欽明……等家族，皆是乾隆初年才來今西湖鄉地拓殖〔註42〕。

〔註40〕　〔清〕郁永河，《裨海紀遊》，卷中，頁 20～21。

〔註41〕　古木賢（主持）・陳運棟（總編），《西湖鄉誌》，〈第十一篇，人物・拓殖〉，
　　　　　頁 627。

〔註42〕　古木賢（主持）・陳運棟（總編），《西湖鄉誌》，〈第十一篇，人物・拓殖〉，

又見〈乾隆二十五年黃清明立杜賣盡根田園厝埔契〉（以下簡稱〈乾隆黃清明契〉）史料載：

> 立杜賣盡根田園厝埔契人黃清明，有承祖父**雍正捌年**（1730）間有墾壁（按：當「闢」之誤）田園地基貳段，坵數不記。壹段坐落土名打哪叭溪**貳湖**共管埔地東北勢，東至高家田，西至水溝，南至車路，北至蘇家田各爲界。保有壹段土地，是于祖父從「隘曆埔社」野番手內取得，與別社他番無關。貳段坐落土名**烏眉社**社案下，乾隆七年（1742）間，祖父向得烏眉社番灣瓦吠老給出荒埔開墾所得……壹段年配納**後壠南社**通事大租谷五石四斗正；貳段年配納**烏眉社**番業戶拾陸石貳斗三升。以上貳段俱帶打哪叭溪，圳水通流，灌漑充足……（但因黃清明缺錢，要將兩筆土地都賣給後龍庄**吳士元**，以下略）〔註43〕。

上引文是乾隆 25 年位於（日本時代之）「二湖」與「烏眉」兩大字附近的黃清明，要將祖父所遺兩筆土地賣給吳士元的田契。又上引史料可發現以下：一、依據賣家黃清明所言，其祖父早在雍正 8 年便在「二湖」一帶，從當地「『隘曆埔社』野番」手中取得一筆土地。由引文中見漢人稱該社原住民爲「野番」，似可見當時二湖一帶漢人與該社的「漢原關係」並非很好，可能黃清明之祖父向該社取得的土地手段，也非純粹買賣或租佃而來。因爲黃清明之祖父向「隘曆埔社」取得該筆土地後，竟是每年要向「後壠南社」繳納「番大租」，可見在當時黃家人眼中，「後壠南社」才是眞正的「番頭家」，而「隘曆埔社」只是「野番」。二、第二筆土地也是黃清明祖父向鄰近的「烏眉社」的長老「灣瓦吠老」取得，到黃清明這代人還要向烏眉社繳納番租，並視「烏眉社」原住民爲自己的「番業戶」。三、可見當時本溪流域的漢人，與後壠南社和烏眉社的漢原關係較好。四、此史料是目前首見早在雍正 8 年，就有漢人開墾本溪流域的最早史料。五、若參考民國 70 年（1981）編之《苗栗縣地名探源》的記載如下：

> 乾隆五十二年林爽文兵敗，方有山胞後壠社移居此地二湖公館一帶，稱隘曆埔社。乾隆末年廣東陸豐、五華客人始移入墾植定居並

〔註43〕　〈乾隆二十五年黃清明立杜賣盡根田園厝埔契〉，收入陳水木‧潘英海（編），
　　　　　《道卡斯後壠社群古文書輯》，頁 190～191。

與隘曆埔社纏鬥數年。清朝末葉合河東（今湖東村）一帶爲二湖庄〔註44〕。

《苗栗縣地名探源》此段資料錯誤甚多，因爲：（一）、依前引〈乾隆黃清明契〉，該早在雍正年間，二湖附近即有「隘曆埔社」原住民居住，而非晚到約六十年後的林爽文兵敗時，才由後壠社移入之；（二）、二湖成庄甚早，早在前引〈乾隆黃清明契〉便有此地名記載，又可見乾隆 29 年《續修臺灣府志》載：「頭湖莊（距（淡水）廳五十九里）、二湖莊（距廳六十里）、三湖莊（距廳六十一里）」亦可證之〔註45〕。故二湖庄絕不是清朝「末葉」才有之。但《苗栗縣地名探源》這段歷史記憶論述有個地方該是正確，即是大致在雍正、乾隆之際，漢人來墾西湖溪流域時，曾與當地「隘曆埔社」原住民，相互間之關係非常緊張，使這個歷史記憶流傳至民國 70 年編《苗栗縣地名探源》時，仍被記載下來。故《苗栗縣地名探源》續載：

> （西湖鄉二湖村之）公館：即隘曆埔社（遺址），後成（清代）官府征番指揮長官之官邸，故名公館〔註46〕。

此外當地又還有清朝征討隘曆埔社原住民的兵營所遺留下的地名：

> （西湖鄉湖東村之）營盤腳，與清代官民征番設營有關，據傳河東（村的）營盤腳爲紮營駐兵之處，河西（即二湖村）公館則爲指揮所〔註47〕。

這段資料可見清代史料可證之：

> （乾隆三十一年冬十月）十五日（辛亥），閩浙總督蘇昌奏：『安戢臺郡邊界事宜：……一、<u>二湖</u>、加志閣兩莊係後壠汛所轄，離汛俱二十里，<u>每有生番肆虐</u>，不及救護。查後壠莊已成腹地，不須多兵，現在駐箚外委、千總各一員，兵七十四名；<u>請撥兵十四名駐二湖</u>、十二名駐加志閣。加志閣現有熟番空社，可以修葺居住；<u>二湖應建營房七間</u>〔註48〕。

這段清乾隆 31 年閩浙總督蘇昌的奏摺史料，不但可反應出當時二湖的營盤腳地名由來，且又反映出當時本溪流域與隘曆埔原住民關係之緊張，使閩浙總

〔註44〕邱文光（主持）・呂榮泉（主編），《苗栗縣地名探源》，頁 176。
〔註45〕〔清〕余文儀，《續修臺灣府志》，卷二，〈規制志・坊里志・淡水廳〉，頁 76。
〔註46〕邱文光（主持）・呂榮泉（主編），《苗栗縣地名探源》，頁 176。
〔註47〕邱文光（主持）・呂榮泉（主編），《苗栗縣地名探源》，頁 177。
〔註48〕臺灣銀行經濟研究室（編），《清高宗實錄選輯》（臺北：臺灣銀行經濟研究室・臺灣文獻叢刊第 186 種，1964），〈選輯（一）・乾隆三十一年〉，頁 147～148。

督上奏朝廷須在二湖派兵駐防。不過概自此後，漢人的官兵與民間，對本溪流域的拓殖速度日漸加速，日後隘曆埔社原住民竟完全消失。至日本時代《新竹州第五統計書》中，本溪流域的四湖、銅鑼、三叉等三庄中，除了三叉庄最南部、已鄰近臺中州豐原郡后里庄的「鯉魚潭」大字外，竟完全沒有任何平地或山地原住民人口超過五十名以上的資料記載，也就是到了日本時代，本流域各大字（即清代各庄）的社會結構，幾乎已經完全漢人化，故在清代臺灣各方志中，竟也找不到任何一筆「隘曆埔」社的資料。

又前引〈乾隆黃清明契〉資料中，地主黃清明兩筆土地最後賣給吳士元，吳士元即是現在頭湖與二湖交接地附近「吳屋」的先主。據筆者實際採訪當地，將現在「頭湖」（今為後龍鎮福寧里）、「二湖」（今西湖鄉湖東村、二湖村）一帶含吳屋等各聚落，繪製如「附圖2-4」。

附圖 2-4　頭湖、二湖各聚落與吳屋位置概圖

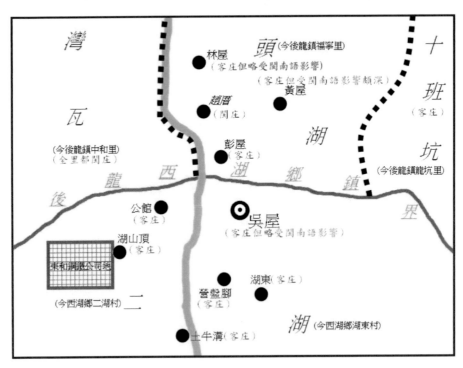

資料來源：筆者自繪。圖中藍色長條者，為西湖溪。

由「附圖2-4」可見，吳屋正位於頭、二湖交接處偏南側，迄今仍屬「二湖」的範圍（今為西湖鄉湖東村），所以〈乾隆黃清明契〉所見吳士元向黃清明

所買兩筆地，其中之一當在此吳屋一帶。經筆者往之田調，並徵得吳屋人同意，從所拍攝到的吳屋祖先牌位中，發現吳屋先祖第十四世祖，有多達數十位先祖都是「吳士Ｘ」的「士」字輩（見「附圖2-5」），士元公也是其中一位，正可證明。

　　此外，由前引〈乾隆黃清明契〉也可發現當時「烏眉」社原住民的首領叫做「灣瓦吠老」，而日本時代「烏眉」大字西鄰的「灣瓦」大字之地名，當源自此。然《苗栗縣地名探源》內作：

　　灣瓦：以該地名宛如屋瓦，略微彎曲，昔日地理師爲此處環境佳，

　　故民眾於此建屋居住，取名灣瓦〔註49〕。

由此引文可見《苗栗縣地名探源》對「灣瓦」地名由來，純是穿鑿附會之說，其實乃因乾隆時期本地原住民首領「灣瓦吠老」之人名而來，猶如前章所述「什班坑」地名乃因於新港社首領劉什班之人名一般。

　　由以上可見，漢人勢力要到雍正至乾隆初年，才在今西湖鄉一帶拓殖，開啓日後漢人勢力源源不絕進入西湖溪流域區的拓殖歷程。

附圖2-5　二湖吳屋十四世祖「士字輩」諸先公祖先牌一隅圖

資料來源：筆者訪談二湖吳屋人時自攝，於此特別感謝吳屋耆老首肯。

〔註49〕邱文光（主持）、呂榮泉（主編），《苗栗縣地名探源》，頁90。

（一）西湖溪中上游區

至於西湖溪中上游區的漢人拓殖，據鄉里傳說，早在乾隆初年，即有位名曰藍之貴入墾本流域中游區「三座屋」之地，當時墾成村莊後，還取名曰「竹仔林」莊。不過藍之貴的開發，卻引發彰化縣有位名曰王桂麟的人忌妒之，向官方謊報藍之貴為盜匪，官方遂率官軍征剿焚掠，結果僅剩茅屋三間，故「三座屋」之名由此來。不過此段史料不見清代臺灣方志中記載，似遲至《（戰後初）苗栗縣志》時，為對此段故事之首見，不知據何所本，卻為頗多研究者所引用〔註50〕。

又據近人研究，到乾隆12年（1747），有吳士貴、吳榮芳招移民從芎蕉灣入墾銅鑼灣、樟樹林；同年又有陳國興等人鳩資五大股，拓殖今日銅鑼鄉九湖一帶、當時名曰牛角坑、旱坑、山水坑、長潭坑等地〔註51〕。又古契約文書史料方面，〈乾隆五十六年日北社業戶絲美干等立招墾批字〉史料記載：

立招墾批字，日北社 業戶絲美干 林 茂材 白番等 光遠 武葛 假己眉 祖遺下山林一處

，坐落土名圓潭仔下，東至河為界，西至山為界，南至員 潭 子坑直上為界，北（至）徐細妹埔為界，四至面踏分明。因社番無力開闢，情願招得漢佃張子斌等（前來開墾）……

……即日批明，倘有生番不測，係承開人抵當

不干業主之事。所批是實。

依口代書

吳緝厚

在場

湯允德

乾隆五十六年辛亥歲七月　　　　　　立〔註52〕

〔註50〕臺灣省苗栗縣文獻委員會，《（戰後初）苗栗縣志》，〈卷首〉，頁25；《（戰後初）苗栗縣志》，卷三，〈地政治·政事篇〉，頁16；黃芳椿（主持）·黃鼎松（總纂），《銅鑼鄉誌》，頁85。引用此說者有如黃國峰，〈清代苗栗地區街庄組織與社會變遷〉，頁93；周怡然，〈終戰前苗栗客家地區鸞堂之研究〉（桃園中壢：國立中央大學客家社會文化研究所碩士論文，2008），頁184～185。

〔註51〕洪敏麟，《臺灣舊地名之沿革·第二冊（上）》（南投：臺灣省文獻委員會，1984），頁276。

〔註52〕〈乾隆五十六年日北社業戶絲美干等立招墾批字〉，收入陳水木·潘英海（編），

引文中的「圓潭子」或「員潭子」都指今銅鑼鄉地的九湖村〔註53〕，其東面即西湖溪，西面即「北大肚山系」，也合於引文中「東至河為界，西至山為界」，至於「北（至）徐細妹埔為界」，是指這片土地北界之近鄰田埔，為一位叫做「徐細妹」的人所有，故曰「徐細妹埔」。這徐細妹該是客家人，因為「X妹」通常都是以往客家人特有的取名方式，閩人極少有之。這份田契可證明到早在乾隆56年前，已有客家人徐細妹等人來開墾西湖溪中游段，而本年時，又有張子斌來開墾。

　　爾後經由乾隆、嘉慶兩朝，客家人不斷向本流域本段區拓殖後〔註54〕，本區銅鑼灣庄已逐漸「鬧熱」，故光緒朝《清苗栗縣志》記載，概到嘉慶朝（1796～1820），銅鑼灣已由村庄變成街市：

> 福興街（俗名銅鑼灣）：在縣治之南，距城一十三里。嘉慶年間，變
> 莊成市〔註55〕。

《清苗栗縣志・建置志・橋渡志》又載：

> 三板橋：在銅鑼灣街頭，距縣南一十四里，嘉慶九年（1804），莊民
> 捐建〔註56〕。

在古代，修橋乃大事，非有眾人鳩資集財力不得修築，嘉慶9年時銅鑼灣已有莊民捐建的三板橋〔註57〕，可見該莊經濟力已豐。《清苗栗縣志》又載到了道光年間，銅鑼灣當地始興建至今仍是該庄最盛之媽祖廟（天后宮）：

> 天后宮……一在銅鑼灣街，距城十二里。道光二十五年（1845），陳
> 元亮等捐建；光緒七年（1881），例貢生陳嘉樂倡捐重修，共一十二
> 間，祀田兩處。年共收穀八十二石，陳嘉樂經理〔註58〕。

銅鑼媽祖廟至今仍是當地大廟之一，其始建於道光25年，可見當地財力頗富。前引當時吳子光在其《臺灣記事》中記載：「銅鑼灣，有聚落，人煙稠

《道卡斯蓬山社群古文書輯》（苗栗：苗栗縣文化局，2002），頁94～95。

〔註53〕〔清〕沈茂蔭，《臺灣省苗栗縣志》，卷三，〈建置志・村莊志〉，頁39。

〔註54〕黃芳椿（主持）・黃鼎松（總纂），《銅鑼鄉誌》，頁85～88。黃國峰，〈清代苗栗地區街庄組織與社會變遷〉，頁93～96。

〔註55〕〔清〕沈茂蔭，《臺灣省苗栗縣志》，卷三，〈建置志・街市志〉，頁36。

〔註56〕〔清〕沈茂蔭，《臺灣省苗栗縣志》，卷三，〈建置志・橋渡志〉，頁55。

〔註57〕四縣腔客語中，「三板橋」就是三座橋連續接著之意，可見此橋非小橋。類似地名在今苗栗縣公館鄉內，日本時代「鶴子岡」中，亦有一地名曰「五板橋」，見邱文光（主持）・呂榮泉（主編），《苗栗縣地名探源》，頁199～200：「（此地）未建公路前……架有五座木橋，俗稱『五板橋』」。

〔註58〕〔清〕沈茂蔭，《臺灣省苗栗縣志》，卷十，〈典禮志・祠廟志〉，頁160。

密，約有數百家，宮廟市肆皆具〔註59〕。」誠不誣也。故到了光緒年間《清苗栗縣志》也記載銅鑼灣街「人煙稠密，計有數百家〔註60〕。」

　　至於今三義鄉（清代為三叉河庄附近，日本時代三叉庄）方面，據近人研究，似早在乾隆年間有廣東省鎮平縣（今蕉嶺縣）人羅芳華、陳碩沐等人入墾〔註61〕；又到咸豐年間則有客家人吳進壽率彭、黃二姓入墾雙連潭一帶〔註62〕。不過，要到同治11年（1872），在《淡新檔案》中，才有以下清代三叉河附近街庄與聯庄總理的明確記載：

　　第三九九　清冊　同治十一年五月初四日　一二二一三—四

　　　淡水分府周，造送淡水廳屬各保總理、董事姓名清冊……

　　　今開：……

　　竹南二保

　　　保長劉保興　鄉長朱順安

　　　後壠街總理杜和安

　　　貓裡街總理謝鎮基

　　　六大庄總理徐佳福

　　　雙連潭庄總理吳乾德

　　　蛤仔市總理張煥彩

　　　三叉河總理楊德友　李德龍

　　　圭隆庄（按：即雞隆庄）總理彭繼生　黃永芳　吳阿三

　　　銅鑼灣庄總理李滄玉

　　　樟樹林庄總理吳金生

　　　頭二三四湖總理陳振綱

　　　鴨母坑庄總理彭清祿

　　　五湖庄紳董賴志達〔註63〕

由引文中可見，單就聯庄總理方面，至少到了同治11年時，西湖溪上游區已有「三叉河總理」、「雙連潭庄總理」的記載。另外方志史料中，則要到光緒

〔註59〕〔清〕吳子光，《臺灣紀事》，卷一，〈紀諸山形勝〉，頁1。

〔註60〕〔清〕沈茂蔭，《臺灣省苗栗縣志》，卷二，〈封域志・山川志〉，頁23。

〔註61〕洪敏麟，《臺灣舊地名之沿革・第二冊（上）》，頁282。

〔註62〕洪敏麟，《臺灣舊地名之沿革・第二冊（上）》，頁284。

〔註63〕臺灣銀行經濟研究室（編），《淡新檔案選錄・行政編初集》（臺北：臺灣銀行經濟研究室・臺灣文獻叢刊第295種，1971），案號：12213-4，頁492～494。

朝《清苗栗縣志》時，才有「三叉河莊」、「內草湖莊」、「雙連潭莊」、「拐子湖莊」等明確記載〔註64〕；而之前在同治10年所修的《淡水廳志・建置志》中，所記載後壠堡的三十三莊內，在西湖溪中游地區已可見「樟樹灣莊」、「銅鑼灣莊」兩莊之記載〔註65〕，但在上游地區卻無載任何一庄，較之前引《淡新檔案》資料，似為漏載。

四、西湖溪流域區的客閩分佈

茲將日本時代西湖溪流域三庄、乃至「海線」的通霄、苑裡兩庄的客閩分佈狀況做如下表〔註66〕：

表2-1　1926年「西湖溪流域三庄」與「海線通霄、苑裡兩庄」客家人口比例表

1926年街庄名／今（鄉鎮名）	本文所佔1926年臺灣客家人〔註67〕所佔比例（％）	1926年在臺廣東籍漢人所佔比例（％）
四湖庄／（西湖鄉）	97.44	91.03
銅鑼庄／（銅鑼鄉）	100.00	100.00
三叉庄／（三義鄉）	93.55	93.55
（參考資料：「海線」之通霄、苑裡兩庄）		
通霄庄／（通霄鎮）	66.12	65.03
苑裡庄／（苑裡鎮）	35.91	35.91

資料來源：《1926年漢籍調查》，頁14～15。

由上表可見，西湖溪流域三庄中，客家人佔盡絕大多數優勢，三鄉鎮客家人口都超過90%強。至於四湖庄中「臺灣客家人」比例高於「廣東籍漢人」比例，是因為計入《1926年漢籍調查》中該庄之汀州籍客家人使然。四湖庄也是本流域三鄉鎮中，唯一有「汀州客家人」分佈之區，故判讀下表之「表2-2」中四湖庄各大字時，其中福建籍也可能包含了汀州客家人，使表中「粵

〔註64〕〔清〕沈茂蔭，《臺灣省苗栗縣志》，卷三，〈建置志・村莊志〉，頁40。
〔註65〕〔清〕陳培桂（等纂），《淡水廳志》，卷三，〈建置志・街里志〉，頁63。
〔註66〕本來「海外線」的通霄、苑裡兩庄，並不在本文討論範圍，原因已如第一章所述，茲不累敘。但因西湖溪流域客家人佔區域族群優勢，使客閩的空間分佈線，已跨過有形的「北大肚山系」，西延至「海線」的通霄、苑裡兩庄地區，故茲將此兩庄、與其下各大字的客閩人口資料，也列入「表2-1」、「表2-2」中以供參考。
〔註67〕即「廣東籍」加上「汀州籍」總人數。

「閩比」並不完全等於真正的「客閩比」〔註68〕。又「表2-2」中，另外將西湖溪下游閩南區諸大字的各族群比例資料亦列入之。

表2-2　1925年西湖溪流域三庄與下游閩庄區各大字之各族群人口比例表〔註69〕

今鄉鎮名	1925年大字名	在臺廣東籍人數	在臺福建籍人數	在臺廣東籍人所佔比例（%）	在臺福建籍人所佔比例（%）	「熟蕃」人所佔比例（%）	「臺灣人人口」數
後龍鎮（西湖溪流域5大字）	烏眉	9	258	3.37	96.63	0	267
	崎頂	24	491	4.66	95.34	0	515
	過港	150	781	16.03	83.44	0.43	936
	灣瓦	180	438	29.13	70.87	0	618
	頭湖	348	252	56.31	40.78	2.91	618
西湖鄉	高埔	1,380	12	99.14	0.86	0.07	1,392
	鴨母坑	1,661	288	85.22	14.78	0.00	1,949
	二湖	1,139	201	85.00	15.00	0.07	1,340
	三湖	950	146	86.68	13.32	0.00	1,096
	四湖	826	9	98.80	1.08	0.00	836
	五湖	1,081	8	99.27	0.73	0.00	1,089
銅鑼鄉〔註70〕	銅鑼	3,104	24	98.73	0.76	0.00	3,144
	三座屋	997	0	100.00	0.00	0.00	997
	樟樹林	441	1	99.77	0.23	0.00	442
	九湖	974	0	100.00	0.00	0.00	974
	竹圍	444	0	100.00	0.00	0.00	444
	老雞隆	1,508	5	99.67	0.33	0.00	1,513
	新雞隆	2,495	13	99.48	0.52	0.00	2,508

〔註68〕同樣，參考資料中海線的通霄庄，也可能包含了汀州籍客家人，故判讀「表2-2」時亦當注意之，但因非本文討論範圍，將不深論之。但由該表可看出，今日閩南化甚深的通霄鎮，在將近八十五年前，幾乎通霄庄內各大字，都是客家人佔優勢。

〔註69〕本表『臺灣人人口』數」計算與「在臺廣東籍人所佔比例」表示方式，同第一章「表1-2」。又，「海線」的通霄、苑裡兩庄其下各大字的族群分佈，亦列入本表為參考資料。又，本表上列各區『支那人』人數」都太少，雖列入『臺灣人人口』數」計算之，但本表未將之列出。又平地原住民人口數亦不多，僅列其比例，而不列其數。

〔註70〕本表「銅鑼鄉」中，並不含後龍溪流域之「芎蕉灣」、「七十分」、「中心埔」三大字。

三義鄉	三叉	1,875	119	92.68	5.88	0.00	2,023
	雙草湖	989	40	95.93	3.88	0.00	1,031
	魚藤坪	568	14	96.93	2.39	0.51	586
	鯉魚潭	626	88	77.96	10.96	10.96	803
	拐子湖	598	4	99.34	0.66	0.00	602
	雙連潭	1,118	2	98.94	0.18	0.00	1,130
（參考資料：以下為通霄、苑裡各大字）							
（通霄鎮）	（通霄）	1,291	1,028	55.55	44.23	0.22	2,324
	（通霄灣）	537	538	*49.95*	50.05	0.00	1,075
	（梅樹腳）	527	122	81.20	18.80	0.15	649
	（南勢）	348	98	78.03	21.97	0.45	446
	（北勢）	264	67	79.76	20.24	1.21	331
	（圳頭）	768	88	89.72	10.28	0.12	856
	（福興）	926	55	94.39	5.61	0.00	981
	（土城）	1,523	287	84.14	15.86	0.22	1,810
	（南和）	729	92	87.62	11.06	0.00	832
	（五里牌）	1,009	523	65.82	34.12	2.41	1,533
	（大坪頂）	572	129	81.60	18.40	0.00	701
	（內湖）	767	93	89.19	10.81	0.23	860
	（北勢窩）	1,351	47	96.64	3.36	0.50	1,398
	（烏眉坑）	1,168	23	98.07	1.93	0.00	1,191
	（楓樹窩）	737	20	97.36	2.64	0.13	757
	（番社）	78	69	53.06	46.94	17.01	147
	（白沙屯）	97	1,568	*5.83*	94.17	0.00	1,665
	（新埔）	51	710	*6.70*	93.30	0.00	761
	（內湖島）	120	310	*27.91*	72.09	0.00	430
（苑裡鎮）	（苑裡）	708	4,398	*13.83*	85.88	0.25	5,121
	（瓦磘）	64	376	*14.48*	85.07	0.00	442
	（房裡）	168	890	*15.85*	83.96	0.75	1,060
	（貓盂）	420	1,497	*21.91*	78.09	0.16	1,917
	（社苓）	991	669	59.66	40.28	1.08	1,661
	（山柑）	297	651	*31.33*	68.67	2.00	948

（山腳）	404	600	*40.24*	59.76	3.19	1,004
（石頭坑）	527	104	83.52	16.48	0.00	631
（南勢林）	651	118	84.66	15.34	0.00	769
（田寮）	345	1,023	*25.22*	74.78	0.15	1,368
（苑裡坑）	693	518	57.18	42.74	4.46	1,212
（舊社）	221	507	*30.27*	69.45	1.64	730
（大埔）	400	106	79.05	20.95	0.20	506
（芎蕉坑）	452	0	100.00	0.00	0.00	452

資料來源：《新竹州第五統計書》，〈戶口‧現住人口〉，頁 44～49。

　　由上表可知，在西湖溪流域區，除下游閩南區段四個大字外，粵籍人幾乎是本流域的優勢族群，故客閩的族群空間分界線，已向西越過「北大肚山系」，在通霄、苑裡地區做分界（見「附圖 2-6」、「附圖 2-7」）。首先從本溪下游段開始論述，在今後龍鎮地，日本時代的「烏眉」到「過港」等四個大字中，大抵都是閩南人居優勢，但到「頭湖」大字時，粵籍人已經過半，達 56.31%。同樣在下游段的四湖庄地區時，粵籍人比例隨著西湖溪越往上游，也越佔族群優勢，在偏下游的「二湖」、「三湖」、「鴨母坑」三大字之區塊中，粵人比例介於 80～90% 之間，並未達 90% 以上〔註71〕。但過了這區塊後越往上游，到三叉庄的「分水崀」山嶺之北，各大字的粵籍人都達 90% 以上。至於過了「分水崀」山嶺之南，已屬大甲溪流域，但除有平地原住民分佈的「鯉魚潭」大字外（粵籍比例 77.96%），粵籍人也都超過 90%。至於「鯉魚潭」大字粵人比例會低於 90%，是因為有閩籍、平地原住民各有 88 人居住其中，便降低了粵人比例。其平地原住民以岸裡社潘姓居多，也多信基督教〔註72〕。

　　但西湖溪流域的「粵人優勢」背後，卻隱含了另一齣歷史上族群矛盾下的悲劇。即是到了日本時代 1925 年，整個西湖溪流域，竟沒有一位「生番」；而平地原住民的「熟番」方面，竟只有客庄「頭湖」大字中，還有 2.91% 的僅十八位「熟番」，其他大字（除過了「分水崀」的「鯉魚潭」外），或是沒有任何一位、或個位數的平地原住民。「頭湖」的十八位原住民，據潘英海研究，該是

〔註71〕但參考「表 2-1」，不能排除有汀州籍客家人被記為福建籍的可能性。
〔註72〕臺灣省文獻委員會，《苗栗縣鄉土史料》，頁 66～67。鄭錦宏，〈鯉魚潭內社潘姓家族〉，《苗栗文獻》，25：39，2007.03，頁 33～40。

道卡斯平埔族「烏眉社」的後裔〔註73〕，「烏眉」大字就在「頭湖」之旁，以地緣關係來論可能性非常高。又前引〈乾隆黃清明契〉說到的「隘曆埔社『野番』」，在清代時的客家人不斷入墾情況下，該社是與漢人敵對狀態的，結果到了 1925 年日本殖民政府所做調查，整個西湖溪流域中，該社後裔竟已不剩一人。「生番」方面，前引〈乾隆五十六年日北社業戶絲美干等立招墾批字〉中也在契約上明載：「倘有生番不測，係承開人抵當，不干業主之事〔註74〕。」可見當時漢佃張子斌向「番業戶」絲美干等人承租土地時，西湖溪中游區還常有「生番」出沒殺漢人，故須在該契約中明載此類事情發生時，不關「番業戶」等人事情。可是同樣到了 1925 年日本殖民政府所做調查時，在西湖溪中游區的銅鑼庄，「生番」和「熟番」都也已不剩一人。

附圖 2-6　西湖溪下游與通霄北區之粵閩分佈圖

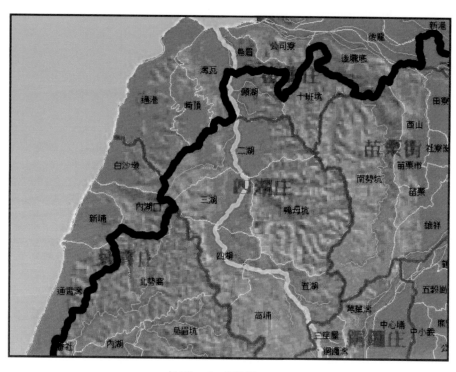

說明：如「附圖 2-3」

〔註73〕潘英海，〈後壠社群的田野調查〉，頁 24～56；頁 31～32。
〔註74〕〈乾隆五十六年日北社業戶絲美干等立招墾批字〉，收入陳水木・潘英海（編），《道卡斯蓬山社群古文書輯》，頁 94～95。

附圖 2-7　西湖溪中上游與通霄、苑裡地區粵閩分佈圖

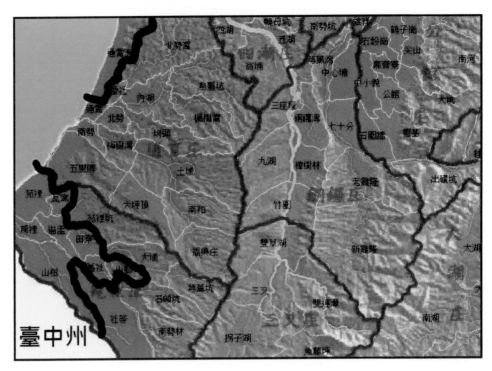

說明：如「附圖 2-3」

　　至於「北大肚山系」以西的通霄、苑裡地區，粵籍人超過 90%的超優勢大字就很少了，只有通霄庄的「福興」、「北勢窩」、「烏眉坑」、「楓樹窩」與苑裡庄的「芎蕉坑」五個大字，是粵籍人超過 90%，佔全通霄、苑裡地區三三個大字的 15.15%。這五大字的特色，都是分佈在「北大肚山系」的西麓山區，沒有一個例外。大致而言，粵人比例超過 50%的客庄，以通霄庄最具優勢。全通霄庄只有「白沙屯」等四個大字是閩庄，其餘都是客庄，客庄佔全通霄庄十九個大字的 93.75%之優勢。苑裡庄則有六個大字是粵人過半的客庄，佔全苑裡庄十四個大字的 42.86%之弱。

　　因為閩客分界線已在通霄、苑裡地區，即清代吞霄堡之地，使清代閩客族群接觸機會其實大多發生於此，反而屬苗栗堡的西湖溪流域，因有「北大肚山系」一山之隔，該流域的客家人接觸閩人的機會相對少很多。見前引〈羅華五文書〉中所述道光 6 年（1826）閩客械鬥中，羅華五曾謂閩客械鬥兵禍所殃及的地方即可證：

　　吞霄一帶一十三庄，原係粤人被閩人所殺，今讀鈞示，謂粤人焚殺
　　閩人，任（閩人）誣秉之情，尤爲冤抑〔註75〕。

這段引文說，位在「北大肚山系」以西的吞霄堡（即竹南三堡）附近有十三個
庄，都被閩客械鬥的兵火殃及。但是〈羅華五文書〉中關於後龍溪流域與西
湖溪流域所在的竹南二堡（後壠堡，即清末苗栗堡），在該場閩客械鬥所殃及之地
時說：

　　（五月以來）一月有餘，上下俱擾，而**壠境**獨平安無事。奈巢匪陳保
　　琳、林東等勾因上下匪黨數千，子六月初九日，初十、十一等日，
　　攻破粤莊**後壠底、兩張犁、柳樹灣、頭湖、二湖、三湖、打呢叭、**
　　牛寮埔（應爲牛欄埔之誤〔註76〕，或當時的另稱）等處十餘庄。

引文中前句所謂「（五月以來）一月有餘，上下俱擾，而『壠境』獨平安無事」，
此「壠境」即指「後壠堡」，也就是竹南二堡或清末的苗栗堡。爲何當時後壠
堡可先保月餘的無兵禍之擾呢？原因可能很多，但也可能與一點有關，即「北
大肚山系」地理形勢較險峻，使閩人暫時不敢妄動。但經過月餘後，後壠堡
也受到這場閩客械鬥戰火波及，在閩客交界之地開始混戰。由羅華五所宣稱
「被攻破粤庄」之地理分佈來看，閩人大致是以清代閩庄後壠街爲中心，向
西境客庄所發動之攻擊。羅華五宣稱「被攻破粤庄」有以下：後壠底、兩張
犁、柳樹灣、頭湖、二湖、三湖、打呢叭、牛寮（欄）埔。其中後壠底、兩張
犁、頭湖、二湖、三湖，在日本時代都還被列入「大字」，可觀前諸附圖即可
知其位置，都是鄰近清代後壠街不遠之處，前兩者在後龍溪流域下游、後三
者在西湖溪流域下游。至於「柳樹灣」，《淡水廳志》做其在清代後壠街東鄰
不遠處〔註77〕，依《苗栗縣地名探源》記載，柳樹灣在今後龍鎮市區大庄里
東南側約一到一・五公里處，並曰：「（大庄）里內瀕臨後隆溪處，柳樹繁茂，
又類似海灣，故稱之」，現則有「柳樹灣堤防」以防後龍溪水勢〔註78〕。又「打

〔註75〕轉引自黃榮洛，〈有關清代閩粤械鬥的一件民間古文書〉，頁139～143；頁141
　　　　～143。
〔註76〕〔清〕陳培桂（等纂），《淡水廳志》，卷三，〈建置志・街里志〉，頁63，「城
　　　　南後壠堡三十三莊（西臨海）：……後壠底莊（四十三里）、南勢莊（四十三
　　　　里）、打哪叭莊（五十里）、牛欄埔莊（五十里）、白沙墩莊（五十五里）」。
〔註77〕〔清〕陳培桂（等纂），《淡水廳志》，卷三，〈封域志・山川志〉，頁30：「內
　　　　西潭山，在南港仔南，下即海豐莊，過柳樹灣蜿蜒而行，可達後壠」。
〔註78〕邱文光（主持）・呂榮泉（主編），《苗栗縣地名探源》，頁86。又參考與「內

呢叭」，指清代打哪叭崎附近的小莊，西湖溪舊名打哪叭溪即從打哪叭崎得
名，前引《重修福建臺灣府志》指出此山崎在西湖溪出海口「近」於「海」
處〔註79〕，當在日本時代「烏眉」或「灣瓦」兩大字附近，故此小莊當在西
湖溪流域下游濱海處。又「牛寮（欄）埔」，前引《淡水廳志·建置志》載：

> 城南後壟堡三十三莊（西臨海）：……後壟底莊（四十三里）、南勢
> 莊（四十三里）、打哪叭莊（五十里）、牛欄埔莊（五十里）、白沙墩
> 莊（五十五里）〔註80〕。

由引文知，牛欄埔莊與打哪叭莊是鄰近的兩小庄，彼此相距不到一里，再往
南五里即到日本時代通霄庄的「白沙屯」大字，故牛欄埔庄也是位於西湖溪
濱海之一小庄。

　　由以上〈羅華五文書〉所呈述道光 6 年閩客械鬥的兵勢來看，在「北大
肚山系」的吞霄堡，客閩、漳泉雜處，平時族群接觸頻繁，亂時戰火勢不可
免；但在「後壟堡」，閩客械鬥的戰火很難真正越過「北大肚山系」以東，
進犯苗栗平原或西湖溪中上游各客庄。閩庄人士多只能循後龍溪與西湖溪沿
溪攻上客庄，但大致過不了「北大肚山系」，就可能已被山以東的客庄「團
練」鄉勇給殲滅。是故，前引〈羅華五文書〉中所述諸地點，都在後龍溪與
西湖溪的「下游區」，無一例外。而這跟清代竹塹城「郊外」粵庄（今新竹縣
地）〔註81〕、與上章所述中港溪流域閩客械鬥的戰火甚至波及到上游的南庄
區，至少有這種基本差別。

政部臺灣行政區域圖」網站，網址：http://taiwanarmap.moi.gov.tw/moi/run.htm，
擷取時間，2010/03/02 之相關附近各鄉鎮地圖而改寫。
〔註79〕 〔清〕劉良璧·錢洙·范昌治（纂修），《重修福建臺灣府志》，卷三，〈山川
志·彰化縣〉，頁 63：「礁荖叭山，小峰錯落，近海。在宛裏山北。」；又頁
67：「礁荖叭溪：源發祐武乃山。出南日、礁荖叭二山之南為礁荖叭港，西入
於海。」
〔註80〕 〔清〕陳培桂（等纂），《淡水廳志》，卷三，〈建置志·街里志〉，頁 63。
〔註81〕 〈羅華五文書〉中說：「淡北以上，漳、泉蜂然而起，數日之間攻破粵人七十
餘庄，被殺不計其數，（所以今新竹縣一帶所有粵庄，）所存（僅）新埔、九芎林（兩
個粵庄）堵禦而已」。

附圖 2-8 由〈羅華五文書〉見竹苗一帶閩粵械鬥地點分佈圖

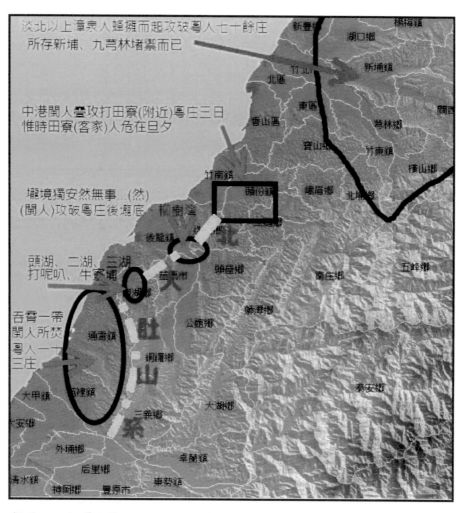

說明：1. 如「附圖 2-3」

2. 圖中今鄉鎮市界，清代不存在焉，本圖標出是爲便於讀者閱讀。

3. 由圖可知，道光 6 年閩客大械鬥，中港溪流域與清代吞霄堡，災情非常而重。然海線的閩人，便難以攻越「北大肚山系」，所以山系東側「苗栗堡核心區」的客庄，便少有災情。

第二節　清代「苗栗堡核心區」之客家人意識降低

「後龍溪中下游段」與「西湖溪中上游段」兩地，在清後期可謂爲苗栗堡核心地區（以下統稱爲「苗栗堡核心區」）。在「北大肚山系」以東和「關刀山

脈」以西的「苗栗堡核心區」，當地客家人在此呈現相對閩人的區域族群優勢後，自然也引發本區客家族群內部人們，因爲爭奪生存資源，也會彼此干戈相爭的局面。如前引《清苗栗縣志・兵燹附考》載：

自康熙迄於光緒，臺地之兵燹頗多；<u>而有關苗邑者則最少</u>。同治以上，略節「廳志」存之：<u>光緒以來，惟有二年雞籠山之役而已</u>〔註82〕。

上引文清楚說明光緒年間所編《清苗栗縣志》編纂群，對苗栗地方附近「兵燹」不多的深刻印象。引文中說，《清苗栗縣志・兵燹附考》在同治朝以上，都是刪節《淡水廳志》寫成的各條項兵燹戰事。但觀諸其中各條兵燹事蹟，幾乎很少是發生在「北大肚山系」以東的後壠溪中游苗栗平原、與西湖溪中上游一帶之「閩客族群械鬥」。故《清苗栗縣志・兵燹附考》說：同治朝以降，唯有光緒2年（1876）的「雞籠山之役」（也就是前引「吳阿來事件」）是發生在此。但吳阿來事件的導火線，並非漳泉、客閩、漢原之間的族群械鬥，而是本區中客家人跟客家人間，因爲利益糾紛發生衝突導致的「客客械鬥」。而後來「吳阿來事件」，也是清代官府結合本區部分客家人勢力一起剿滅，變成另一形式的「客客械鬥」。這在某種程度，很像隔著大雪山之外的宜蘭平原上，都是漳州人居絕對優勢時，則漳州人內部也會爲了生存利益，也同樣會發生「西皮」派跟「福祿」兩派間的「漳漳械鬥」，爲何皆如此？概爲爭權奪利，求取生存空間使然〔註83〕。

〔註82〕 〔清〕沈茂蔭，《臺灣省苗栗縣志》，卷八，〈祥異考・兵燹附考〉，頁135。
〔註83〕 陳其南認爲在清朝治下的臺灣，約到1860年之後，各族群間分類械鬥開始減少，這是因爲臺灣漢人社會意識逐漸拋棄祖籍概念，而以現居聚落組織爲主要生活單位。陳氏便是舉了宜蘭的「西皮福祿械鬥」與苗栗「吳阿來事件」爲例，企圖說明在臺漢人約到1860年之後，已逐漸形成新的臺灣漢人意識。詳見陳其南，《臺灣的傳統中國社會》（臺北：允晨出版，1987），頁112～116。筆者無意介入約20～30年前學界「內地化」與「本土化」之爭，不過在苗栗「吳阿來事件」，究竟是陳氏所謂的：代表了臺灣漢人開始放棄了「祖籍觀念」之端倪？還是只是因爲「相對封閉」區域中的一族群居於絕大多數優勢時，就傾向不太需要刻意強調其祖籍族群意識，反而會從其內部，演化出新的競爭群體，來爭奪生存資源？陳氏舉的兩例，剛好都是臺灣內部某「相對封閉」區域中，使該優勢祖籍族群，在這「相對封閉」區域內，自然會演化出新的競爭群體相互競爭社會資源之例。若以此來論說這樣就已形成新的「土著意識」，似未能究事實真相。但同樣約自1860年後直到日本時代初期，「地形相對開放」的彰化平原，爲何仍分「漳泉」對立意識？又同樣「地形相對開放」的「頭前溪」與「鳳山溪」流域中，相對於閩人大城竹塹城之外的「郊區」粵庄內，「粵人意識」又爲什麼那麼強？故本文認爲，

這種地域族群現象，不僅只於西湖溪中上游的客家優勢區（日本時代四湖、銅鑼、三叉等三庄），也同樣存於後龍溪中游區（同時代苗栗、公館、頭屋等一街二庄）。隨著時間演進，西湖溪中上游與後龍溪中游區這一帶的客家人，從清中葉到清後期，這一帶客家人勢力已呈現區域族群優勢後，也越不傾向凝聚「粵人共識」或「客家意識」等族群符號，做為族群認同以利生存競爭，而是在「粵人」或「客家人」內部，分裂出更小的利益團體來競爭社會利益。於是在本區，出現頗多「客客械鬥」之族群關係現象。故早在清中葉乾隆末年林爽文時，本區客家人可能尚有「粵 vs.閩」關係上的「敏感度」，當閩人勢力可能有危及本區客家人生存危機之時，仍傾向較自發性的有鍾瑞生等人的「粵人民團」出現，以保衛當時本區的「粵人新天地」（即當時後龍堡苗栗平原一帶）。甚至鍾瑞生等勢力，還幫助官府出征到本區外的其他地方去平定林爽文事變〔註84〕。但是越到清後期，本區內的「粵人意識」便逐漸降低，反而開始出現內部競爭，「客客械鬥」也開始出現。本區「客客械鬥」並非僅只「吳阿來」事件一例而已，又有清後期咸豐年間五湖的賴屋與苗栗謝屋之械鬥事件，茲述如下：

清咸豐年間，五湖賴屋與苗栗謝屋雙方不合，導致雙方「客客械鬥」事件，據今人口述記憶，大致過程為：相傳當時五湖賴屋的當家者為賴志達，其兄長賴崇文常往貓裏街（即日後苗栗街，今「南苗」，以下改用今稱苗栗）辦商貨，與苗栗的謝屋人有口角，被苗栗街謝屋人綁架污辱。賴志達差人談判營救，亦被苗栗謝屋人以繩索綑綁，最後幾經波折，賴志達終從謝屋人士手中救回

「西皮福祿械鬥」與「吳阿來事件」該是臺灣內部某相對封閉區域中，一祖籍族群過於優勢後，自然會演化出新的競合群體下，所導致「不用再強調祖籍」之械鬥。

又，本文所謂「相對封閉」地形與「相對開放」地形概念，並不是指一個「絕對」的自然地理概念，它是「相對」的「族群關係空間」概念。即假設如果宜蘭平原上，是一直同時存在著漳泉之爭，那其族群械鬥的「祖籍依歸」性質仍會強；同樣，若假設苗栗平原上存在了兩個城鎮，一個是以閩人為優勢；一是以客家人為優勢，則若苗栗平原發生械鬥，很可能仍是會「以祖籍為依歸」的性質。則上述宜蘭、苗栗兩地，仍可謂是「族群關係空間」上「相對開放」之地理空間。

〔註84〕〔清〕陳培桂（等纂），《淡水廳志》，卷九（下），〈義民列傳·鍾瑞生列傳〉，頁275：「鍾瑞生，後壠七十分莊人，籍（廣東省嘉應州）鎮平（縣）……林爽文亂，瑞生……招集後壠一十八莊義民二千五百人，在地設堆……復帶勇，截途搜緝，破大甲賊巢，平塹南，分卡堵禦。越年，選義民赴鹿港助守埔心莊。適閩安副將徐鼎士按臨大甲，仍帶勇隨軍進攻彰化豬哥莊、龍目井等處。」

兄長及其他人員。但賴志達不甘被辱，遂於咸豐 9 年（1859）聯合附近村莊眾人，前往苗栗街攻擊謝屋人士。謝屋當時以謝扶持為首，聲勢較強，甚至聯合北埔姜家的姜榮華人馬前來助陣，於是賴屋與謝屋雙方人馬，大戰於苗栗街西南方貓裏山大坪頂。相傳，本來五湖賴屋人馬並不多，勢力本已弱，但賴志達信奉之神「王爺公」突然「顯靈」，反使賴屋人勢力能以少克多，贏得這場「客客械鬥」，逼退謝屋人馬。後來五湖賴屋將陣亡人士集葬祀奉，持續至今日，「五湖王爺公」仍為五湖賴屋的祭祀主神〔註85〕。

此外又有以下案例：依近編《大湖鄉誌》傳說到清同治年間，新雞隆流域有力墾戶吳定新家族，覬覦「牛鬥口峽谷」東側的泰雅族原住民傳統領域「大湖（泰雅族人稱「馬凹」）」新天地，並聯合山地原住民他把賴社做內應，入侵大湖，開啟漢人拓殖大湖之始。但約莫此際，「出礦坑」另一客家人勢力邱大滿家族，眼見吳屋人拓殖大湖，心生羨忌，也對開墾大湖有了興趣，並同樣聯合山地原住民八卦力社做內應以入侵大湖，於是新雞隆吳家跟出礦坑邱家，雙方因拓殖利益而劍拔弩張。吳定新遂於同治元年（1862）四月，率廿五名銃手，攻擊並燒毀邱屋人所建隘寮。此舉當然會引起邱屋人報復，同年九月，邱屋人邱大滿、邱細滿兄弟，更率百餘名銃手進攻吳屋在汶水的據地，但邱細滿卻反被吳屋人所殺（此處傳說有誤，詳後），於是敗走。此後雙方零星的「客客械鬥」仍不斷，直到同年十一月才接受調解，並於次年九月一日簽訂「接隘合約」〔註86〕。邱屋與吳屋「接隘」後，似曾一度合作，爭取出礦坑的石油利益，此可見《淡新檔案》第 14408 案號之諸案卷。又由第 14408案號中，可知前述傳說中邱細滿並非死於同治年間，因為據《淡新檔案》第14408-41案卷光緒 8 年 1 月〈臺北府新竹縣竹南二保貓裡出礦坑庄民邱細厤（即滿字）為事經官諭有案可查恩懇乞核案保釋以全蟻命事〉可知，此案卷發文者還是邱屋人的邱細滿，因當時其兄邱大滿為衙門收押，故發文乞求衙門飭回其兄。由此可知，到光緒 8 年 1 月時，邱細滿還活著〔註87〕。

〔註85〕以上參考張致遠，《苗栗縣客家風情（上）》（苗栗：苗栗縣文化觀光局，2007），頁 142 與賴文慧，〈臺灣汀州客二次移民研究：以苗栗縣造橋鄉平興村謝姓家族為例〉，頁 69～70 所改寫。

〔註86〕黃碧忠（主持）‧吳兆玉（總編纂），《大湖鄉誌》，頁 139～141。又頁 140～141 附有一件兩造和解之同治 11 年 9 月〈立接隘合約字人金合成〉的古文書。

〔註87〕〔清〕光緒 8 年，〈臺北府新竹縣竹南二保貓裡出礦坑庄民邱細厤為事經官諭有案可查恩懇乞核案保釋以全蟻命事〉，《淡新檔案》，案號：14408-41；與本案其他卷。

　　然又據該案 14408-044 案卷，光緒 8 年 1 月〈新竹縣正堂徐（錫址）爲移
請派兵防護事〉載：

> 欽加同知銜調授新竹縣正堂徐（錫址）爲移請派兵防護事。本年正月
> 十三日，據總管煤油礦務蔡崇光函稱：（邱屋人）以邱大滿獲案訊辦，
> 有餘黨吳乾義等糾集多人，欲赴該廠報復，並有吳定新黨夥，謂邱
> 大滿油井已歸商辦……十一日早晨，糾出生番數十人，各持火鎗，
> 與隘丁互相攻擊，鎗斃隘丁一名，割取首級……
>
> 　　　　　　　　　　　　　　光緒捌年正月十四日承工總呂詳。
>
> 　　　　正堂徐（錫址畫押）〔註88〕

前引第 14408-41 案卷中，邱屋人邱細滿還發文乞求衙門飭回其兄邱大滿；可
是由本 14408-044 案卷文可知，就在該月 11 日，邱屋人竟聯合「餘黨」也就
是吳屋人吳乾義等多人，包含吳定新在內，於 11 日早晨，「糾出生番數十人，
各持火鎗，與隘丁互相攻擊」，並至少死了一名隘丁。對比兩案號，可知邱屋
人似在玩兩面手法，因爲：一、出礦坑煤油礦務總局是沈葆禎下令辦的，這
些鄉民竟敢圍攻官方辦的煤油礦務總局並殺人馘首，茲事體大；二、邱細滿
等邱屋人一面發文乞求新竹縣衙放其兄，一面卻公然攻擊官方所辦煤油礦務
總局，在官方眼中實也難堪。故新竹縣衙於 13 日收到消息，14 日就發文下令
三位頭役火速前往嚴加密察〔註89〕。

　　可是因出礦坑石油利益引發的是非還不僅於此，尚有另則因出礦坑石油
利益導致本區客家人械鬥事。事見《淡水廳志》載〈礦案〉：

> 礦油出貓裏溪頭內山，油浮水面，其味臭……煎煉之，爲用甚廣。
> 有番割邱苟者，勾引生番殺人，犯案纍纍，據此溪爲己有。同治
> 三年（1864），初瞨與吳姓，每年百餘元；四年，復改瞨「寶順洋
> 行〔註90〕」，每年千餘元，遂至互控。吳姓復糾眾與寶順互爭，**幾
> 釀巨案**。邱苟屢拏未獲；同治九月二月差役購拏到案，一訊具狀，

〔註88〕〔清〕光緒 8 年，〈新竹縣正堂徐（錫址）爲移請派兵防護事〉，《淡新檔案》，
　　　　案號：14408-44。
〔註89〕〔清〕光緒 8 年，〈新竹縣正堂徐（錫址）爲特飭密查防護事〉，《淡新檔案》，
　　　　案號：14408-43。
〔註90〕英國人 John. Dodd 於 1866 年在淡水滬尾所創設行號，該公司英文名稱是：
　　　　Dodd.&Co. 1868 年後公司轉設於大稻埕，見黃富三（撰），〈寶順洋行〉詞條，
　　　　「臺灣歷史辭典」網站，網址：http://nrch.cca.gov.tw/ccahome/website/site20/
　　　　contents/020/cca220003-li-wpkbhisdict004591-1345-u.xml，擷取時間：2010/3/22。

詳請委員覆訊，就地正法，此地照舊封禁〔註91〕。

至於連橫《臺灣通史》則說該案導致「集體械鬥」：

> 咸豐末年，粵人邱苟，通事也，勾引生番殺人，官捕之急，遁入山。
> 至貓裏溪上流，見水面有油，味殊惡。時乏燭，燃之絕光。竊喜，
> 以告吳某。某以百金購之，而不知用。苟復購「寶順洋行」，歲得銀
> 千餘兩。遂互爭權，**集眾械鬥，久不息**。(同治) 九年二月，淡水同
> 知逮苟治罪。又以外商無在內地開礦之權，封之〔註92〕。

由上兩引文可知咸豐年間的邱苟，發現出礦坑石油佔己有後，先購租給「吳
某人」，但之後又轉給「寶順洋行」開發，導致三造互爭石油開採權事。不過
參《淡新檔案》中咸豐 11 年（1861），案號第 17312 等相關案件，可知此案複
雜，其中還與今公館鄉一帶（時名蛤仔市）有力墾戶張進生，以及「七十分」、
「石圍牆」一帶的「芎中七石」隘有力者吳姓人之間的恩怨有關。當時「芎
中七石」隘之吳屋人曾向官方控告說邱苟是盜匪，又宣稱邱苟就是張進生之
姪兒，還說邱苟易名假稱「金福安」來冒充隘首，並又攜械帶著隘丁越界到
「芎中七石」隘收租穀〔註93〕。此兩造恩怨後來從咸豐延續到同、光年間，
又加上新雞籠吳屋人吳定新等，並也可能跟前述光緒初年「吳阿來事件」有
關係，然因這些糾葛太過複雜也非本文主旨，茲不一一敘述。但可知這一帶
人雖同是客家人，仍為了東邊的「牛鬥口峽谷」內之出礦坑油礦，與峽谷以
東的今獅潭、大湖之拓墾利益，彼此械鬥、爭訟不已。

又另一案例則發生在光緒 8 年（1882），於今苗栗市範圍內的客家人之間
之水利爭訟，纏訟數年並終釀成命案事。此可見《清苗栗縣志·水利志》載：

> 貓裏三汴圳：距縣南三里，其水自龜頭山引入，灌（今日苗栗市內之）
> 田八百餘甲……
>
> 謹按：此圳，於龜頭山下砌磘……北行一里許，爲內麻溪洲莊……
> 分灌維祥、嘉盛、南興、中興、西山、大田六莊等田八百餘甲……
> 光緒八年，內麻溪洲莊民人張瓊榮，於汴面開圳，引水車行灌伊旱
> 埔。經六莊民人湯文彬、徐進坤等赴新竹縣控爭，纏訟五年。經縣

〔註91〕 〔清〕陳培桂（等纂），《淡水廳志》，卷十二，〈物產考·礦案〉，頁338。

〔註92〕 (清末日初) 連橫，《臺灣通史》（南投：臺灣省文獻委員會，1996），卷十八，
〈榷賣志·煤油〉，頁 394～395。

〔註93〕 〔清〕咸豐 11 年，〈芎中七石圍牆等庄隘首四和成爲懇恩吊銷隘戳以杜越界
爭收而安農業事〉，《淡新檔案》，案號：17312-016；與本案其他卷。

　　五任、堂訊十數次，俱以張瓊榮本無水額，斷令將圳填塞。張瓊榮
　　反覆抗斷，十二年釀成命案，控（臺北）府提訊〔註94〕。

按《淡新檔案》中光緒 6 年之〈貓裏街監生張瓊榮庄耆陳阿珠等爲怒甲扯乙
僉懇分別扣除以免株累事〉一案，可知張瓊榮本就是貓裏街上的監生，可能
有另宅於內麻溪州庄（今苗栗市東南郊），當爲客家人。但他在當時六大庄（今
苗栗市東、北、西郊）的「三汴圳」中「本無水額」，卻逕行鑿引「三汴圳」水
想開自己的田業，遂引起六大庄人不滿。六大庄人湯文彬、徐進坤等，遂往
新竹縣衙控告張瓊榮。歷經纏訟五年，經過五任知縣並開庭十數次訊問後，
新竹縣衙判定張瓊榮因本無「三汴圳」水利權，應停開田業。但又據《淡新
檔案》中光緒 12 年之〈秉爵撫憲劉（銘傳）〉所載：

　　貓裏街內麻庄監生張瓊榮，與生員劉少拔等□□□□水圳起釁，至
　　六庄之徐進坤等，銃傷張阿松斃命……〔註95〕

由引文知，六大庄的原告徐進坤等在纏訟之際，竟又開槍殺了張瓊榮的人張
阿松，終「釀成命案」出了人命，所以如前引《清苗栗縣志・水利志》載，
張瓊榮便向新竹縣的更上一級臺北府衙控訴。但這場苗栗客家人之間（苗栗街
對郊區六大庄），最終爲什麼會「釀成命案」呢？推測當時可能發生過苗栗客家
人間的小規模械鬥，由《淡新檔案》史料可見，六大庄的人連槍都拿出來了，
所以出了人命，終使臺北府衙也捲入其中是非。

　　上述這幾場清後期竹南二堡（苗栗堡）境內的「客客械鬥」，都顯示本堡境
內客家人形成區域內超優勢後，也越發不傾向或不需要利用「粵人認同」或
「客家認同」等同鄉性族群符號以利團結，反在本堡空間內，從「粵人」或
「客家」內部，分離出新的競爭團體，其也不再傾向以祖籍做分類，故異姓
間的、或小街庄間的「客客械鬥」，在本堡內屢次發生。

第三節　後龍溪流域上游地理環境與族群分佈

　　後龍溪自苗栗平原往上游方向，有由本溪橫切了「關刀山脈」（高度概 500

〔註94〕　〔清〕沈茂蔭，《臺灣省苗栗縣志》，卷三，〈建置志・水利志〉，頁 51～52。
〔註95〕　〔清〕光緒 6 年，〈貓裏街監生張瓊榮庄耆陳阿珠等爲怒甲扯乙僉懇分別扣除以
　　　　　免株累事〉，《淡新檔案》，案號：17205-29；與〔清〕光緒 12 年，〈秉爵撫憲劉
　　　　　（銘傳）〉，《淡新檔案》，案號：15110-1 號。以上擷取自「臺灣大學數位典藏資
　　　　　源中心」網站，網址：http://www.darc.ntu.edu.tw/newdarc/，擷取時間：2009/11/15。

～900 公尺之間）而形成的「牛鬪口峽谷」。本峽谷東開口爲今汶水社區附近，西開口爲今公館鄉上福基，峽谷夾於兩大山之間，地勢險要。過了本峽谷，便是本文所稱之「後龍溪流域上游區」。在「牛鬪口峽谷」南側，在日本時代爲「出磺坑」、以北爲「桂竹林」大字，到了汶水一帶，若往後龍溪上游繼續溯源，則其主支往南可入大湖盆地，又在北側匯入自北往南流的支流桂竹林溪。

　　日本時代也以在汶水一帶附近爲界，以北稱爲「獅潭庄」，轄有「獅潭」、「八角林」、「桂竹林」三大字；以南稱爲「大湖庄」，轄有「大湖」、「南湖」、「馬那邦」等三大字；至於兩庄以東的後龍溪流域區，隔著「八卦力山脈」則爲以泰雅族爲主的「蕃界」〔註96〕。上述三地到日本時代大正9年（1920）後同屬「新竹州大湖郡」所轄，也是本文所稱後龍溪流域上游區所在。戰後，「獅潭庄」改爲今獅潭鄉；「大湖庄」改爲今大湖鄉；「蕃界」則改爲今泰安鄉，爲山地原住民之山地鄉。後龍溪上游區也大致可分爲「獅潭鄉」、「大湖鄉」、「泰安鄉」三個地區，以下先談獅潭鄉地區的溪流與山勢狀況；其次談大湖鄉地區。至於泰安鄉地區乃原住民族居住範圍，清代漢人尤其客家人並不多，除非必須提及，否則本區將多著墨於獅潭鄉與大湖鄉兩地區。

一、獅潭鄉地區地理環境

　　後龍溪在本地區地支流是桂竹林溪，該溪發源自「獅潭縱谷」的「分水崠」附近之半路寮〔註97〕，分水崠以南到汶水，是桂竹林溪流域；以北，則是後龍溪另一條支流獅潭溪。桂竹林溪往南，流經「八角林」、「桂竹林」兩大字，其在八角林境內段則又稱八角林溪，至汶水時匯入後龍溪。戰後，此二大字分爲「豐林」、「新豐」、「竹木」三村，今一般習慣稱爲「南三村」〔註98〕。

（一）黃南球與劉緝光兩拓殖勢力

　　獅潭溪則自「分水崠」發源，循獅潭縱谷北流，支流有數十條之多，主源是和興溪，到今新興橋附近納入自東南向來的十九份溪後，改稱新店溪；

〔註96〕日本時代大湖郡又轄罩蘭庄（今卓蘭鎮），但本文緒論已言不談之，故此處亦省。

〔註97〕黃鼎松（主編）、賴典章・劉國賢（等編），《重修苗栗縣志・卷二・自然地理志》，頁281。

〔註98〕曾桂龍（總編），《獅潭鄉志》（苗栗獅潭：獅潭鄉公所，1998），頁43。

至「獅潭」大字中心城鎮「新店」附近，分別在東方納入大、小東勢溪，便改稱獅潭溪向北流。獅潭溪繼續納入獅潭縱谷中東西兩翼各支流，到今百壽村附近轉西北向，在竹排潭切穿八角崠山脈，進入頭屋庄「老田寮」大字改西向流，便改稱老田寮溪〔註99〕，蜿蜒數公里後注入後龍溪。獅潭溪在本區域流段，在日本時代都劃爲「獅潭」大字。戰後，「獅潭」大字再細分爲「百壽」、「永興」、「新店」、「和興」等四村，今習慣又稱之爲「北四村」。而獅潭義民廟的祭祀圈，也僅於「北四村」〔註100〕，即舊「獅潭」大字，並不及於同鄉境內的「南三村」。

又在「獅潭」北端今百壽村的北境，俗名「新莊仔」之地，有數小溪流發源自獅潭縱谷支北的「祭山崠」〔註101〕後北流，爲中港溪支流南港溪之源，因此地日本時代仍屬「獅潭庄」的「獅潭」大字轄下，於此併入後龍溪流域上游區的獅潭鄉地區一起談之。

由以上獅潭地區境內溪流狀況可見，本地區主要溪流都是南北流向，這是因爲獅潭鄉地區本身，就是南北向的獅潭縱谷地形，其又與南側的大湖盆地合稱爲「獅湖縱谷」〔註102〕。獅潭縱谷西側即是八角崠山脈，其山勢在前章已述；東側則爲八卦力山脈，其取名自本山脈最高峰，標高約1001公尺之八卦力山。八卦力山脈平均高度概在九百到一千公尺〔註103〕，其山是由南而北概如以下：最南從八卦力溪與汶水溪交流口開始，往北可到八卦力山，再往北經過數個山頭後，可到標高約968公尺的仙山，再往北到標高約915.4公尺的大窩山。至此，山勢逐漸緩降，往北爲標高約835.5公尺的福南山，再往北爲約773.9公尺的崩山，再往北爲約726.6公尺的桃牛坪山，再往北爲獅潭、三灣、南庄三鄉交界的神桌山〔註104〕。自此，八卦力山脈更往北延伸，但已進入中港溪流域區，茲不累述。由八卦力山脈西向到達獅潭峽谷底時，谷底

〔註99〕 曾桂龍（總編），《獅潭鄉志》，頁38。

〔註100〕依獅潭義民廟者老何恭成先生口述，茲特別感謝何先生接受筆者採訪，並提供許多珍貴資料。不過若依黃南球後裔黃卓權老師說法，則該義民廟祭祀圈恐尚不北及百壽村，請詳第四章。

〔註101〕也稱分水崀，但爲與前述分水崀區別，本文仍稱祭山崠。

〔註102〕黃碧忠（主持）·吳兆玉（總編纂），《大湖鄉誌》，頁67。

〔註103〕曾桂龍（總編），《獅潭鄉志》，頁16。

〔註104〕曾桂龍（總編），《獅潭鄉志》，頁16～17，又參考與「內政部臺灣行政區域圖」網站，網址：http://taiwanarmap.moi.gov.tw/moi/run.htm，擷取時間，2010/03/02之相關附近各鄉鎮地圖而改寫。

均高多在三五○公尺，再向西又是高聳的八角崠山脈，而獅潭峽谷長度竟長達約十七‧五公里。故當地流行說：「我們獅潭鄉，兩邊有高嶺，中間直直一條坑〔註105〕。」

附圖 2-9　後龍溪上流獅潭鄉地區地勢與日本時代各大字圖

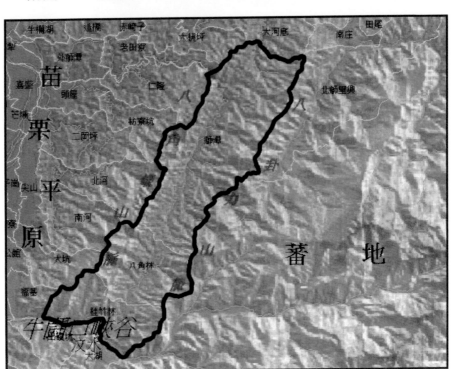

説明：如「附圖 2-3」

　　獅潭峽谷中的獅潭溪與桂林竹溪，兩側的河階沖積台地發達，河階面距離河谷不高，這本身就是個有利農作的地形條件〔註106〕，吸引清後期以來客家人不斷來此開墾。然而當清代中葉之際，以客家人為主的勢力，拓殖後龍溪中游段的苗栗平原時，「獅湖縱谷」尙是山地原住民（以泰雅族爲主、賽夏族次之）的傳統領域，當時漢原界線當大致以八角崠、關刀山脈爲界。然清中葉時因漢原關係不佳，導致「獅湖縱谷」中原住民，常出「牛鬥口峽谷」反擊漢人，故當時以客家人爲主的漢人，也在苗栗平原東側，即關刀山山脈西側，

〔註105〕曾桂龍（總編），《獅潭鄉志》，頁 16。又，這句話的「嶺」、「坑」兩字，要用客語念才會押韻。
〔註106〕曾桂龍（總編），《獅潭鄉志》，頁 17。

設許多「隘寮」以防禦〔註107〕。是故在今公館鄉境，仍有一地俗稱「隘寮下」或「隘寮腳」，即源於此。此外，清代時「獅湖縱谷」中滿山遍野的樟樹林，同樣也是吸引漢人來此拓殖的一大動力，故更加吸引漢人入侵「獅湖縱谷」，奪取樟腦林，拓殖新田地。所以到清後期至日本時代，漢原界線已大致東移到以八卦力山脈爲界線，此山之東境，後爲日本政府劃爲「蕃界」。清後期開墾「獅湖縱谷」最有名的拓殖家之一，便是客家人的「黃滿頭家」黃南球，麾下隘勇成群，常與山地原住民干戈相向互以爭雄。連橫曾稱之曰：

> 苗栗近內山，群番伏處，殺人爲雄……南球既出入番地，知其土腴，請墾南坪、大湖、獅潭等處，縱橫數十里，啓田樹藝，至者千家〔註108〕。

這段引文簡扼說明了苗栗內山之地的獅潭大湖一帶，當時漢人與山地原住民關係非常之緊張。同時也點出當時漢人爲了樟腦與豐腴土地的利益，入侵山地原住民的傳統領域，以致相互間「殺人爲雄」，能殺對方越多者即是此邊區英雄人物，其中以黃南球爲最著名者。依前引連橫說法，黃南球拓殖的土地「縱橫數十里」，概竹苗一帶內山，都有其勢力。且當時隨黃南球入墾內山者，有至「千家」之眾，至少今日獅潭鄉之地，多爲其拓殖勢力範圍。故黃南球一生，有許多攻打原住民的「英雄傳說」，其中最著名者有二：即「打鑊析」與「屙屎嚇番」，皆爲苗栗人家喻戶曉之鄉里故事〔註109〕。

〔註107〕見〔清〕陳培桂（等纂），《淡水廳志》，卷三，〈建置志・隘寮志〉，頁47之「芎中七隘」、「大坑口隘」、「蛤仔市隘」、「嘉志閣隘」諸條，此皆在苗栗平原東側。

〔註108〕（清末日初）連橫，《臺灣通史》，卷三五，〈貨殖列傳・黃南球列傳〉，頁767。

〔註109〕「打鑊析」故事可見黃卓權，《跨時代的臺灣貨殖家——黃南球先生年譜（1840～1919）》，頁161。本文概改寫如下：「打鑊析」也做「打鍋殺」或「打鍋折」或「打鍋析」，因爲客語中的「鑊」字即鍋子之意；「殺」、「折」、「析」三字客語音近，故寫法不一，本文統以「打鑊析」書之。「打鑊析」在今獅潭鄉的和興一帶，清後期即有黃南球之伙房在焉，其面臨獅潭溪上源，溪岸高陡，形成易守難攻之局。一日，山地原住民突然趁機襲擊此伙房，黃南球恰也在此，因爲彈頭用盡，黃南球臨急生智，下令家丁將伙房中所有大鐵鑊（大鐵鍋）敲碎，以碎片充當彈頭，沒想到碎片爆炸四射，殺傷力更強，原住民死傷慘重，不敵而退，於是黃南球便將此地命名爲「打鑊析」。

「屙屎嚇番」故事可見黃卓權，《跨時代的臺灣貨殖家——黃南球先生年譜（1840～1919）》，頁216～218；或陳運棟，〈黃南球先生軼事〉，收入黃卓權，《跨時代的臺灣貨殖家——黃南球先生年譜（1840～1919）》，頁379～383，頁382。本文概改寫如下：「屙屎嚇番」則相傳是光緒17年（1891），黃南球奉

　　以上傳說，都是苗栗鄉里中父老相傳故事〔註110〕，可見黃南球在清後期對苗栗客家人的歷史記憶影響很大。這顯示清後期苗栗一帶、特別是獅潭這一帶的內山附近，漢原關係極其惡劣，故有這類「征番英雄」之傳說流傳。在清帝國邊區的獅潭一帶，黃南球確實替漢人，特別是客家人，開墾了許多新天地，雖然這背後隱藏了許多漢、原兩民族間許多族群激烈衝突之故事。至今日，以客家人為主的漢人，已在狹長的獅潭縱谷上，形成一連串大小客家聚落。可謂今日之獅潭鄉漢人，特別是「獅潭」與「八角林」兩大字內〔註111〕，有一定比例就是當年隨黃南球拓殖而移入之後代。

　　至於「桂竹林」，則為苗栗「金永昌」號劉緝光為主的拓殖勢力範圍。劉緝光為苗栗平原上今公館鄉地之尖山庄人，為清代苗栗著名「雙舉人」劉獻廷之曾孫，其在光緒10年（1884）〔註112〕與眾人組「金永昌」號，從蛤仔市（今公館鄉附近）沿著「牛鬪口峽谷」東拓其勢力，與泰雅族人力戰，後終佔有「桂竹林」一帶〔註113〕。劉緝光與黃南球長期保持友好關係〔註114〕，兩人在獅潭縱谷上的拓殖勢力範圍界限分明，不至引發太多恩怨，故劉氏一直是「桂竹林」的主要拓殖者。

新任臺灣省巡撫邵友濂之命，率眾征討大料崁（今桃園大溪）原住民，其時黃南球已是威名遠颺人物，原住民皆曾聽聞之，但未曾親眼一睹黃南球真面目過。於是黃南球利用這點，吩咐家丁編織比平常人腳還大數倍之草鞋，丟在原住民常出沒地，原住民拾草鞋後，便在部落傳言：「黃南球可能是位身材很高大的巨人，不可輕惹」。爾後，黃南球又命家丁收集人類糞便（有些傳說則是收集香蕉），再以巨大之竹筒擠之，假造比常人還長還粗的屎條，再佈於原住民必經路徑上，原住民再睹之，以為黃南球能拉出如此又粗又長的屎條，更深信黃南球真是巨人，萬不可惹，在驚駭之餘紛紛撤退，這便是黃南球著名的「屙屎嚇番」傳說。

〔註110〕筆者幼時便常聽家父屢次講述過。

〔註111〕黃卓權，《跨時代的臺灣貨殖家——黃南球先生年譜（1840～1919）》，頁147～175。

〔註112〕臺灣銀行經濟研究室（編），《臺灣私法物權編》（臺北：臺灣銀行經濟研究室·臺灣文獻叢刊第150種，1963），卷四，〈物權之特別主體·墾闢合約字〉，頁1674～1675。文中記載：「情因桂竹林一帶地方，皆緣前承墾各戶，先後疊遭兇番擾害，以致屢闢不成。迨光緒十年間，經光等招集股夥……並奉林統憲給墾，僉議公號曰：『金永昌』。」可見光緒10年之前，漢人欲越過「牛鬪口峽谷」往東拓殖時，來自山地原住民的反抗甚烈。

〔註113〕周錦宏（總編），《苗栗縣獅潭鄉竹木村誌》（苗栗：苗栗縣文化局，2005），頁122～123，但書中誤將劉緝光等人組「金永昌」號時間記為同治年間。

〔註114〕黃卓權，《跨時代的臺灣貨殖家——黃南球先生年譜（1840～1919）》，頁147～175。

（二）獅潭鄉地區漢人分佈

獅潭鄉地區在日本時代共「獅潭」、「八角林」、「桂竹林」等三個大字，下表引前「表2-1」、「表2-2」例，將《1926年漢籍調查》與《新竹州第五統計書》兩人口資料分列爲「表2-3」、「表2-4」如下：

表2-3　1926年獅潭庄客家人口比例表

1926年街庄名／今（鄉鎮名）	本文所佔1926年臺灣客家人〔註115〕所佔比例（%）	1926年在臺廣東籍漢人所佔比例（%）
獅潭庄／（獅潭鄉）	100.00	100.00

資料來源：《1926年漢籍調查》，頁14～15。

由上表可見，到了1926年獅潭鄉庄中，客家人幾乎佔盡100%的超優勢，且沒有記載福建汀州客家人。

表2-4　1925年獅潭鄉地區三大字之各族群人口比例表〔註116〕

今鄉鎮名	1925年大字名	在臺廣東籍人數	在臺廣東籍人所佔比例（%）	在臺福建籍人數〔註117〕	在臺福建籍人所佔比例（%）	熟蕃人數	熟蕃人所佔比例（%）	生蕃人數	熟蕃人所佔比例（%）	臺灣人人口數
獅潭鄉	獅潭	2,946	97.58	71	2.35	23	0.76	110	3.64	3,019
	八角林	1,408	99.93	1	0.07	0	0	0	0	1,409
	桂竹林	1,127	99.82	2	0.18	0	0	0	0	1,129

資料來源：《新竹州第五統計書》，〈戶口·現住人口〉，頁48～49。

由「表2-4」可見，到了日本時代1925年，獅潭鄉地區三大字，粵籍客家人已經佔絕大多數優勢比例，三個大字內的粵籍客家人比例都超過97%以上，平地原住民跟山地原住民都已鮮少，而且都集中在「獅潭」大字。由此可見清後期以來，本地區經過黃南球與劉緝光等漢人武裝勢力，加上清代劉銘傳「開山撫番」、與日本時代初期對山地原住民的圍剿等強力拓殖，原住民已經在本區呈現極弱勢，主要都已往東撤退到八卦力山脈以東山區。

〔註115〕即「廣東籍」加上「汀州籍」總人數。

〔註116〕本表「『臺灣人人口』數」計算與「在臺廣東籍人所佔比例」表示方式，同第一章「表1-2」。又本表三大字的「『支那人』人數」都太少，雖列入「『臺灣人人口』數」計算之，但本表未將之列出。

〔註117〕理論上獅潭庄三大字的福建籍人數同樣也可能包含了汀州籍客家人，但參考「表2-3」，發現本三大字並無汀州籍客家人。

又「獅潭」大字內有 71 名福建籍人、「八角林」大字僅 1 人、「桂竹林」大字僅 2 人，合計共 74 名閩籍人。若按「表 2-3」資料來看，這些應該不是汀州客家人，而是以說閩南語為主的閩籍人士，但也在本區在極低比例。又，也可能因本地區閩籍漢人未滿百人，故在《1926 年漢籍調查》中被略而不書。

二、大湖鄉地區地理環境

後龍溪經汶水社區後往上游，進入今大湖鄉境，溪水東迎發源自鹿場大山西麓的支流汶水溪。汶水溪沿途切割了今泰安鄉地的加里山脈附近山勢，切割地形發達，河道多呈狹隘的「V 型河谷」，使溪水夾雜大量沙石，流到汶水後，河水混濁而不清，故名之為「汶水」〔註118〕。因為在客家話中，「汶」字就是水很混濁不清之意。

附圖 2-10　後龍溪上流大湖鄉地區地勢與日本時代各大字圖

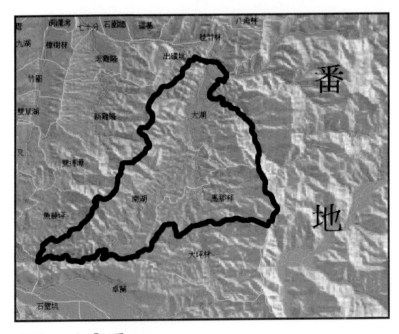

説明：1. 如「附圖 2-3」
　　　2. 清代時，圖中「馬那邦大字」範圍大多還是「番界」，尚非客家人拓殖之地。見黃卓權，《跨時代的臺灣貨殖家──黃南球先生年譜（1840〜1919）》，頁 274〜276。

〔註118〕黃鼎松（主編）、賴典章・劉國賢（等編），《重修苗栗縣志・卷二・自然地理志》，頁 288。

　　後龍溪經汶水後，往上游是往南向，經過水尾坪、化人公、九寮坑等地後，往南到達清代大湖庄的市區中心南側，迎大湖溪與南湖溪，此二溪即為後龍溪之兩個源頭，會合於清代大湖庄西南側。

（一）大湖「北六村」與南湖「南六村」

　　清代大湖庄座落在後龍、大湖、南湖三水之交會處，其是個山谷間盆地。據鄉里傳說，咸豐 8 年（1858）時，雞隆溪流域有力墾戶吳立傳，往東向觀音山出獵時，因迷路受困深山，其侄吳定新聞訊立即前往救援。吳定新自觀音山附近最高點時往東看，發現東方竟有塊寬廣低地，四面環山成一盆地，平原中蘆葦花齊放，微風拂草，波動仿若湖面，故命名為「大湖」〔註 119〕。這個傳說是漢人「發現」大湖的最早記載〔註 120〕，同時也是對善於農耕闢田的漢人在尚未拓墾大湖盆地前的原始地貌最佳寫照，因為參照日本昭和時代舊照片可見，當漢人拓殖完本盆地後，只見盆地中農田阡陌相連，已少有野生芒草隨風搖曳之景〔註 121〕。若以地理形勢而言，清代大湖盆地中的大湖庄〔註 122〕，也是個易守難攻之地形，其西側為後龍溪，南側與東南側、東側則有大湖溪環抱，大湖庄本身又坐落在這個半環狀河流彎道的中間偏東之小高地，高地與西、南側河流中間有一大平地，一般稱為「下坪」，又越過南側大湖溪，亦有一平地曰「四寮坪」或「四寮灣」，皆可供農作。大湖溪若由下游往上游觀之，其在大湖庄東南側轉到到東北側，便往東北偏東方向，進入山地原住民區。清後期時，山地原住民若欲襲大湖庄，大多由東面而來，故清代漢人拓殖至大湖，面對來自東側山地原住民的壓力時，只需在正北、東北，到東南、正南側，設一長串的隘寮即可防禦。故據大湖耆老彭欽梅先生口述，清代大湖庄由東南到東北，共有十個隘寮，連成一個「人為

〔註119〕黃碧忠（主持）·吳兆玉（總編纂），《大湖鄉誌》，頁 124。

〔註120〕不過吳兆玉、賴明森等人詳細考證吳氏勢力入墾大湖時，已是咸豐 11 年。見黃碧忠（主持）·吳兆玉（總編纂），《大湖鄉誌》，頁 618～624。故吳氏勢力「發現」大湖、跟「正式拓殖」大湖的兩時間點，似有一定的差距。又見〔日〕〈太湖の義民廟〉，《臺灣日日新報》（臺北），1904 年 9 月 6 日，5 版報導，也記載是吳定新家族是在「清國咸豐 11 年」始入墾大湖。

〔註121〕可參見黃碧忠（主持）·吳兆玉（總編纂），《大湖鄉誌》，頁 10～11 之〈昭和六年（一九三一年）的大湖街景〉兩張舊照片。或「附錄二」。

〔註122〕清代大湖庄又稱「大湖八份街」或逕稱「八份街」，見〔清〕沈茂蔭，《臺灣省苗栗縣志》，卷十，〈典禮志·祠廟志〉，頁 160。本文為統一之，以《清苗栗縣志·卷三·村庄志》為準，統稱為大湖庄或大湖。

隘線」，以禦「番害」。如此，依大湖庄天然地理形勢，加上東面的人爲隘線後，所佈署之的防禦工事便告完全。整個大湖庄聚落，都在這片盆地東側的小高地上。至於「下坪」與「四寮灣」等平地，則爲農地〔註 123〕。可見清後期到日本時代初期「番害」甚烈時，大湖庄居民平時耕作於下坪或四寮灣農地，居住則在小高地之上，以備「防番」軍事防禦之需。又根據光緒 15 年（1889）的〈大湖廣泰成四界圖〉來看，當時負責臺灣中路撫番工作的林朝棟「棟字營」（又稱「棟軍」），就駐紮在大湖庄高地上。「棟軍」駐軍之營盤，約當今五寮、六寮一帶，這裡剛好東迎大湖溪峽谷，是堵禦自東側來犯的原住民勢力之險要地；又林朝棟的「棟字營」之大營與大湖撫墾局，由圖中來看，當約在今大湖鄉公所或大湖警察分局附近〔註 124〕，也正當小高地之中，可居中而指揮左右軍勢。又據胡傳（胡適之父）在光緒 18 年 9 月的描述，當時駐紮在大湖的是「管帶中路棟字**隘勇正營**把總鄭以金，自領中哨一、二、三、四、五、六隊及左哨四、五隊駐此〔註 125〕。」由此史料來看，當時駐紮在大湖的棟軍還是以「禦番」的「隘勇軍」爲主，亦可見清末本地漢原關係之緊張。

　　南湖溪往上游方面，則是往正南向，過了「水頭寮」再往南，至一小丘陵山崗曰「閂門棍」，往南即爲「南湖」。「南湖」是一山谷中小盆地，在清代又稱「草濫坪」〔註 126〕或「濫湖」〔註 127〕，本文依《清苗栗縣志》與今地名，統一稱爲「南湖」。南湖溪自南湖庄北境，隔著「閂門棍」高地，繞過南湖庄北境至東境，進而至該庄之南境，故南湖庄也是有一定程度的軍事防守形勢，

〔註 123〕　筆者約廿年前遊玩「下坪」當地時，仍多爲田地而少房屋，至今仍多如此。但「下坪」在上世紀九〇年代時，新闢了四線道的「新台三線」省道（外環道），取代了原先經過大湖庄西翼的舊省道，車潮便多改經過「下坪」新省道。或在可見的未來，原本多爲農業用地的「下坪」，可能會形成一個新市區。譬如新舊省道交接處，近年來當地新成立「大湖酒庄」，爲一新觀光景點，假日時外地遊客常爆滿酒庄附近，也使附近（「下坪」之北端平地）開始「鬧熱」起來。

〔註 124〕　〔清〕光緒 15 年（1889）3 月，〈大湖廣泰成四界圖〉，《淡新檔案》，案號：17339-79。

〔註 125〕　〔清〕胡傳，《臺灣日記與稟啓》（臺北：臺灣銀行經濟研究室‧臺灣文獻叢刊第 71 種，1960），卷一，〈光緒十八年六月初九日申〉，頁 37。

〔註 126〕　〔清〕光緒 15 年 3 月，〈大湖廣泰成四界圖〉，《淡新檔案》，案號：17339-79。

〔註 127〕　〔清〕光緒 14 年 5 月 3 日，〈劉銘傳札飭新竹縣辦理廣泰成墾務事宜〉，《淡新檔案》，案號：17339-21。劉銘傳批曰：「……由濫湖開路南達罩蘭（今卓蘭鎮），以顧各處墾務……」

因為南湖溪三面環繞盆地，北又有「問門棍」高地，可防守來自北側與東側的原住民武裝壓力。

附圖 2-11　清代大湖庄形勢與各隘寮佈防位置示意圖

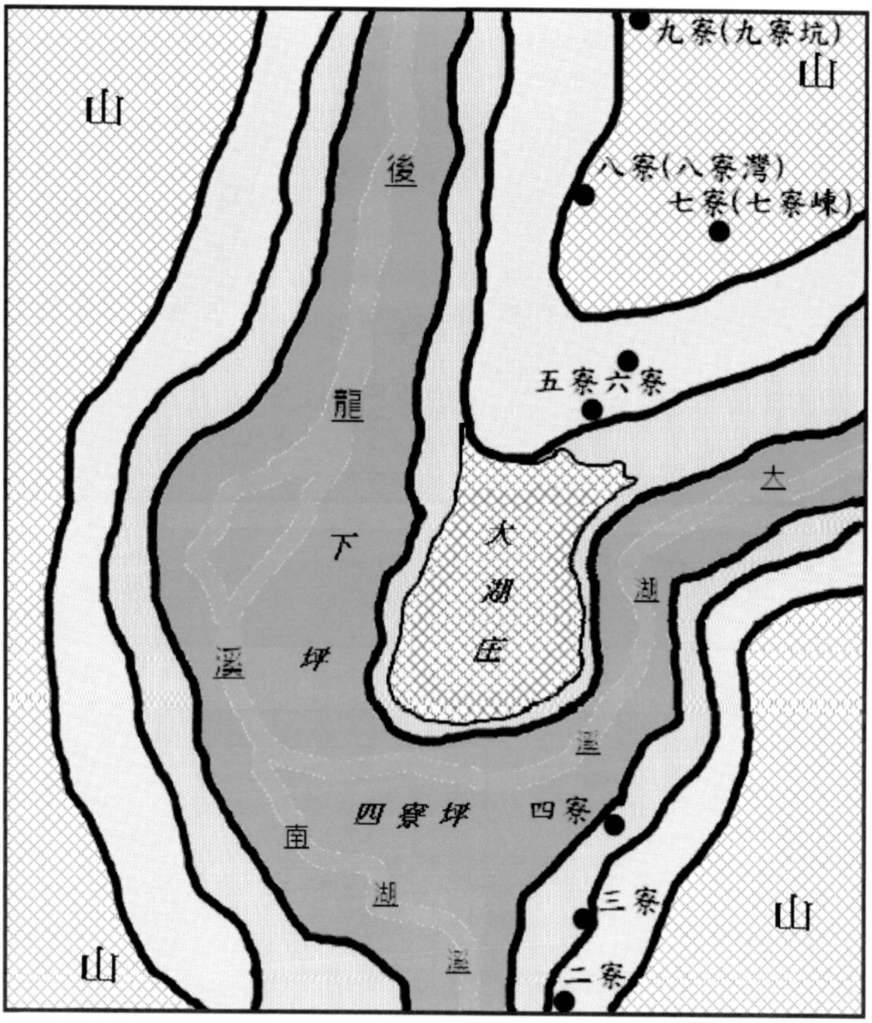

説明：筆者自繪。各隘寮位置根據大湖耆老彭欽梅先生口述，筆者再轉製，在此特別感謝彭老先生。但更北的十寮（十寮坑）、與更南的頭寮（水頭寮）則未能在圖上畫出。又本圖僅是示意圖，相關位置未能經測量儀器完全精確畫出。但可與「附錄二」的大湖古照片相比對。

今日包括南湖庄在內的今大湖鄉南境六個行政村，總稱為「南六村」；相反地，今大湖鄉北境另外六個行政村，則為廣義的大湖（又稱為「北六村」）

〔註128〕。然「北六村」與「南六村」,而戰後大湖改制爲大湖鄉時重劃底下各村後才有的新名稱,依清末光緒 20 年所編的《清苗栗縣志》,當時兩者還分稱爲「大湖庄」跟「南湖庄」而不見其他庄名記載〔註129〕,推估當時大湖與南湖附近,可能尚未細分化出今日的其他「庄頭」。但本文爲一致起見,若是在表示今大湖鄉內的南北兩大「聚落群」時,仍統用今稱「北六村」與「南六村」。

以客家人爲主的漢人,在清後期入墾南湖時,同樣遭遇來自東境的泰雅族原住民激烈抗爭,所以對當時南湖而言,東境的「防番害」隘線一樣很重要。據南湖耆老彭阿喜說,清代南湖隘線,大致沿著今南湖東境楓樹峽山山腰間的臺電高壓電塔線,直透南湖正南方〔註130〕。若按彭先生所述,大致可看出清末日初漢人在「南六村」的拓跡最東境,概沿著今日「苗 55 縣道」延伸〔註131〕,其往南經過今日淋漓樹下、淋漓坪、大、小邦口、武榮、打鐵寮、大禾埔等客庄。本道大致沿著南湖溪溪谷所修築,不過這條「東道」,同時也是防禦泰雅族原住民的「禦番」前線的隘道,當清末日初時,必常遭泰雅族原住民破壞。因爲直到日本時代初期,東鄰的「蕃害」,仍是臺灣總督府對臺施政時常遇到的重要問題之一〔註132〕。

至於「南六村」最西境,有大致沿著所謂「南湖──卓蘭道」前進之「西

〔註128〕 今「北六村」有「富興」、「大湖」、「明湖」、「靜湖」、「大南」、「大寮」等六村;「南六村」則有「南湖」、「義和」、「栗林」、「新開」(以上四村約當日本時代「南湖」大字)、「東興」、「武榮」(以上兩村約當日本時代「馬拉邦」大字)等六村。並參閱「附圖 2-10」。其中「北六村」作爲一個獨立聚落群概念,而被學者研究之論文,有林秀幸,〈以社群概念探討祭祀組織和文化──以大湖鄉北六村的臺灣客家聚落爲例〉,《民俗曲藝》,142(臺北),2003,頁 55~102。南湖等「南六村」則似無。

〔註129〕 〔清〕沈茂蔭,《臺灣省苗栗縣志》,卷三,〈建置志・村莊・苗栗堡〉,頁 40。

〔註130〕 南湖耆老彭阿喜口述。

〔註131〕 今此道在南湖庄境內稱爲「富民巷」,出南湖庄後稱爲「坪林道路」,直往南,過大禾埔南境之分水崙,可達卓蘭鎮。

〔註132〕 〔日〕〈理蕃事業(一)〉,《臺灣日日新報》(臺北),1914 年 9 月 20 日,3 版。又〔日〕臺灣經世新報社,《臺灣大年表》(臺北:南天出版社復刻本,1994),頁 18 亦曾記載乃木希典總督(任期:1896.11~1898.2)一行人巡視大湖、南湖一帶的「蕃害」狀況時記載:「大湖附近的『生蕃』,是四十年來從未遇過的兇暴,常常『出草』殺害人民,百姓對之感到十分恐怖。」(原文爲日文,筆者自譯)。又早見 1899 年 1 月時,《臺灣日日新報》中對大湖、南湖的「東面」,同時遭遇「蕃害」,也有詳盡報導,見〔日〕〈大湖街附近の蕃害詳報〉,《臺灣日日新報》(臺北),1899 年 1 月 14 日,2 版。

道」，此道由南湖開始，概沿「壢底寮溪」溪谷修築，也略跟今台三線省道略同，路線是南湖往西南向之九芎坪，同樣再西南往四份、八份，在正南向往石門，再繼續正南向越過更寮崀、哆囉固溪（鯉魚溪），在正南向到壢西坪，最後可到卓蘭（清代稱罩蘭）。根據《大湖鄉誌》考證，這是光緒 2 年由卓蘭來南湖拓墾的詹阿祝勢力，與大湖庄有力戶吳定新家族合力開墾，但其間「番害」不斷，道路未能完全暢通。後到光緒 11 年，霧峰林家林朝棟復率棟軍加以拓修，因成官路。由此觀之，此「西道」至少在光緒 11 年之前，都難避免原住民的破壞，又何況更鄰近泰雅族原住民區域的「東道」隘路，更是容易遭受原住民侵壞。「西道」之路線，略同於今台三線省道，唯石門到更寮崀一段，現為苗 54 號縣道〔註 133〕。

又在東、西兩道中間，有大致沿「水流東坑」溪谷修築「老官路」，此為黃南球的「廣泰成號」於光緒 14 年組成後，助官方修成之官道。其大致是由南湖直透正南向至淋漓坪，再沿水流東坑溪谷，往西南到更寮崀，然後在西南到大銃庫（今大湖鄉新開村大銃庫），再西南到新開附近，又再正南向越過哆囉固溪（鯉魚溪）到壢西坪，再南到卓蘭〔註 134〕。此外，又有從南湖正西方關刀山脈發源的「南湖坑溪」，其上游可分「北片坑溪」與「南片坑溪」兩源，在今西湖橋一帶會合後，往東流入南湖庄正中央，注入南湖溪中。由 1904 年《臺灣堡圖》來看，當時南湖已有往西向沿著「南湖坑溪」到「北片坑溪」的小徑，越過十分崠與關刀山脈，向西到三叉河庄（今三義鄉）〔註 135〕。因《臺灣堡圖》調查與編輯時代就在日本時代初不久，故此道很可能是清代後期就已存在，為聯絡南湖與西湖溪流域中、上游區之道。

今日「南六村」地區各客家聚落，除今新開村附近諸小聚落，是位於西向流入大安溪流域的哆囉固溪（鯉魚溪）流域外，其餘皆在沿著前述諸溪谷而開鑿的東、西、中（老官路）三道間，成點狀分佈於山勢丘陵間的小溪谷盆地中。「南六村」在地理形勢上跟「北六村」最大的不同在於：前者多是散在丘陵間溪谷中的散村地形，因為「南六村」本身大多為丘陵地，除哆囉固溪（鯉

〔註 133〕黃碧忠（主持）‧吳兆玉（總編纂），《大湖鄉誌》，頁 581～582。

〔註 134〕本段參考黃碧忠（主持）‧吳兆玉（總編纂），《大湖鄉誌》，頁 582，與「內政部臺灣行政區域圖」網站，網址：http://taiwanarmap.moi.gov.tw/moi/run.htm，擷取時間，2010/03/02 之相關附近各鄉鎮地圖而改寫。

〔註 135〕〔日〕臺灣總督府臨時臺灣土地調查局，《臺灣堡圖》，頁 97，〈大湖圖〉；頁 98，〈南湖圖〉。

魚溪）流域外，其餘村落多散在東側的「南湖溪」、西側的「壢底寮溪」、居中的「水流東坑」溪等三溪溪谷中；後者即「北六村」，卻是以大湖庄爲中心，以大湖盆地爲主的集村地形。此前後兩者，以「閂門棍」爲界，成爲大湖地區中兩大聚落群。而在清代末期，其至少已成爲「大湖」與「南湖」兩個「大庄頭」。

（二）大湖鄉地區漢人分佈

大湖鄉地區在日本時代共有「大湖」、「南湖」、「馬那邦」等三個大字，下表引前「表 2-1」、「表 2-2」例，將《1926 年漢籍調查》與《新竹州第五統計書》兩人口資料分列爲「表 2-5」、「表 2-6」如下：

表 2-5　1926 年大湖庄客家人口比例表

1926 年街庄名／今（鄉鎮名）	本文所佔 1926 年臺灣客家人所佔比例（%）	1926 年在臺廣東籍漢人所佔比例（%）	同年福建籍漢人數（皆爲泉州同安籍）	同年福建籍人數所佔比例（%）
大湖庄／（大湖鄉）	98.96	98.96	約 100	1.04

資料來源：《1926 年漢籍調查》，頁 14～15。

由上表可見，到了 1926 年獅潭鄉庄中，客家人幾乎佔盡 98.96%的超優勢，且沒有記載福建汀州客家人。剩下的 1.04%，都是原屬福建省泉州府同安縣籍，僅約百人上下，佔本地區極低比例。

表 2-6　1925 年大湖鄉地區三大字之各族群人口比例表 [註136]

今鄉鎮名	1925 年大字名	在臺廣東籍人數	在臺廣東籍人所佔比例（%）	在臺福建籍人數 [註137]	在臺福建籍人所佔比例（%）	熟蕃人數	熟蕃人所佔比例（%）	生蕃人數	熟蕃人所佔比例（%）	臺灣人人口數
大湖鄉	大湖	4,700	97.01	140	2.89	9	0.19	4	0.08	4,845
	南湖	2,987	97.42	74	2.41	0	0	0	0	3,066
	馬那邦	1,953	98.34	32	1.61	0	0	0	0	1,986

資料來源：《新竹州第五統計書》，〈戶口‧現住人口〉，頁 48～49。

〔註136〕本表「『臺灣人人口』數」計算與「在臺廣東籍人所佔比例」表示方式，同第一章「表 1-2」。又本表三大字的「『支那人』人數」都太少，雖列入「『臺灣人人口』數」計算之，但本表未將之列出。

〔註137〕理論上大湖庄三大字的福建籍人數同樣也可能包含了汀州籍客家人，但參考「表 2-5」，發現本三大字並無汀州籍客家人。

　　於此說明一點，清代時，「馬那邦」大字範圍，大多還是「番界」，尚非客家人拓殖之地〔註138〕。不過到了日本時代 1925 年，由「表 2-6」可見，經過日本殖民政府與大湖地區漢人聯手對山地原住民的武裝拓殖，到 1925 年時「馬那邦」大字內，竟已無一名山地或平地原住民居住。

　　由「表 2-6」可見，大湖鄉地區三大字，粵籍客家人已經佔絕大多數優勢比例，都超過 97%以上。平地原住民跟山地原住民都已鮮少，而且是集中在大湖大字。原住民已經在本區呈現極弱勢，主要都已往東側退到八卦力山脈以東。

　　又本區三個大字內，合計共有 246 名福建籍人，總共佔大湖地區三大字總「臺灣人人數」（共 9,897 人）的 2.49%，比例極少。但若按「表 2-5」資料來看，這些福建籍人非但不是汀州客家人，而都是原屬福建省泉州府同安縣籍人。可是比較兩表，發現人數該有誤，「表 2-5」顯示本地區中，福建籍漢人共約有 100 人上下；然「表 2-6」卻顯示有 246 名。按兩表之年代僅差一年，福建籍漢人不可能憑空在一年內增加約 2.5%，想必兩表其中之一該有誤。但無論如何，大湖鄉地區的福建籍漢人極其少，為廣東籍客家人佔絕大多數優勢之區。

　　由上述可知，後龍溪上游區的「獅潭鄉地區」與「大湖鄉地區」二地，都是客家人佔極優勢之內山地區，在清代後期，兩地的族群關係都是客家人相對於原住民間的衝突矛盾成份居多。而當地的義民信仰，也是基於此歷史上族群關係而來；且不但在當地義民信仰其實不甚發達，並且還有不同村庄間的義民信仰內部差異，這將在第四章詳述。

　　不過當本兩章深論完的「苗栗地區」的族群歷史地理問題後，我們將回過頭來，在下一章先檢視至今已兩百多年香火都很興盛的新竹枋寮義民祭祀圈在清代的歷史環境變遷，與清代當地族群分佈與關係之相關性，才能在第四章，與苗栗地區義民信仰之不興盛，做一歷史分析比較。

〔註138〕黃卓權，《跨時代的臺灣貨殖家——黃南球先生年譜（1840～1919）》，頁 274
　　～276。